भाषा, संस्कृति और लोक

विद्यानिवास मिश्र स्मृति ग्रन्थमाला

भाषा, संस्कृति और लोक

भाषाविज्ञान की व्यावहारिक पीठिका

प्रधान सम्पादक, ग्रन्थमाला

डॉ. दयानिधि मिश्र

सम्पादक

प्रो. दिलीप सिंह

वाणी प्रकाशन

वाणी प्रकाशन

4695, 21-ए, दरियागंज, नयी दिल्ली 110 002

शाखा

अशोक राजपथ, पटना 800 004

फ़ोन : +91 11 23273167 फ़ैक्स : +91 11 23275710

www.vaniprakashan.in
vaniprakashan@gmail.com
editorial@vaniprakashan.com
sales@vaniprakashan.in

BHASHA, SANSKRITI AUR LOK
Edited by Dr. Dayanidhi Mishra & Prof. Dilip Singh

ISBN : 978-93-5072-168-1
Linguistics

प्रथम संस्करण 2012
आवृत्ति संस्करण 2015
मूल्य : ₹ 450

रजोरिया प्रिंटर्स, दिल्ली-110 093 में मुद्रित

वाणी प्रकाशन का लोगो मक़बूल फ़िदा हुसेन की कूची से

प्रस्तावना

विद्याश्री न्यास ने यह निश्चय किया है कि आचार्य विद्यानिवास मिश्र के वैदुषिक कार्य की परम्परा को आगे बढ़ाने की दृष्टि से एक ग्रन्थमाला प्रकाशित की जाये। आचार्य मिश्र ने अपने लेखन में भारत को भारत की दृष्टि से समग्रता में देखने का प्रयास किया था और परम्परा में मात्र इतिहास न देख निरन्तरता के तत्त्वों को रेखांकित किया था। उनका यह सतत आग्रह रहा कि भारत कि समृद्ध ज्ञान-सम्पदा को उचित सन्दर्भ में आंका जाय और उससे एक व्यापक तथा समावेशी सांस्कृतिक बोध का विकास किया जाय।

मिश्र जी का प्रयास महत्त्वपूर्ण था। औपनिवेशिक दासता का काल राजनैतिक पराधीनता का था पर उसके साथ विचारों पर भी आक्रमण हुआ। हमारे सोच-विचार पर भी अवसाद की छाया पड़ी। पश्चिम की शिक्षा के अन्धानुकरण से हमारा मानस पंगु बनता गया और पश्चिम से उधार ली गयी दृष्टि से हम अभिभूत होते गये। हमारा आत्मबोध संशयग्रस्त हो गया और हम अपने सन्दर्भ से कटते गये। देशज ज्ञान उपेक्षित होता गया।

धीरे-धीरे तमाम विघ्न बाधाओं से जूझते हुए आज देश एक ऐसे मुकाम पर पहुँचा है जहाँ उसे एक उभरती शक्ति के रूप में ग्रहण किया जा रहा है। आज के भूमण्डलीकरण के दौर में संस्कृतियों के बीच आदान-प्रदान समान स्तर पर ही होना चाहिए। इस परिवर्तित समय-सन्दर्भ में यह जानना जरूरी हो गया है कि हमारा सांस्कृतिक दाय क्या है और हम उसका आज के सन्दर्भ में किस तरह विनियोग कर सकेंगे।

न्यास ग्रन्थमाला के संकल्प द्वारा यह आशा करता है कि इस शृंखला के अन्तर्गत प्रकाशित ग्रन्थ के माध्यम से भाषा, संस्कृति और समाज के विविध पक्षों और उनके बीच के अन्तःसम्बन्धों को लेकर चिन्तन का मार्ग प्रशस्त हो। इस क्रम में प्रथम पुष्प के रूप में प्रोफेसर दिलीप सिंह द्वारा सम्पादित 'भाषा, संस्कृति और लोक : भाषाविज्ञान की व्यावहारिक पीठिका' पुस्तक प्रकाशित की जा रही है। इसे प्रस्तुत करते हुए हमें अपार हर्ष हो रहा है। प्रो. सिंह भाषातत्व के आधुनिक

विचारकों में एक महत्त्वपूर्ण स्थान रखते हैं। उन्होंने भाषा की प्रकृति, उसके अनुप्रयोग और सामाजिक सन्दर्भ के साथ लोक संस्कृति के तत्वों पर गम्भीर विचार प्रस्तुत करते निबन्ध संकलित किये हैं। साथ ही पण्डित जी की एक रचना और उनके भाषावैज्ञानिक अवदान को रेखांकित करते निबन्ध भी समाविष्ट किये गये हैं। इनके विषय में अपने सम्पादकीय में प्रो. सिंह ने विस्तार से टिप्पणी की है। यहाँ पर इतना संकेत पर्याप्त होगा कि इन रचनाओं में कई नये प्रश्न उठाये गये हैं जो इन्हें रोचक ही नहीं अपितु सोचने के लिये भी उकसाते हैं।

हमें आशा है यह पुस्तक हिन्दी, भाषाविज्ञान और लोक संस्कृति में रुचि रखने वाले पाठकों को उपयोगी लगेगी। हम प्रो. सिंह के आभारी हैं कि उन्होंने पुस्तक को तैयार करने का भार उठाया। वे स्वयं आचार्य मिश्र से निकट से जुड़े रहे हैं और यह उनकी प्रीति ही थी कि यह पुस्तक यह रूप पा सकी।

वाराणसी

डॉ. दयानिधि मिश्र
न्यासी तथा प्रधान सम्पादक

सम्पादकीय

विद्याश्री न्यास की ओर से भाई दयानिधि मिश्र ने जब मुझे गुरुवर पण्डित विद्यानिवास मिश्र की स्मृति में आधुनिक भाषाविज्ञान की अवधारणाओं पर केन्द्रित एक समग्र पुस्तक सम्पादित करने का आदेश दिया तो, जैसे लोक अभिव्यक्ति में कहा जाता है, मेरे हाथ-पैरे फूल गए। आदेश के इस स्वर में यह चेतावनी भी निहित थी कि पुस्तक का ढाँचा सैद्धान्तिकता के बोझ से झुक न पाए। इन दोनों का ही निर्वाह कर पाना और कुछ नहीं तो कठिन अवश्य था। एक ओर पीछा कर रही थी पण्डित जी की समग्र चिन्तन वाली परम्परा जिसमें सब कुछ पूर्ण दिखता है और अन्ततः पूर्ण में ही जाकर विलीन होता है। शायद यह मेरी अतिशय भावुकता हो अथवा पण्डित जी की उस दृष्टि का भय जो किसी भी कमजोर स्थापना पर वक्र हो जाया करती थी। मुझे बराबर यह लगता रहा कि उनके अकादमिक व्यक्तित्व को जो भी अर्पित किया जाए वह उनकी विराटता के सामने अपनी लघुता ही प्रकट कर पाएगा।

पण्डित जी जितने निपुण व्याकरणिक उद्‌बोधन में थे उतने ही निष्णात वे भाषा की व्यावहारिकता को भी लेकर थे। इसीलिए जहाँ एक ओर वे पाणिनीय व्याकरण की सूक्ष्मताओं में पैठ कर कर उसका अवगाहन करते हैं, वहीं दूसरी ओर संस्कृत व्याकरण की सम्प्रेषणपरकता को भी उजागर करने में अपनी मेधा का परिचय देते हैं।

कहना यह है कि इस पुस्तक के आकार-प्रकार, स्वरूप और संरचना का ढाँचा तैयार करते समय पण्डित जी की सतगुरु वाली छवि निरन्तर आसपास मंडराती रही कि कहीं वे अपनी शाखत मुद्रा में यह न कह बैठें कि अरे ये तुमने क्या कर डाला। उनके उलाहने, उनकी प्रताड़ना के भीतर पैठा स्नेह अब मिल सके, ऐसे भाग्य कहाँ! पर इस पुस्तक की तैयारी के अथ से इति तक पण्डित जी मेरे मानस में एकदम आसपास ही रहे। इस कृपा के लिए मैं विद्याश्री न्यास का चिरऋणी रहूँगा।

इस पुस्तक की योजना बनाते समय ही मन में ऐसा कुछ दृढ़ था कि वही सब इसमें आ पाए जो उन्हें रुचता था, जिस पर बात करने को वे आतुर रहते थे

और जिन पर लिखते हुए उनकी लेखनी कभी नहीं थकी अर्थात् थोड़ा बहुत भाषा, संस्कृति और लोक सम्बन्धी।

इस बात से अपने को बार-बार रोकने के बावजूद अपने मन को मैं समझा न सका कि पुस्तक का आरम्भ पण्डित जी के ही एक आलेख से हो जो वास्तव में उनके द्वारा सम्पादित 'भारतीय भाषाषास्त्रीय चिन्तन (1976) का पहला आलेख है। यह आलेख पण्डित जी के समग्र भाषाचिन्तक को प्रतिबिम्बित करता है। भारतीय और पाश्चात्य दोनों परम्पराओं को निकुण्ठ भाव से अपनाना और इनके बीच के सह-सम्बन्धों का उद्घाटन करना पण्डित जी की अपनी विशेषता थी। कहना न होगा लेकिन तनिक संकोच के साथ कह रहा हूँ कि देसी-विदेशी भाषावैज्ञानिक परम्पराओं को छानने की जैसी छननी पण्डित जी के पास थी वैसी न तो उनके पहले के किसी भाषावैज्ञानिक के पास थी, न उनके किसी समकालीन के पास। इसका प्रमाण भी देना आवश्यक हो तो 'सम्प्रेषणपरक व्याकरण' और 'रीति विज्ञान' को देखने का अनुरोध कर सकता हूँ। यह कसक आज भी कायम है कि उनके न जाने कितने आदेशों के बावजूद हम एक साथ बैठकर भारतीय और पाश्चात्य भाषाविज्ञान का तुलनात्मक अध्ययन दे पाने वाला ग्रन्थ तैयार नहीं कर पाए। हम न जाने क्या क्या करते रहते हैं। मेरा मन इस पर भी राजी नहीं हुआ कि उनके कुछ समकालीनों के आलेख इसमें सम्मिलित न किए जाएँ। एक तो यह कि पण्डित जी इन सबको बेतहाशा प्यार करते थे। इनके लिखे की खोज खबर रखते थे। और कहीं कभी दिखी तो अपने तरीके से इनकी ख़बर भी लेते थे। इन भाषाविदों की कई रचनाएँ पण्डित जी के परामर्श का नतीजा हैं। प्रो. रवीन्द्रनाथ श्रीवास्तव का जो पहला आलेख यहाँ सम्मिलित किया गया है। (श्रीवास्तव जी के इस पुस्तक में तीन आलेख हैं) वह पण्डित जी द्वारा सम्पादित पुस्तक 'भारतीय भाषाषास्त्रीय चिन्तन' में संकलित है। यह आलेख पण्डित जी के उकसावे से ही लिखा गया। मुझे याद है, दोनों देशो-विदेशी प्रणालियों पर घण्टों बहस करते थे। आखिर में एक समय ऐसा उपस्थित होता था कि श्रीवास्तव पण्डित जी को शान्तभाव से सुनते रह जाते थे। अपनी पुस्तक 'रीतिविज्ञान' (1976) के 'आभार' की शुरुआत में ही पण्डित जी ने लिखा था, शास्त्रीय स्थापना के रूप में 'शैलीविज्ञान' नाम की पुस्तक मेरे स्नेहभाजन मित्र डॉ. रवीन्द्रनाथ श्रीवास्तव ने अभी हाल ही में प्रकाशित की है, वे मेरी पद्धति को संकोचवश संस्कृतभावित कहकर उपचरित आदर देते हैं, मेरी पद्धति से सहमत नहीं, यह भलीभाँति जानता हूँ, पर उनकी शास्त्रीय स्थापना की प्ररोचना के रूप में ही मैंने इन निबन्धों को ग्रन्थित किया है।" (विद्यानिवास मिश्र) जिसका 'आभार' अत्यन्त कोमल स्वरों में श्रीवास्तव ने एक आलेख में व्यक्त किया—"इतना स्नेह और मान तो अपनों से भी नहीं मिला" (धूप की छाँह में : पण्डित विद्यानिवास मिश्र) जिसे

इस पुस्तक के आखिर में दिया गया है। इसी हिस्से मैं प्रो. रवीन्द्रनाथ श्रीवास्तव का एक दूसरा छोटा सा आलेख भाषिक प्रतीकों की प्रकृति पर विचार करता है। प्रतीक व्यवस्था भाषिक अभिवयंजना में कितना महत्त्वपूर्ण स्थान रखती है, यह शब्द की शक्ति को पहचानने वाले पण्डित जी और शब्दों के सामाजिक अर्थ की खोज खबर रखने वाले प्रो. श्रीवास्तव से अच्छी तरह भला कौन जान सकता है? श्रीवास्तव जी का आलेख यह प्रतिज्ञा लेकर चलता है कि भाषिक प्रतीकों की व्यवस्था अपनी प्रकृति में संरचनात्मक और प्रतिफल में भाषा सापेक्ष होती है। श्रीवास्तव ने यहाँ भाषिक प्रयोजन की बात भी उठाई है। संस्कृत में प्रयोजनवती भाषा के ढेरों दृष्टान्त पण्डित जी ने सम्प्रेषणपरक व्याकरण में दिए हैं। श्रीवास्तव के आलेख का एक प्रतिपाद्य मानवभाषा के अभिलक्षण से सम्बन्धित है। ये सात अभिलक्षण वास्तव में भाषा के व्यावहारिक बनने की प्रक्रिया को उद्घाटित करते हैं।

एक आलेख प्रो. सुरेश कुमार का है 'बहुभाषिकता और द्विभाषिकता'। इन दोनों ही अवधारणाओं की स्पष्टता की दृष्टि से यह आलेख अपने आप में परिपूर्ण है। प्रो. सुरेष कुमार ने शैलीविज्ञान के क्षेत्र में भी काफी काम किया। जब केन्द्रीय हिन्दी संस्थान में पाठ विश्लेषण पर संगोष्ठी हुई, बाद में जिसके प्रपत्र पुस्तकाकार प्रकाषित हुए, उसका उद्घाटन भाषण पण्डित जी ने दिया था जो छपा भी है। इसमें पण्डित जी ने 'भाषा की अस्मिता' के साथ 'पाठ की अस्मिता' की भी बात उठाई थी। उन्हें 'स्वायत्तता' शब्द की सीमा पता थी। 'रीतिविज्ञान' पुस्तक में उन्होंने जिन तीन कविताओं का अत्यन्त संवेदनात्मक ढंग से विशलेषण किया है उसमें निरन्तर उनकी आकुलता इन पाठों की अस्मिता खोजने को उद्यत है। संगोष्ठी के संयोजक प्रो. सुरेश कुमार थे। वे ही 'पाठ विश्लेषण' पुस्तक के सम्पादक भी थे। गुरुकुल कांगडी में शिक्षित होने के कारण संस्कृत भाषा और साहित्य के परिवेश से भी वे परिचित थे अतः पण्डित जी से उनकी अच्छी पटरी बैठती थी। मुझे जहाँ तक याद है 'रीतिविज्ञान' की समीक्षा भी सुरेश कुमार ने 'गवेषणा' के लिए लिखी थी। यहाँ संकलित आलेख के सम्बन्ध में एक ही वाक्य पर्याप्त होगा कि इसकी स्थापनाएँ भाषा बहुलता को सामाजिक यथार्थ मानते हुए विवेचित की गई हैं। कहना न होगा कि पण्डित जी संस्कृत ही नहीं हिन्दी भाषा की बहुवचनी प्रकृति के आकलन में निरन्तर संलग्न रहे। हिन्दी उनके लिए मध्यदेष की भाषा नहीं थी और न वे हिन्दी को उसकी बोलियों के अवदान के बिना देख ही सकते थे। कहने की आवश्यकता नहीं कि भारतीय बहुभाषिकता भाषाओं के लौकिकीकरण को और सह अस्तित्व को सम्भव बनाने वाली प्रक्रिया है। भारतीय भाषाओं और हिन्दी के बीच पण्डित जी जो रेखा खींचते थे वह इन्हें अलग करने वाली नहीं इन्हें मिलाने वाली होती थी। कभी इसके लिए वे संस्कृत की ओर जाते थे, कभी बौद्ध पिटकों की ओर, तो कभी उस क्षेत्र विस्तार की ओर (बॉर्डर

लेंगुएज) जिन सबके योग से भारतीय बहुभाषिकता का निर्माण हुआ है। हिन्दी और भारतीय भाषाओं के इसी अन्तस्सम्बन्ध को डॉ. हीरालाल बाछोतिया का आलेख प्रस्तुत करता है।

पण्डित जी का सम्बन्ध राष्ट्रीय शैक्षिक अनुसन्धान और प्रशिक्षण परिषद से बहुत घनिष्ठ था। डॉ. बाछोतिया द्वितीय भाषा हिन्दी की पाठ्यपुस्तकें तैयार करवाते थे। पण्डित जी सलाहकार के रूप में आते थे। द्वितीय भाषा की पुस्तकों की 'भारतीयता' में सभी प्रान्तों से सम्बन्धित सामग्री का संचयन किया जाए; पण्डित जी का इस पर बल होता था। उन्हें न जाने कितनी भारतीय भाषाओं की लोक कथाएँ, लोक गीत, लोक गीतों के भाव कंठस्थ थे। वे मूल्यगत शिक्षा के हिमायती थे। यह बात भारतीय साहित्य के सन्दर्भ में डॉ. बाछोतिया का आलेख सामने लाता है कि रचना में समानता दोनों भाषाओं की आत्मा और आन्तरिक प्रकृति की एकात्मकता से सम्बन्ध रखती है। पण्डित जी का बाल मनोविज्ञान बहुत प्रखर था। अपनी नातिनों की एक-एक हरकत पर उनकी नजर रहती थी। उनकी बालक्रीड़ाएँ देखकर वे हुलस-हुलस जाते थे। अपने कई ललित निबन्धों में वे इन दोनों को ले आए हैं। इसीलिए स्कूली पाठ्यपुस्तकों के पाठों के चयन या लेखन में रोचकता और रवानी को वे कभी भी नजरअन्दाज नहीं होने देते थे।

भाषा के व्यावहारिक स्वरूप का एक पक्ष भाषा–आधुनिकीकरण का भी है जिस पर श्रीवास्तव ने भी काम किए और पण्डित जी ने भी चर्चा की। केन्द्रीय हिन्दी संस्थान की 'प्रयोजनमूलक हिन्दी' संगोष्ठी में उन्होंने लम्बी टिप्पणी दी थी। जो उस समय (1974) प्रकाशित पुस्तिका में शब्दशः अंकित है। पण्डित जी ने कहा था कि प्रयोजनमूलक हिन्दी का अर्थ सिर्फ कार्यालय या बैंकों में काम आने वाली हिन्दी नहीं है। इस हिन्दी को महत्त्व देने के लिए यह जरूरी होगा कि बढ़ई, लुहार, जूता गाँठने वालों, टायर पंक्चर लगाने वालों की भाषा का संकलन किया जाए, उनकी व्यावहारिक कोटियाँ बनाई जाएँ और उनके कोष भी निर्मित किए जाएँ। इस प्रयोजनमूलकता को वे प्रयोग का मूल मानते थे जिसे हम बाद में 'इंडिजिनस' कहने लगे। प्रो. कैलाश चन्द्र भाटिया जी का आलेख 'हिन्दी भाषा का आधुनिकीकरण' भाषा विकास की प्रक्रिया से शुरू होकर भाषा नियोजन के दायित्व तक की चर्चा अपने में समेटे हुए है। इस आलेख में हिन्दी भाषा के आधुनिक दायित्वों के लिए उसके व्यावहारिक बनने की समस्त सम्भावनाओं और इस भाषा का उपयोग करने वाले क्षेत्रों का परिचय सूत्रबद्ध ढंग से और गहनता के साथ दिया गया है। यह काम डॉ. कैलाश चन्द्र भाटिया जैसी हिन्दी भाषाविज्ञान का पुरोधा ही कर सकता था। यह भी कहता चलूँ कि भाटिया जी उम्र में विद्यानिवास मिश्र जी से एक दो साल ज्यादा ही रहे होंगे लेकिन वे पण्डित जी का चरणस्पर्श करते थे। अन्य किसी का चरणस्पर्श करते मैंने डॉ. भाटिया को नहीं देखा। वास्तव

में वे पण्डित जी की अथाह ज्ञानराशि के सामने नतमस्तक होते थे। पण्डित जी ने उनसे अनुवाद विज्ञान पर एक ऐसी पुस्तक लिखने के लिए कहा जो भारतीय भाषाओं की एकता सिद्ध कर सके। भाटिया जी ने लिखकर दिखा दिया। पण्डित जी ने बात-बात में कहा कि एक हिन्दी-अंग्रेजी मुहावरा कोश होना चाहिए। भाटिया जी ने सालों लगाकर वह कोश तैयार किया और पण्डित जी के चरणों में रख दिया। आज कौन विद्वान किसकी सुनता है।

भाषा का आधुनिकीकरण तभी सफल माना जाता है जब इस प्रक्रिया से उत्पन्न रजिस्टर की सम्प्रेषणीयता असन्दिग्ध हो। जैसा कि पहले भी संकेत किया गया है, सम्प्रेषण पण्डित जी के लिए भी भाषा की स्वीकार्यता और साझेदारी का प्रमुख आधार बना रहा है। भाषा और सम्प्रेषण के कतिपय बिन्दुओं को प्रो. गोपाल शर्मा ने अपने आलेख में जगह दी है। भाषा की प्रकृति के अन्तर्गत ही उन्होंने सम्प्रेषण को शामिल किया है। अपने इस प्रस्तुतीकरण में उन्होंने कई विद्वानों की उन जानी-मानी परिभाषाओं को एकत्र किया है जिनका भाषा, भाषा व्यवहार और सम्प्रेषण सम्बन्धी कार्य आधुनिक भाषाविज्ञान में आधारशिला की तरह स्वीकार्य है।

इस पुस्तक के दूसरे खण्ड में तीन आलेख हैं। पहला आलेख 'तकनीकी शब्दावली की विकासयात्रा' (प्रो. सूरज भान सिंह) प्रो. कैलाश चन्द्र भाटिया के आलेख 'हिन्दी भाषा का आधुनिकीकरण' को भाषा नियोजन के सन्दर्भ में विस्तार देता है। प्रो. सिंह वैज्ञानिक और तकनीकी शब्दावली आयोग के अध्यक्ष रह चुके हैं। वे समर्थ हिन्दी वैयाकरण भी हैं। उन्होंने भी अपनी बात भाषा-आधुनिकीकरण से शुरू की है। इस आलेख में मानकता के प्रश्न को डॉ. सिंह ने हिन्दी की पारिभाषिक शब्दावली के व्यापक स्रोतों की दृष्टि से नापने की कोशिश की है। यह आलेख इस बात की भी पुष्टि करता है कि हिन्दी भाषा की शब्द सम्पदा व्यावहारिक विकल्पों से अँटी पड़ी है। उसकी इस शक्ति को चयन की सही प्रक्रिया के द्वारा पारिभाषिक शब्द के रूप में स्थापित करने की जरूरत है। यहाँ मानकता का अर्थ रुढ़ता या व्याकरणिकता नहीं है बल्कि इसकी कसौटी प्रयोक्ता की प्रयोगदक्षता को बढ़ाने और प्रयोक्ता समूह की स्वीकार्यता में है। भारतीय सन्दर्भ में तकनीकी शब्दों के विकास में अनुवाद की भूमिका भी इस आलेख में रेखांकित होती चलती है।

अनुवाद की इसी भूमिका को जी. नीरजा ने सांस्कृतिक पाठों के अनुवाद से ला जोड़ा है। इस आलेख केन्द्र में भी शब्द चयन का सन्दर्भ है। सांस्कृतिक पाठ की अनुवादनीयता पर प्रो. सुरेश कुमार के निष्कर्षों को नीरजा ने स्वीकार किया है और आधार बनाया है 'दिनकर' के खण्डकाव्य 'कुरुक्षेत्र' के अंग्रेजी में अनूदित पाठ को। यदि अतिशयोक्ति न समझी जाए तो यह भी कहा जा सकता है कि इस अनुवाद से यह समझने में कोई सन्देह नहीं रह जाता कि हिन्दी/संस्कृत की

सांस्कृतिक अर्थगर्भिता अंग्रेजी जैसी सांस्कृतिक दृष्टि से उथली भाषा में उतर नहीं पाती। आंषिक अनुवाद से ही अनुवादक को सन्तुष्ट होना पड़ता है। पण्डित जी ने कहीं लिखा भी है कि हमारी भाषाओं और बोलियों के शब्दों में जीवनानुभव, अनुभूतियों और संवेदनाःओं के इतने पारम्परिक स्वर समाहित हो गए हैं कि उनकी अर्थगर्भिता सन्दर्भानुकूल परत दर परत खुलती ही चली जाती है।

अनुवाद के ही सन्दर्भ को डॉ. ऋषभ देव शर्मा ने विश्व साहित्य की संकल्पना से जोड़ कर देखा है। सन्दर्भ उन्होंने हिन्दी को बनाया है। इस आलेख में विश्व साहित्य के अनुवाद की प्रक्रिया को वैज्ञानिक आवाजाही कहकर डॉ. शर्मा ने भिन्न परिवेषों की भाषाओं की उस एकात्मता की ओर भी ध्यान दिलाया है जो वैचारिक और संवेदनात्मक स्तर पर लगभग समान होती है। यहाँ भी बल सांस्कृतिक भावांतरण पर है और हिन्दी की उस परम्परा पर भी जहाँ भारतेन्दु युग से ही अंग्रेजी रचनाओं का हिन्दी में अनुवाद करने की प्रवृत्ति का आकलन है। इस पूरे सन्दर्भ में मध्यभाषा की संकल्पना के साथ अनुवादनीयता की सम्भावनाओं पर जो संकेत दिया गया है वह महत्त्वपूर्ण है क्योंकि तुलनात्मक साहित्य में भी अनूदित और मूल पाठ की तुलना को स्थान मिला है। अनूदित पाठ सीधे मूल पाठ से किया गया है या जिस मूल पाठ का अनुवाद किया गया है वह किसी तीसरी भाषा से किया गया अनुदित पाठ है; यह एक ऐसा क्षेत्र है जिस पर अभी तक बहुत कम विचार हुआ है जबकि सीधे किए गए अनुवाद और मध्यभाषा की उपस्थिति वाले अनुवाद में ऐसा बहुत कुछ हो सकता है जो अनुवाद प्रक्रिया और उसके प्रतिफलन में बड़ा अन्तर ले आए।

तीसरा खण्ड मूल रूप से समाजभाषावैज्ञानिक चिन्तन से सम्बद्ध है। इसकी सैद्धान्तिकी पहले ही आलेख में मैंने उद्‌घाटित की है। समाजभाषाविज्ञान ही वास्तविक भाषाविज्ञान है--जैसी धारणाओं ने संरचनात्मक भाषाविज्ञान की रूढ़ियों को तोड़कर रख दिया था। इस आलेख पर ज्यादा कुछ न कहकर यह कहने से अपने को रोक नहीं पा रहा हूँ कि मैंने पं. विद्यानिवास मिश्र के साथ एम.फिल. और पी.एच.डी. के लिए शोधकार्य समाजभाषाविज्ञान केन्द्रित अध्ययनों को आधार बनाकर ही किया। एम.फिल., एम.ए.के. हैलिडे की मान्यताओं और अवधारणाओं पर, जिनसे पण्डित जी अत्यन्त प्रभावित थे और कई जगह हैलिडे को उन्होंने उद्‌धृत भी किया है। पीएच.डी. में पण्डित जी ने बनारस शहर में बोली जा रही हिन्दी के विविध रूपों का आकलन करने का काम सौंपा। ऐसा करने-कराने का वे ही सोच सकते थे। काशी में विभिन्न प्रान्तों के लोग अलग-अलग इलाकों में रहते हैं। सम्पन्न मुसलमानों और जुलाहों की अलग-अलग बस्तियाँ हैं। तीर्थ स्थान होने के कारण कई ऐसे व्यवसाय यहाँ किए जाते हैं जो किसी अन्य शहर में शायद न किए जाते हों। 'समाजभाषाविज्ञान' और 'भाषा का समाजशास्त्र' दोनों की गहरी

समझ पण्डित जी को थी। वे उस समय अमरीका से आए थे। वहाँ के भाषावैज्ञानिक माहौल का उन पर गहरा प्रभाव पड़ा था और वे जान गए थे कि आधुनिक भाषाविज्ञान की दिशा अब समाजभाषाविज्ञान की ओर और सिर्फ उसी की ओर मुड़ सकती है।

दूसरा आलेख रामचरितमानस में नाते रिश्ते की शब्दावली के प्रयोगों का आकलन करते हुए पियूष कुमार श्रीवास्तव ने प्रस्तुत किया है। पियूष एक अध्यापक है; संस्कारी हैं। अपने जीवन में भी वे भाषिक शिष्टाचार का पालन करते हैं। मानस उनका प्रिय ग्रन्थ है। पण्डित जी का भी था। वे कहा करते थे कि मानस जितनी बार पढ़ो उसकी पंक्ति-पंक्ति से नया अर्थ फूटने लगता है। इस आलेख में वर्गीकृत ढंग से नाते-रिश्ते की शब्दावली को इस तरह विश्लेषित किया गया है कि सामाजिक संस्कार और नाते रिश्ते की समाजसांस्कृतिक भूमिका भी उजागर हो गयी है। पण्डित जी कभी-कभी मानस में नामों की विविधता पर बात करते थे। हनुमान के कितने नाम हैं? उस विशेष सन्दर्भ में वही नाम तुलसीदास क्यों लाए? उस नाम के आने से पद की सन्दर्भित अर्थवत्ता में क्या नया जुड़ गया? सूर और तुलसी दोनों की समाजभाषिक व्याख्या पण्डित जी रसलीन होकर करते थे।

इसके आगे 'रंग शब्दावली का समाजशास्त्र' आलेख है कविता वाचक्नवी का जो इस समय विदेश में हैं, एक संस्कृतिकर्मी हैं और हिन्दी रंग शब्दावली की व्यावहारिकता को उन्होंने सांस्कृतिक दृष्टिकोण से भी देखा है। पण्डित जी शब्दों को जीवन्त मानते थे तो इसीलिए कि शब्द-ब्रह्म की बात भी वे नहीं भूले थे और न ही वाक् और अर्थ की संपृक्तता को वे भुला सके थे। उनकी एक छोटी सी किताब है 'हिन्दी की शब्द सम्पदा' जहाँ शब्दों की व्याख्या करते हुए उनका मन लोकभूमि में कुलाँचें मारता है। इसमें उन्होंने हवा के प्रकारों के शब्दचित्र खींचे हैं तो मिट्टी के रंगों से उनकी संलग्नता देखते ही बनती है। इसी पुस्तक में उन्होंने एक हिस्सा रंग शब्दावली का भी रखा है। सम्भवतः रंगों की रंगीनी को समेटता पण्डित जी का यह आलेख ही कविता के इस आलेख का भी आधार बना हो। कुल मिलाकर यह कि भिन्न भाषाओं में रंग शब्दावली का अपना विधान है, उनके साथ जुड़े समाज सांस्कृतिक विश्वास हैं और उनके प्रतीकवत या बिम्बात्मक प्रयोग की अपनी सरणियाँ हैं। यह आलेख इन सब ओर सोचने का भी आधार देता है।

अगले हिस्से के दो आलेख वैयाकरणिक चर्चा करने वाले हैं। 'क्रिया : रूपावली एवं प्रयोग' प्रो. चतुर्भुज सहाय का लेख है और 'रूसी स्वनिम विज्ञान परम्परा' पर प्रो. जगदीश प्रसाद डिमरी ने टिप्पणी की है। ये दोनों ही विद्वान व्याकरण के मर्मज्ञ हैं। चतुर्भुज सहाय ने हिन्दी व्याकरण, हिन्दी अव्ययों पर काफी

काम किया है और प्रो. डिमरी रूसी व्याकरण के तो जानकार हैं ही, भारतीय काव्यशास्त्रीय परम्परा के विश्लेषक विद्वान भी हैं। दोनों पण्डित जी के निकट रहे हैं। चतुर्भुज सहाय एक वैयाकरण के रूप में पण्डित जी का आदर करते थे। पण्डित जी आगरे में थे, तब प्रो. सहाय उनके बहुत नजदीक आए। कारक व्याकरण पर पण्डित जी का अद्भुत अधिकार था। वे हम सबको उसकी घुट्टी पिलाया करते थे। प्रो. सहाय हिन्दी वैयाकरण प्रो. रमानाथ सहाय के शिष्य हैं और रमानाथ जी पण्डित जी के पुराने सहयोगी और मित्र रहे—पण्डित जी से वरिष्ठ। उन्हें और सिर्फ उन्हें मैंने पण्डित जी को 'विद्या निवास' सम्बोधित करते हुए सुना। भला और किसकी हिम्मत हो सकती थी? प्रो. डिमरी पण्डित जी के शिष्य भी रहे हैं। सम्पूर्णानन्द संस्कृत विश्वविद्यालय में दीक्षित हुए। पाणिनि, पन्तजलि, भर्तृहरि की मेधा और भारतीय काव्यशास्त्र की गहराई की दीक्षा उन्हें पण्डित जी से ही मिली। मुझे याद है कि पण्डित जी जब भी हैदराबाद आते तो प्रो. डिमरी के घर पर ही ठहरते। दोनों ही आलेख अपनी-अपनी तरह के अनूठे हैं और यह जताते हैं कि यदि व्यावहारिकता की सिद्धि के लिए भाषा वैविध्य का महत्त्व है तो भाषा को संस्कारित और मानकीकृत करने में व्याकरण की भूमिका भी कम महत्त्वपूर्ण नहीं है। यदि उच्चरित भाषा का मापदण्ड भाषाई विविधता को माना जाता है तो लिखित भाषा का मापदण्ड व्याकरण को छोड़कर नहीं बन सकता।

पुस्तक के अगले खण्ड के तीनों आलेख हिन्दी भाषा की प्रयोजनमूलकता को लेकर लिखे गए हैं। तीनों ही आलेखों में प्रयोजनमूलक हिन्दी के व्यावहारिक स्वरूप और उसकी जनस्वीकार्यता को तरजीह दी गयी है। इसके बाद जो तीन आलेख हैं, उनमें एक में रामचरितमानस में वक्रोक्ति योजना का सन्दर्भ है, दूसरे में भारतीय भाषाओं में रचित राम साहित्य की प्रासंगिकता पर चर्चा है और तीसरे में मणिपुरी लोक गीतों की भीनी भीनी व्याख्या है।

प्रयोजनमूलक हिन्दी वाले हिस्से में प्रो. भरत सिंह ने आधुनिक भारत में प्रयोजनमूलक हिन्दी के स्वरूप का निर्माण कैसे हो, इस पर बात छेड़ी है। वे यह मानते हैं कि आम भाषा प्रयोक्ता के अनुभव जगत में पैठकर ऐसे भाषिक तत्वों की खोज होनी चाहिए जिन्हें परिभाषिक बनाकर इस्तेमाल किया जा सके। डॉ. बलविन्दर कौर ने हिन्दी विज्ञापनों का विश्लेषण किया है। इस आलेख की खास बात यह है कि विज्ञापनों की श्रेणी बनाकर उसके भाषिक परिवेश को देखने की कोशिश की गयी है। डॉ. देवशंकर नवीन ने भाषाप्रयोग की उन प्रवृत्तियों का उल्लेख किया है जिनकी वजह से प्रयोजनमूलक हिन्दी में विसंगतियाँ उत्पन्न हो रही हैं, यहाँ तक कि जनसंचार माध्यमों में अपसांस्कृतिक भाषा की अराजकता फैलती चली जा रही है। डॉ. नवीन ने समाज के भाषा संस्कार पर की जा रही चोटों को प्रयोजनमूलक हिन्दी के लिए एक बड़ा खतरा बताया है।

अंजू श्रीवास्तव, डॉ. ऋषभ देव शर्मा और प्रो. देवराज के आलेख पण्डित जी के रुचि क्षेत्र का फिर से प्रतिबिम्बन करते हैं। मानस और राम साहित्य पण्डित जी के लिए सृजनात्मक भाषा के फलीभूत होने का बड़ा प्रमाण भी था। राम कथा को वे राष्ट्रीय एकीकरण से भी जोड़कर देखते थे। लोक गीत पण्डित जी की कमजोरी थे। न जाने कितने लोगों ने उनके कहने पर भोजपुरी, अवधी, ब्रज, मैथिली, मगही के लोकगीतों का संग्रह प्रकाशित किया। खुद पण्डित जी अपने ललित निबन्धों में लोक गीतों को पिरोते रहे थे। उन्हें इनके भीतर लोक जीवन का स्पन्दन महसूस होता था और वे लोक साहित्य को वाचिक परम्परा की निरन्तरता का एक वरदान मानते थे। प्रो. देवराज ने मणिपुरी लोकगीतों की व्याख्या देते हुए इन्हीं स्पन्दनों को पकड़ने का यत्न किया है। जीवन के रंग इनमें छिटके पड़े हैं। काश, कोई इन गीतों को भोजपुरी, अवधी या बुन्देलखण्डी लोकगीतों के तुलनीय देख पाता। ऐसा ही कुछ सपना तो था पण्डित जी का।

पुस्तक के आखिरी हिस्से में तीन आलेख सीधे सीधे पण्डित जी को लेकर हैं। ये आलेख न तो संस्मरणात्मक हैं और न ही पण्डित जी को आकाशकुसुम बनाने की होड़ करते हैं। तीनों उनके कृतित्व, उनकी दृष्टि और उनकी व्याप्ति का सम्यक् आकलन करने वाले हैं। पहला आलेख प्रो. रवीन्द्रनाथ श्रीवास्तव का है जो उन्होंने काफी पहले (1980 में) लिखा था और अपनी पुस्तक 'भाषाई अस्मिता और हिन्दी' में आभार के साथ रखा था। एक अद्‌भुत बात है; यह आलेख ललित निबन्ध शैली में लिखा गया है। मानो श्रीवास्तव पण्डित जी के उस उलाहने का जवाब भी दे रहे हों जो वे बार-बार श्रीवास्तव को देते रहते थे कि तुम सृजनात्मक साहित्य अब क्यों नहीं लिखते। आलेख की संरचना भी अद्‌भुत है। एक ओर पण्डित जी की साहित्य विश्लेषण की प्रणाली पर विद्‌वत्तापूर्ण टिप्पणियाँ हैं, दूसरी ओर शैलीवैज्ञानिक विश्लेषण को लेकर श्रीवास्तव और मिश्र के चिन्तन में जो समान बिन्दु हैं उनका आकलन है तो तीसरी ओर इसमें श्रीवास्तव के वे भाव अभिव्यंजित हैं जो उनके मन में विद्‌या निवास मिश्र के बारे में कहीं गहरे अंकित थे। इसमें आत्मीयता का भाव भी है, समुचित आदर का भी; कहीं-कहीं ईर्ष्या का भी, और उपकृत होने का भी। दो विद्वानों के बीच ऐसा सलोना सम्बन्ध अचम्भित करता है। पूरा आलेख बाँध कर रखता है और अत्यन्त अभिव्यंजक है। मैंने पण्डित जी की भाषिक, लोक और साहित्यिक चेतना को उन्हीं के कुछ प्रतीकों के माध्यम से देखने की कोशिश की है। यह आलेख क्या है, गुरु ऋण से मुक्त होने का एक उपक्रम मात्र है। मुझे खुद नहीं पता कि मैं कैसा और कितना पण्डित जी के वैदुष्य को आँक सका हूँ। तीसरा आलेख प्रो. एम. वेंकटेश्वर का पण्डित जी के साहित्य में लोक तत्व की व्याप्ति को खोजने का प्रयत्न करता है। लोक पण्डित जी की रचनाशीलता के यज्ञकुण्ड में हवि की तरह चौतरफा सुगन्धि बिखेरता रहा

है। वे उसी में जीते थे, उसी को पहचानना चाहते थे और उसी को जीवन का पर्याय मानते थे। उनके व्यक्तित्व का जो चुम्बकीय तत्व था वह उनके लोक अनुराग से ही पैदा हुआ था। प्रो. एम. वेंकटेश्वर ने उनके इस लोक संपृक्त रचनाकार को सम्यक् अभिव्यक्ति दी है और पण्डित जी के लोक संवाद की लगभग सभी श्रेणियों पर दृष्टिपात किया है।

पुस्तक आपके हाथ में है। आलेख इस पुस्तक की परिधि है; केन्द्र में तो पण्डित जी हैं–धुरी की तरह। आधुनिक भाषाविज्ञान पिछले कुछ वर्षों में कई करवटें ले चुका है। अब बारी उसके सिद्धान्तों को व्यावहारिक जामा पहनाने की है। सिद्धान्तों का अनुप्रयोग इस रास्ते की पहली सीढ़ी है। आधुनिक भाषाविज्ञान की शाखाएँ जिन्हें हम अनुप्रयुक्त भाषाविज्ञान की शाखाएँ भी कहते हैं, इस सीढ़ी पर आगे बढ़ने के लिए प्रकाश के पुंज हैं। बहुत विस्तीर्ण हो गया है आज भाषाविज्ञान। यदि इसे पुराने अर्थ में लेंगे तो अब कुछ न बनेगा। भाषा समूह बदल गए। भाषा परिवेश रोज बदल रहा है। भाषा के प्रयोक्ता की नई-नई माँगें सामने आ रही हैं। वैश्वीकरण ने अलग तरह से भाषा को बरतना शुरू कर दिया है। मीडिया भाषा प्रयोग के नए-नए रास्ते तलाश रहा है। पता नहीं कहना ठीक होगा या नहीं कि भारतीय भाषाओं का उत्तर आधुनिकीकरण हो रहा है। विसंरचना की दस्तक सुनाई देने लगी है। यह सब कोई अनहोनी नहीं है। अनहोनी यह होगी कि भारतीय भाषावैज्ञानिक यदि इन भाषा रूपों को क्षुद्र समझकर इन्हें अपने अध्ययन क्षेत्र में घुसने नहीं देंगे या उनके साथ वैसा व्यवहार करेंगे मानो 'ब्राह्मण समाज में ज्यों अछूत'। पण्डित जी इस अर्थ में भी आधुनिक थे कि भाषा विकल्पन और भाषा परिवर्तन को उन्होंने हमेशा भाषा विकास की प्रक्रिया की तरह देखा। न तो इनसे विलग हुए। बल्कि इनके पक्ष में खड़े हुए। पण्डित जी की स्मृति को प्रणाम करता हूँ।

–दिलीप सिंह

अनुक्रम

भारतीय भाषादर्शन की पीठिका

—विद्यानिवास मिश्र

भारतीय चिन्तन मूलतः वाक्केन्द्रित चिन्तन है। पूरी सृष्टि ही 'देवस्य काव्यम्' के रूप में देखी गयी है। कवि सविता की तरह समस्त रूपों की सृष्टि करता है। 'विश्वा रूपाणि प्रतिमुञ्चते कविः प्रासावीद् भद्रं द्विपदे चतुष्पदे' (ऋग्वेद 5/81/2)। दूसरे शब्दों में कवि विविध रूपों को नाम से आलोकित करते हैं। इस नाम-रूप का व्याकरण ही सृष्टि के रहस्य की कुंजी है। आनन्द कुमार स्वामी के शब्दों में 'सोऽहं' या 'अहं ब्रह्मास्मि' जैसे शब्दों द्वारा प्रतीयमान अस्तित्व यद्यपि भीतरी तौर पर आत्म-संकल्प का व्यापार लगता है, पर बाहरी तौर पर यह सृष्टि-व्यापार भी है। यह एक ओर अतिरिक्त प्रजनन है और दूसरी ओर तष्ट (सुघड़) और काम्य बौद्धिक रचना भी। यह मात्र आकस्मिक नहीं है कि ब्राह्मणों में प्रकाश और ध्वनि दोनों शक्तियों का आधान सूर्य में किया गया है और इस शब्द की व्युत्पत्ति में दो धातुओं की खोज की गयी है जिनका आकार तो सदृश है, पर एक का अर्थ प्रकाशित करना और प्रकाशित होना है और दूसरी का 'स्वरायमान या ध्वनित' होना है।

ऋग्वेद से ही वाग्व्यापार को सृष्टि के पर्याय के रूप में देखा जाना प्रारम्भ हो गया, वाक् के ही तीन स्तरों के रूप में द्युलोक, अन्तरिक्ष और पृथ्वी की कल्पना की गयी, और वाक् को ही देवताओं की धारिका और प्रेरिका शक्ति के रूप में देखा गया। (द्रष्टव्य है—अहं रुद्राय धनुरातनोमि)। इसीलिए वाक् की परिशुद्धि पर बल दिया गया, क्योंकि परिशुद्ध वाक् में ही कल्याण का निधान मान्य है। (तुलनीय है—सक्तुमिव तितउना पुनन्तो यत्र धीरा मनसा वाचमक्रत। अत्र सखाय सख्यानिजानते भद्रैषां लक्ष्मीर्निहिताधिवाचि ॥) वाक् की भीतरी खोज ही मंत्र-साधना का पर्याय बनी। इस खोज की ही परिणति होती है उस वाक् में जो हाथ में गही नही जाती पर अपने आप रहस्य उन्मीलित कर देती है (उत त्वः पश्यन्न ददर्श वाचमुत त्वः शृण्वन्न शृणोत्येनाम्। उत त्वस्मै तन्वंविससै जायेव पत्य उशती सुवासाः)। इसीलिए व्याकरण को वेद का मुख कहा गया है। दूसरे शब्दों में, यदि भारत की विवर्त्तमान

ज्ञान-राशि के भीतर पैठना है तो यह केवल व्याकरण के द्वार से ही सम्भव है। यदि इस ज्ञान-राशि को विविक्त रूप से पहचानना है तो यह केवल व्याकरण के द्वार से सम्भव है। यही कारण है कि भारतीय चिन्तन की भाषा व्याकरणमूलक है, पश्चिमी चिन्तन की तरह गणितमूलक नहीं। गणित स्वयं यहाँ व्याकरणमूलक है। 'पाणिनीय व्याकरण के लोप से ही गणित का शून्य उद्‌भूत हुआ है, और व्याकरणात्मक राशिकरणों से तथा रूप-वृत्तों से अंक-गणित और ज्यामिति ने आकार ग्रहण किया है। यहाँ तक कि भारतीय काव्य को भी यथावत् समग्ररूप में तभी ग्रहण किया जा सकता है, जब उसकी बीजभूतभावना के इन नानाविध प्रत्ययों के साथ नानाविध आकार ग्रहण किये जाने पर भी उसमें एक अखंड एकवाक्यता ग्रहण की जाये। भारतीय काव्यशास्त्र ने इसीलिए काव्यार्थ की खोज में 'बुधों' (वैयाकरणों) की स्फोटवादी सरणि अपनाई है।

इस पीठिका के साथ पाणिनीय भाषा-दर्शन के अवदान को परिभाषित करने का यहाँ उद्देश्य यह है कि पाणिनीय भाषा-दर्शन द्वारा स्थापित तत्त्वचिन्तन कोरा कल्पना-विलास न माना जाये, न पाणिनीय सम्प्रदाय द्वारा अपनाई गयी विश्लेषण-पद्धति को इस तत्त्वचिन्तन से विच्छिन्न देखा जाये।

पाणिनि की अष्टाध्यायी सूत्रबद्ध है, इसलिए उसमें सैद्धान्तिक प्रतिपादन गम्य हैं। कुछ को तो उनके टीकाकारों की व्याख्याओं और बहुत कुछ पाणिनीय अष्टाध्यायी की आन्तरिक संगति में ढूँढ़ा जा सकता है। उदाहरण के लिए शब्द और अर्थ को ही लें। पाणिनि ने 'शब्द' शब्द का प्रयोग पारिभाषिक और अपारिभाषिक दोनों अर्थों में किया है। 'स्वं रूपं शब्दस्याशब्दसंज्ञा' (अ. 1-1-68) या 'वचोऽशब्दसंज्ञायां' (अ. 7-3-67) सूत्र में शब्द एक पारिभाषिक शब्द है, जो आज के भाषा-शास्त्रीय चिन्तन के 'साइन' का संवादी है। पाणिनि प्रेषणीय उक्तिखंड को शब्द संज्ञा देते हैं, इसके अन्तर्गत वाक्य भी है, क्योंकि पद का वाक्य से प्रविवेक तात्त्विक नहीं, विश्लेषण के लिए कल्पित है। वाक्य को शब्द की संज्ञा देना यह घोषित करता है कि वाच्य जो शब्द संज्ञा नहीं है, शब्द के उक्ति से प्रकाश्यमान अर्थ है, और शब्द तथा अर्थ में वाच्यवाचक भाव सम्बन्ध है। शब्द का अपारिभाषिक अर्थ 'कोरी आवाज़' है और इसी अर्थ में 'शब्दवैरकलहाभ्रकण्वमेघेभ्यः करणो। (अ. 3-1-17) जैसे सूत्रों में शब्द आया है। यह आवाज़ प्रेषणीय हो, मानवीय हो, कोई आवश्यक नहीं। इसी प्रकार अर्थ भी दो विभिन्न अर्थों में सूत्रों में प्रयुक्त हुआ है। 'अर्थवदधातुरप्रत्ययः प्रातिपदिकम् (अ. 1-2-45) जैसे सूत्रों में अर्थ अभिधेयवाचक है, अर्थात् यह बाह्यजगत् का अर्थ नहीं, बाह्यजगत् का भाषिक संवादी अर्थ है। 'प्रधानप्रत्ययार्थ वचनमर्थस्यान्यप्रमाणत्वात' (अ. 1-2-56) जैसे सूत्रों में अर्थ बाह्यजगत् के अर्थ का प्रत्यायक है। इस दूसरे अर्थ के सम्बन्ध में जो क्रियातिपत्ति महाभाष्य में दृष्टिगोचर होती है कि यह अर्थ जातिस्वरूप है या

व्यक्तिस्वरूप उसको ठीक तरह से जब समझा नहीं गया, तब भर्तृहरि ने अर्थ के सम्बन्ध में एक ऐसे तत्त्वदर्शन की प्रस्थापना की जो पाणिनीय व्याकरण से सामंजस्य रख सके। पाणिनीय दर्शन ने जिस प्रकार की द्वैताद्वैत दृष्टि अपने सामने रखी थी, उसमें भाषा का सामाजिक यथार्थ और भाषा का सर्जनात्मक अतिमानस यथार्थ दोनों पहलू दो स्तरों पर विराजमान थे। पाणिनि के सम्प्रदाय ने लोकप्रामाण्य भाषा के प्रयोग में स्वीकार किया, साथ ही छन्दस् (जिसकी भाषा परोक्षप्रिय होने के लिये विवश है, 'परोक्षप्रियाः देवाः प्रत्यक्षद्विषः) के सावित्र रूप का भी ध्यान रखा। वैयाकरणों के सामने केवल लौकिक भाषा का व्याकरण देना ही उद्देश्य नहीं था, छन्दस् (साक्षात्कृत वाक्) के शब्द रूप को यथावत् स्मृति में उद्भासित रखना भी प्रमुख उद्देश्य था। छन्दस् की भाषा के अक्षर तो क्या स्वर तक में कोई परिवर्तन नहीं किया जा सकता, क्योंकि छन्दस् शब्द को शब्द नहीं परोक्ष अर्थ की सम्पूर्ण और अद्वितीय अभिव्यक्ति माना गया है। वह अपौरुषेय है, क्योंकि वह व्यष्टि-चैतन्य की नहीं समष्टिचैतन्य की क्रियाशक्ति है, वह विराट् पुरुष का निःश्वास है, भीतर खींच कर छोड़ी गयी साँस है। प्रमाणमीमांसा की दृष्टि से दोनों भाषाएँ ज्ञान के दो मानस और अतिमानस स्तरों पर स्थापित करके परखी जा सकती हैं।

पाणिनि ने अपनी अष्टाध्यायी में वाच्य अर्थ को भाषागत रूप-विवर्तों के घटक सन्दर्भ के रूप में स्वीकार किया, किन्तु वाच्य अर्थ की मीमांसा में वे प्रायः नहीं पड़े। सम्भवतः इसलिए कि उनके सामने एक सजीव भाषा थी (अन्यथा आर्ष शब्दों की व्युत्पत्ति क्यों देते, गाँवों के नामों की व्युत्पत्ति क्यों देते?) सजीव भाषा में वाच्यार्थ प्रयोग-सिद्ध होने के कारण कुछ अधिक स्पष्ट था। परन्तु उन्होंने व्याकरणीय अर्थ या वाक्य-प्रकार-बोधक या वाक्यबोध वाक्य-सम्बन्ध-बोधक अर्थ (जिसे पाणिनि में सीधे वचन के नाम से पुकारा है) की मीमांसा बहुत विशद रूप में की है। कर्तृ, कर्म, कारण जैसे सम्बन्ध वाचक वचन या अनुज्ञा, प्रैष, अभीष्ट जैसे प्रकारवाचक वचन प्रस्तुत भाषा-जगत् के आंतरिक संघटन के वर्गीकरण हैं। उनका संवादी निर्देश्य बाह्य जगत् में कहीं-कहीं भाषा के प्रयोग की विशेष स्थिति है, कहीं-कहीं बाह्यजगत् में उसका संवादी निर्देश्य कुछ भी नहीं। पाणिनि के टीकाकारों ने अपादान आदि की व्याख्या में यह स्पष्ट रूप से प्रतिपादित किया है। अपादान भौतिक नहीं धारणात्मक है, और धारणात्मक भी भाषा-बोध की दृष्टि से (देखिए वार्तिक सं. 1089 पर महाभाष्य)। पाणिनि की कर्तृत्व-धारणा नैयायिकों की कर्तृत्व धारणा से अलग है। पाणिनि का कर्त्ता स्वतंत्र है, नैयायिक का कर्त्ता कर्तृत्वावच्छिन्न है। उसी प्रकार पाणिनि का कर्म मीमांसा का कर्म नहीं है, क्योंकि मीमांसा का कर्म अपरिहार्य है, जबकि पाणिनि का कर्म क्रिया के साथ सम्बन्ध स्थापित करने के लिए ईप्सिततम या ईप्सिततमवत् संयुक्त है।

पतंजलि ने अपने महाभाष्य में पाणिनीय भाषा-तत्त्व-चिन्तन के प्रश्न उभाड़े—शब्द का स्वरूप क्या है...प्रत्यायक या वाचक (प्रत्यय-साधन के रूप में शब्द साक्षात् प्रत्यय से जुड़ा हुआ है, तब बीच में एक अलग स्वतंत्र भाषिक अमूर्तीकरण मानने की आवश्यकता नहीं, किन्तु वाचक रूप में शब्द पहले वाच्य अर्थ को उद्भासित करता है और वाच्य अर्थ बाह्य अर्थ को उद्भाषित करता है) और अपना अभिमत दूसरे पक्ष में रखा। क्योंकि उन्होंने शब्द का तादात्म्य जाति या द्रव्य, गुण और क्रिया किसी से भी स्थापित करने से इंकार किया। केवल बाह्य अर्थ के सम्बन्ध में पतंजलि से लेकर नागेश तक सभी सन्देह में रहे कि यह जात्यात्मक या सामान्यात्मक है या व्यक्त्यात्मक या विशेषात्मक है। पाणिनि ने प्रयोग में उभयविध दृष्टि का अन्तःप्रामाण्य देखने का प्रयत्न किया है, किन्तु जहाँ तक मैं समझता हूँ यह द्वैविध्य सप्रयोजन है। बाह्य अर्थ वस्तुतः आन्तर अर्थ से उन्मीलित है और आन्तर अर्थ में कोई विकल्प सम्भव नहीं। यदि ऐसा हो तो श्रोता-वक्ता में संवाद ही असम्भव हो जाए और भाषा का प्रयोजन ही ध्वस्त हो जाए। इसी सिद्धान्त को और अधिक व्यवस्थित रूप देने के लिए भर्तृहरि ने शब्द-ब्रह्म और उसके विवर्त्त रूप बाह्य-जगत् के द्वैताद्वैत का उपपत्ति-पूर्वक प्रतिपादन किया। भर्तृहरि के वाक्यपदीय में नानाप्रकार के मतों का संग्रह है, कहीं-कहीं यह समझना बड़ा कठिन हो जाता है कि यह मत अन्तर्विरोधी होते हुए भी क्यों समाविष्ट किया गया है।

पाणिनि की ही विचारधारा को आगे बढ़ाते हुए भर्तृहरि यह प्रतिपादित करते हैं कि (1) शब्द (भाषा) प्रत्येक प्रत्यय के पूर्व है। 'न सोऽस्ति प्रत्ययो लोके यः शब्दानुगमादृते और प्रत्येक ज्ञान शब्दविद्ध होकर ही ग्राह्य बनता है (अनुविद्धमिव ज्ञानं सर्वं शब्देन भासते)। इसी को व्यावहारिक स्तर पर इस प्रकार कह सकते हैं कि पदार्थ के बोध के लिए भाषागत रूप होना पहली शर्त है। (2) शब्दबोध का प्रामाण्य केवल शब्द में निहित है, क्योंकि शब्द ही असली यथार्थ है, इतर यथार्थों की यथार्थता शब्दाश्रित है। (देखिए-फिलासफी ऑफ् वर्ड एण्ड मीनिङ् पृष्ठ 284) (3) शब्दबोध के लिए तर्कसंगति या योग्यता आवश्यक नहीं, शब्द बोध के लिए लोकप्रसिद्धि ही एकमात्र शर्त है। तर्क लोकप्रसिद्धि को कभी बाधित नहीं कर सकता (वा.प. 1-31) जो भी जीवन के व्यवहार निरन्तर प्रयोग के द्वारा व्यवस्थित हो चुके हैं, भाषा भी इसी प्रकार का व्यवहार है—भारतीय शब्दावली में, जीवन-धर्म है—वे तर्क की कसौटी पर कसे नहीं जा सकते, तर्कसंगति की बाधा उन्हें प्रभावित नहीं करती, क्योंकि उनका प्रामाण्य लोकप्रसिद्धि में निहित है।

पाणिनीय दृष्टि से शब्द को अर्थ का प्रकाशक नहीं कहा जा सकता। (तुलनीय है—विनियोगादृते शब्दा स्वार्थस्य प्रकाशकः) आज की भाषा में कहना चाहें तो कह सकते हैं कि किसी भी भाषागत संकेत का अपने आप में कोई अर्थ

नहीं होता। संकेत एक भाषागत परिवेश में ही अर्थवांन् होता है' (ए स्टडी ऑफ ग्लासमेटिक्स—पृष्ठ 130)। (4) शब्द—क्रमशः अपने स्वरूप प्रयोक्ता के संस्कार-निहित वाच्यार्थ और बाह्यार्थ का प्रकाशक होता है, व्यावहारिक विश्लेषण के सापेक्ष स्तर पर ये तीनों पृथक्-पृथक् अवस्थित हैं। भर्तृहरि ने कहा है—

ज्ञानं प्रयोक्तुर्बाह्योऽर्थः स्वरूपं च प्रतीयते।
शब्दैरूच्चारितैस्तेषां सम्बन्धः समवस्थितः ॥ (वा.प. 3-31)

किन्तु निरपेक्ष पारमार्थिक स्तर पर ये तीनों एक साथ एक ही हैं। भर्तृहरि के ही शब्दों में

एकस्य सर्ववीजस्य यस्य चेयमनेकधा।
भोक्तृभोक्तव्य रूपेण भोगरूपेण च स्थितिः ॥ (वा.प. 1-47)

पारमार्थिक स्तर पर शब्दार्थ अभिन्न हैं, प्रातिभासिक स्तर पर भिन्न (एकस्वैवात्मनो भेदो शब्दार्थावपृथक्स्थितौ वा.प. 2-31)। वाक् ही बाहरी और भीतरी दोनों प्रकार की चेतना का आकार ग्रहण करती है। (सैषा संसारिणो संज्ञा बहिरन्तश्च वर्तते वा.प. 1-126) (5) शब्द का सबसे भीतरी स्तर (जहाँ शब्द और अर्थ एकाकार रहते हैं) स्फोट है, जो बुद्धि में (यहाँ यह ज्ञातव्य है कि भारतीय चिन्तन में बुद्धि मन से परे है) अवस्थित है। मन विवक्षा से युक्त होकर प्राण को प्रेरित करता है, तब बैखरी वाक् प्रकाशित होती है और मन के स्तर से ही भेद का प्रतिभास शुरू हो जाता है (तस्य प्राणो च या शक्तिर्या च बुद्धौ व्यवस्थिता। विविर्तमाना स्थानेषु सैषा भेदं प्रपद्यते वा.पा. 1-117):1 यह स्फोट मूलतः एक प्रकार का ऐसा बौद्ध अमूर्तीकरण है, जो शब्द के प्रयोग के अभ्यास अन्य संस्कार के द्वारा प्रतिभासित होता है। (6) शब्द-निबन्ध और अर्थ-रूप सत्य की दो असत्य उपाधियाँ हैं। एक ओर तो भौतिक घटना-क्रम के द्वारा ध्वनि-उत्पत्ति निरपेक्ष रूप में देखने पर अवास्तविक या असत्य है और दूसरी ओर नाना विकल्पग्रस्त बाह्य अर्थ-बितान भी पारमार्थिक दृष्टि से अवास्तविक या असत्य है। (असत्योपाधि यत्सत्यं तद्वा शब्द-निबन्धनम्। वा.प. 2-128) इसलिए कहा गया है कि बाह्य-पदार्थ वस्तुतः व्यवस्थित न होकर शब्दोपलक्षित होकर ही व्यवस्थित हैं (लक्षणाद् व्यवतिष्ठेरन् पदार्था न तु वस्तुतः वा.प. 2-144)।

भर्तृहरि के शब्द-क्रमवाद की गहराई में जाने पर यह स्पष्ट हो जाता है कि यह वैदिक चिन्तन और आगम-चिन्तन को जोड़ने वाली एक कड़ी है। वस्तुतः यह तत्त्व-दर्शन शैव प्रत्यभिज्ञा और निम्बार्क के द्वैताद्वैत के मध्य-बिन्दु पर अवस्थित है। साथ ही बौद्धों के अपोहबाद और नैयायिकों और मीमांसकों के बाह्यार्थवाद के भी बीच में अवस्थित है। यह भर्तृहरि की स्थापना का ही प्रभाव है कि रत्नकीर्ति अपोह को 'अतद्व्यावृत्ति' मात्र न मानकर 'अतद्व्यावृत्ति-विशिष्ट विधि' मानने को विवश हो जाते हैं। अपोह जहाँ व्यक्ति का अतिक्रमण करके स्वेतर की व्यावृत्ति में

पर्यवसित हो जाये, वहाँ वह वैधिक रह ही नहीं सकता और अगर बिना अतद्व्यावृत्ति के यह केवल विधि रूप हो तो भी अनिश्चय बना रहेगा। रत्नकीर्ति के अपोहवाद के बाद के वैयाकरणों को अपनी बात और अधिक स्पष्ट ढंग से रखने का मसाला दिया। नागेश ने 'लघु-मंजूषा' में यहीं से बात शुरू की कि अर्थ को बाह्य सत्ताविष्ट मानने में बड़े झगड़े हैं, उसे 'बुद्धि-सत्ता-समाविष्ट' मानने से निर्दोष सिद्धान्त बनता है। इसलिए "आकाशकुसुम नहीं होते" ऐसे वाक्यों के अर्थ ग्रहीत हो पाते हैं। बाह्यसत्ता पर ही यदि अर्थ को आश्रित मानें तो यह वाक्य निरर्थक हो जाएगा, क्योंकि आकाशकुसुम की बाह्य सत्ता तो हैं ही नहीं, फिर 'नहीं होते' कहना व्यर्थ है। शब्दार्थ की बौद्ध सत्ता मानने का एक और प्रबल तर्क है। वक्ता के अन्तःकरण में कुछ प्रेषित करने की इच्छा उदित होती है, उसी अन्तःकरण में क्या कहना है, यह इच्छा का विषय भी उदित होता है, अतः वक्ता की इच्छा (विवक्षा) और उसके विषय (विवक्षित) दोनों समानाधिकरण हुए। इन दोनों का कारण एक होना चाहिए तथा वह कारण मन नहीं हो सकता, अतः मन से परे बुद्धि ही कारण हो सकती है। इसलिए विवक्षित अर्थ बौद्ध या बुद्धि-उद्भूत ही मानना ठीक होगा। बाह्यार्थ इसी बौद्धार्थ का अध्यास है। इस अध्यास का बीज है अन्तःकरण का रागादिदोष। बौद्ध अर्थ केवल रूप है। क्योंकि वह मानस संसर्गजन्य संपृक्तता या विकल्प-भावना से युक्त है, वह न तो प्रतिबिम्ब है, न प्रतिभा, न मानसी धारणा, न समाहार, न औसत और न सामान्य, न विशेष। वह अर्थग्राही वक्ता-श्रोता को एक-सी प्रतीयमान अमूर्त वास्तविकता है इसलिए उसका प्रत्यायक शब्द भी बौद्ध रूप में ही वास्तविक है। शब्द का यह बौद्ध रूप संस्कार-निविष्ट प्रतिमान है, कोई भौतिक घटना नहीं। भौतिक घटना तो एकरूप में हो ही नहीं सकती, भौतिक घटनाओं का योग भी नहीं है, क्योंकि एक साथ यदि सभा सदृश भौतिक घटनाएँ अभिव्यक्त होने लगें तो प्रतिपत्ति असंभव हो जाए, वह तो भौतिक घटनाओं का सर्वग्राह्य अमूर्तीकरण है।

इसी बौद्धार्थ का और ऊँचे सर्जनात्मक धरातल पर एक रूपांतरण 'काव्यार्थ' है और साधनात्मक धरातल पर दूसरा रूपांतर 'नाम' है। काव्यार्थ जैसे प्रत्यक्ष शब्दव्यापार समर्पित है, वैसे ही नाम भी प्रत्यक्ष लीलाचरिताख्यानपरक शब्दों द्वारा अभिव्यक्त हैं। भारतीय कला बोध की पीठिका वाक् है। तुलनीय है–

सा सर्वविद्या शिल्पानां कलानां चोपबन्धनी।
तद्वशादभिनिष्पन्नं सर्वं वस्तु विभज्यते ॥ (वा.प. 1-125)

क्योंकि वाक् के कारण समस्त जगत् वस्तुअनुभाव्य आकार ग्रहण करता है और भारतीय साधना की पीठिका नाम का 'ध्यान' है। भारतीय वैयाकरणों के चिन्तन का इसलिए भारतीय आनन्द-बोध तत्त्व-चिन्तन और धर्म-साधना तीनों के स्तरों को व्याकृत करने में बहुत बड़ा योगदान है। अभी तक इसका मूल्यांकन नहीं हुआ है, क्योंकि भारतीय व्याकरण के बारे में एक बहुत बड़ी भ्रान्ति यह प्रचलित

है कि वह रूप-जाल मात्र है। परन्तु एक यह सर्जनक्षम जीवन्त प्रक्रिया भी है, इस ओर लोगों का ध्यान कम गया है। बेटी हाइमान ने (फ़ेसेट्स ऑफ इण्डियन ऑर्ट में) व्याकरण के इस अवदान की ओर कुछ जरूर ध्यान दिलाया है, पर उनके प्रतिपादन में आकस्मिक कौंध तो है पर बौद्धिक सामंजस्य नहीं है। आनन्द कुमारस्वामी ने इसी प्रकार नामरूप के आध्यात्मिक स्तर को जरूर उभारा है पर उन्होंने भी लोकव्यवहार के साथ उसे जोड़ने की कोशिश नहीं की। आवश्यकता इस बात की है कि भारतीय वैयाकरणों की दृष्टि को उसकी समग्रता में आकलित किया जाए, विश्लेषण को तत्त्वचिन्तन से अलग करके न देखा जाए, साथ ही समग्र भारतीय चिन्तन में व्याकरण किस प्रकार ओत-प्रोत है, इसको भारतीय जीवन-पद्धति और भारतीय मूल्य-बोध के आलोक में देखा जाए।

आधुनिक भाषाविज्ञान और भारतीय भाषा-चिन्तन

—रवीन्द्रनाथ श्रीवास्तव

आधुनिक भाषाविज्ञान का 'आधुनिक' पक्ष कालबोध के साथ-साथ हमारी वृत्ति का भी आज व्यंजक हो गया है। विद्वानों के एक वर्ग के लिए यह संकल्पना उस मनोवृत्ति का सूचक बन गयी है जो प्राचीन मूल्यों का निषेध करती है और चिन्तन के धरातल पर परम्परा से अलग अपना नूतन विचार-पक्ष प्रस्तुत करती है। इस वर्ग के विद्वानों के अनुसार जो कुछ प्राचीन है वह पुराना होने के कारण आज के युग के अनुकूल नहीं, परम्परा रूढ़िजन्य मान्यताओं का वह बोझ है जिसे आज के मनुष्य को विवशता में एक बोझ के रूप में ढोना पड़ता है। सम्भवतः इसी मनोवृत्ति से प्रेरित होकर आधुनिक भाषाविज्ञान में प्रशिक्षित इस शताब्दी के पूर्वार्द्ध में भारतीय विद्वानों ने प्राचीन भारतीय व्याकरणाचार्यों की कृतियों को असमीचीन ठहराते हुए उन्हें 'भारतीय दण्ड संहिता' की संज्ञा दी। प्रसिद्ध भाषावैज्ञानिक मीनाक्षी सुन्दरम के मत में भारतीय व्याकरणाचार्यों की मान्यताएँ और व्याकरणिक नियम संस्कृत भाषा के विवरणात्मक विवेचन के लिए निरूपित किए गए थे, पर उन्हें सार्वकालिक और सार्वभौम बनाकर इस तरह प्रस्तुत किया गया, जिससे आधुनिक भारतीय भाषाओं के विवेचन को मुक्त नहीं कहा जा सकता। उनके अनुसार यह परम्परा के बल पर ऊपर से आरोपित चिन्तन प्रक्रिया है न कि भाषाओं की अपनी और आन्तरिक प्रकृति से उत्पन्न आधुनिक भाषिक विश्लेषण की विधि।

आधुनिक भाषाविज्ञान में प्रशिक्षित मीनाक्षी सुन्दरम प्रभृत विद्वानों की यह मान्यता है कि संस्कृत आचार्यों की कारक, सन्धि, समास आदि जैसी संकल्पनाएँ आधुनिक भारतीय भाषाओं के लिए उसी रूप में मान्य नहीं हो सकतीं जिस रूप में संस्कृत या अन्य प्राचीन भाषाओं के लिए स्वीकृत थीं। दूसरा, प्राचीन आचार्यों की कृतियों एवं मान्यताओं के अध्ययन की उपयोगिता उनके अनुसार वाङ् मीमांसकों

(फिलालोजिस्ट) के लिए है न कि आधुनिक भाषावैज्ञानिकों के लिए।

'आधुनिक' शब्द का दूसरा सन्दर्भ काल-सापेक्ष चिन्तन के उस मोड़ से जोड़ लिया जाता है, जिसे थामस कून ने 'पैराडाइम' की संज्ञा दी है। पैराडाइम एक वैचारिक क्रान्ति के रूप में आता है। जब पैराडाइम बदलता है तब देखने-समझने की पूरी दृष्टि बदल जाती है, सोचने और समझने का पूरा तौर-तरीका ही बदल जाता है। 'वस्तु' वही होती है पर उस पर बात करने की रीति में परिवर्तन आ जाता है। इस वैचारिक क्रान्ति का प्रारम्भ भले ही ज्ञान के किसी एक विषय-क्षेत्र से प्रारम्भ हो, पर उसका प्रभाव युग में प्रचलित ज्ञान-विज्ञान के अन्य विषय क्षेत्र पर भी पड़ता है। फ़र्देनेंद द सस्यूर (1857-1913) का नाम आधुनिक भाषाविज्ञान के जनक के रूप में लिया जाता है, क्योंकि उनके द्वारा प्रतिपादित सिद्धान्त 'भाषाई क्रान्ति' के रूप में उभरे। भाषा की प्रकृति को लेकर जिस प्रकार के प्रश्नों को उन्होंने उभारा और जिन सैद्धान्तिक सन्दर्भ के साथ उनके उत्तर ढूँढ़ने का उन्होंने प्रयास किया, वह भाषा-चिन्तन के क्षेत्र में एक नए पैराडाइम का उद्घोषण था। विचारों का यह वही उद्घोष है जिसकी प्रतिध्वनि हम समकालीन समाजशास्त्र में एमेली ड्यूरहिम और मनोविज्ञान में सिगमण्ड फ्रायड के सिद्धान्तों में पाते हैं। वस्तुतः इन तीनों विद्वानों ने मानवव्यवहार को समझने का एक नया सन्दर्भ दिया। उन्होंने मानवव्यवहार को भौतिक जगत् में होनेवाली क्रमबद्ध घटना के रूप में देखने से इंकार किया। मानवव्यवहार के भौतिक पक्ष उनके मत में किसी गहरे सामाजिक मूल्य और संकल्पनात्मक अर्थ से जुड़े होते हैं और परिस्थिति विशेष में अपना विशिष्ट भौतिक रूप ग्रहण करते हैं। जो भी व्यक्ति मानवव्यवहार को अपना अध्ययन-क्षेत्र बनाता है, उसे मात्र भौतिक घटना के रूप में उसको ग्रहण नहीं करना चाहिए, बल्कि उन घटनाओं के पीछे कार्यरत सामाजिक अर्थ और मूल्य को भी देखना चाहिए, जिसके वे मात्र एक उदाहरण हैं। सस्यूर ने भाषा के सन्दर्भ में इस अन्तर को समझने के लिए 'भाषा व्यवस्था' (लांग) और भाषा-व्यवहार (परोल) के युग्म को सामने उभारा।

भाषा-व्यवहार न केवल भाषा का व्यक्त भौतिक घटना रूप है बल्कि व्यक्ति के अपने वैयक्तिक सन्दर्भों से जुड़े होने के कारण वह भाषा का व्यष्टि रूप भी है। यही कारण है कि भाषा-व्यवहार अपने प्रतिफलित रूप में वैविध्यपूर्ण और विषमरूपी होता है। यह भी कहा जा सकता है कि व्यक्ति के निजी सन्दर्भ, श्रोता की भूमिका, देश और काल की अपनी स्थिति से नियंत्रित होने के कारण भाषाव्यवहार नव-प्रवर्तनकारी (इन्नोवेटिव) हुआ करता है। इसके विपरीत सस्यूर ने जिस भाषा-व्यवस्था को अपने अध्ययन का साध्य बनाया, उसकी प्रकृति को पहले 'संस्थागत' ठहराया। भाषा-व्यवस्था, समूहगत अनुबन्ध का परिणाम होती है जो व्यक्ति की अपनी इच्छा से परे होती है। यह प्रतीकों की अर्थवत्ता से निर्मित

मानसिक व्यवस्था होती है अतः वह अपने माध्यम या उपादान के नियंत्रण के बाहर की चीज़ होती है। भाषा-व्यवस्था सामाजिक संस्थान (इंस्टिट्यूशन) की तरह एक सामाजिक वास्तविकता है जो व्यक्ति से जुड़ी रहकर भी व्यक्ति की अपनी सीमाओं से मुक्त होती है। भाषा-व्यवहार और भाषा-व्यवस्था का भेद पैराडाइम की इस मान्यता से प्रेरित था कि मानवीय व्यवहार से सम्बद्ध घटनाओं को घटना-मात्र के रूप में ही देखना पर्याप्त नहीं, बल्कि उसे एक ऐसी सार्थक घटना के रूप में देखना आवश्यक है जो एक तरफ व्यवस्था सापेक्ष होती है और दूसरी तरफ सामाजिक मूल्य से अनुप्राणित होती है। घटना की सार्थकता उनकी मूल्यवत्ता में होती है और मूल्य की प्रकृति सामाजिक और व्यवस्थापरक होती है।

सस्यूर, फ़्रायड और ड्यूरहिम द्वारा विकसित पैराडाइम की दूसरी मान्यता यह थी कि मानवव्यवहार सम्बन्धी घटनाओं की सार्थकता को जानने के लिए यह आवश्यक नहीं कि हम उसके कार्य-कारण सम्बन्धी ऐतिहासिक कारणों तक अपनी दृष्टि सीमित कर लें। उसकी सार्थकता का सम्बन्ध घटनाओं के उस प्रयोजन और प्रकार्य में निहित रहता है, जिसे सामाजिक व्यवस्था का एक घटक होने के नाते उसे निभाना पड़ता है। प्रकार्य (फ़ंक्शन) का सम्बन्ध घटनाओं की एककालिक (सिनक्रानिक) व्यवस्था के साथ रहता है। ऐतिहासिक परिवर्तन एककालिक सन्दर्भ से उपलब्ध व्यवस्था के बाहर की चीज होती है। सस्यूर ने भाषा-अध्ययन के दो सन्दर्भों की चर्चा की--भाषिक व्यवस्था के अध्ययन-विश्लेषण के लिए अध्ययन का एककालिक सन्दर्भ और भाषाविकास तथा परिवर्तन के लिए अध्ययन का कालक्रमिक (डायक्रानिक) सन्दर्भ। 'पैराडाइम' के रूप में उन्होंने भाषा की प्रकार्यात्मक व्यवस्था को अध्ययन की विषय-वस्तु मानते हुए भाषाविश्लेषण की एककालिक अध्ययन प्रणाली पर ही बल दिया। यहाँ कहने की आवश्यकता नहीं कि सस्यूरपूर्व उन्नीसवीं शताब्दी के भाषाविज्ञान की प्रमुख प्रवृत्ति ऐतिहासिक थी और नव्य-व्याकरणाचार्यों के ध्वनि-सम्बन्धी ऐतिहासिक नियमों के दायरे में बँधी-सिमटी थी।

इस पैराडाइम की तीसरी विशेषता थी विषयवस्तु के प्रणालीगत अध्ययन की, जिसे ज्ञान-विज्ञान के अन्य क्षेत्रों में मान्य वैज्ञानिकता के अनुरूप उसने रूपात्मक (फ़ार्मल) बनाया। सस्यूर ने भाषा-व्यवस्था (लांग) और भाषा-व्यवहार (परोल) तथा एककालिक (सिनक्रानिक) और कालक्रमिक (डायक्रानिक) जैसे युग्मों के अतिरिक्त संकेतविज्ञान का सहारा लेते हुए संकेतक (सिग्निफ़ायर) और संकेतित (सिग्निफाइड), उपादान (सब्सटेन्स) और रूप (फ़ार्म), विन्यासक्रमी (सिन्टगमेटिक) और सहचारक्रमी (एसोशिएटिव/पैराडिग्मैटिक) सम्बन्धों के संकल्पनात्मक युग्मों की अवधारणा भी प्रस्तुत की। इन्हीं अवधारणाओं के आधार पर उन्होंने वस्तुओं की संरचनात्मक व्यवस्था की चर्चा की। जिसे आज हम संरचनावाद (स्ट्रक्चरलिज़्म) के नाम पर

एक सैद्धान्तिक विचारधारा और तकनीकी विश्लेषण पद्धति के रूप में जानते हैं, उसकी भूमिका इस पैराडाइम द्वारा निर्धारित हो चुकी थी। बहुत पहले सस्यूर ने इस बात पर बल दिया था कि किसी भाषिक इकाई की संरचना उस इकाई के भीतर पाए जाने वाले सम्बन्धों की व्यवस्था है। संरचना एक प्रकार्यात्मक यथार्थ है, जिसकी प्रकृति अमूर्त और संकल्पनात्मक होती है।

यह इसी पैराडाइम का परिणाम है कि सस्यूर के बाद आधुनिक भाषाविज्ञान, संरचनात्मक भाषाविज्ञान का पर्याय बन गया। जब हाकेट ने 1958 में संरचनात्मक भाषाविज्ञान पर अपनी प्रामाणिक पाठ्यपुस्तक प्रकाशित की, तब उसका शीर्षक दिया, 'एक कोर्स इन मॉडर्न लिंग्विस्टिक्स', पर जैसा पहले संकेत दिया जा चुका है कि 'आधुनिक' शब्द कालबोध के साथ हमारी वृत्ति का भी व्यंजक होता है। इस शताब्दी की उत्तरार्ध में सस्यूर द्वारा स्थापित पैराडाइम पर प्रश्न-चिह्न लगने आरम्भ हो गए। चॉम्स्की के भाषा सम्बन्धी चिन्तन ने पूर्ववर्ती व्यवहारवादी विचारधारा पर कई प्रकार के प्रश्न उठाए। सस्यूर और उनके सहयोगी विचारकों ने जिस संरचनावाद की नींव रखी उसकी दार्शनिक पृष्ठभूमि में 'अनुभववाद' काम कर रहा था। 'अनुभववाद' के समर्थकों में बेकन, लॉक, मिल, ह्यूम आदि विचारकों का नाम लिया जा सकता है। इन विचारकों के अनुसार ज्ञानार्जन की प्रक्रिया के मूल में इन्द्रियजन्य अनुभव होता है। बुद्धि या मन जैसी किसी स्वायत्त इकाई का इस प्रक्रिया में हाथ नहीं होता। ज्ञान का स्रोत मात्र अनुभव है, और अनुभव का आधार बाह्यवस्तुओं के प्रति व्यक्ति का स्नायविक संयोग और उनके प्रति मन में सजगता होती है। सभी अनुभववादी अनुभव से स्वतन्त्र विचार-सम्पन्न मन का निषेध करते हैं। ये सभी विद्वान भाषा-विकास के अविच्छिन्नतावादी (कान्टिनूअस) सिद्धान्त के समर्थक हैं, जिसके अनुसार पशु-पक्षियों की आदिम सम्प्रेषण व्यवस्था के क्रमिक एवं सतत् विकास के परिणामस्वरूप ही मानव-भाषा का जन्म और विकास हुआ।

चॉम्स्की के साथ भाषाचिन्तान के क्षेत्र में एक नए पैराडाइम का उदय हुआ। चॉम्स्की तर्कबुद्धिवादी थे। डेकार्ट और लीबनित्स की भाँति वे मन और बुद्धि को प्राणिजगत् की एक सच्चाई मानते हैं। इस दृष्टि के अनुसार अनुभव तो मन में स्थित ज्ञान के सामान्य रूप को प्रतिफलित करने का एक साधन मात्र है। तर्कबुद्धिवान ने मनोविज्ञान के क्षेत्र में जिस संज्ञानवाद (काग्निटिविज़्म) को जन्म दिया, वह मनुष्य को अन्य जीव-जन्तुओं से अलग करने के पक्ष में है। उनके अनुसार मनुष्य के ज्ञान अर्जन की प्रकृति जाति-विशिष्ट है। मनुष्य अन्य पशु-पक्षियों से इसलिए विशिष्ट है कि उसके मस्तिष्क की संरचना और प्रकार्य जाति-विशिष्ट हैं और गुणात्मक रूप में वह अन्य जीव-जन्तुओं के मस्तिष्क से भिन्न होता है। मानव होने के नाते मनुष्य 'भाषिक अर्जन युक्ति' (लैंगुएज एक्विजिशन डिवाइस) लेकर पैदा होता है। मन में स्थित यह युक्ति स्ववृत्ति-युक्त होती है। यह स्ववृत्ति

और कुछ नहीं बल्कि सहजात (इन्नेट) विचार हैं। चॉम्स्की भी तर्कबुद्धिवादी लीबनित्स की भाँति यह मानते हैं कि विचार के रूप में मनुष्य जो कुछ सीखता है, वह सहजात होता है और जो सहजात नहीं होता, उसे वह सीख नहीं पाता। इन्द्रियों या उनके आधार पर प्राप्त अनुभवों का भाषा अर्जनयुक्ति या सहजातविचार के साथ कोई सम्बन्ध नहीं होता। अगर उनका कोई योग है तो केवल इतना कि वे सहजात विचारों के दृष्टांत रूप में प्रतिफलित होने की नियति लेकर हमारे व्यवहार में दिखलाई पड़ते हैं। इसीलिए भाषा के सन्दर्भ में हम दो स्थितियाँ पाते हैं–अन्तर्जात विचार के रूप में सिद्ध आभ्यंतर भाषिक क्षमता (काम्पिटेंस) और दृष्टांत के रूप में प्रतिफलित बाह्य भाषिक दक्षता (परफ़ॉर्मेन्स)। जातिविशिष्ट अन्तर्जात विचार ही वस्तुतः भाषिक अर्जनयुक्ति से छनकर सार्वभौम (यूनिवर्सल) व्याकरण को जन्म देते हैं। यह सार्वभौम व्याकरण ही भाषावैज्ञानिकों के अध्ययन की साध्यवस्तु है।

व्यवहारवादप्रेरित संरचनावाद और संज्ञानवाद अनुप्राणित रूपांतरण प्रजनक व्याकरण सिद्धान्त आधुनिक युग में भाषा-चिन्तन के क्षेत्र में दो ऐसे पैराडाइम को जन्म देने में समर्थ रहे हैं, जिन्हें इसलिए 'आधुनिक' की संज्ञा दी जाती है कि उन्हें पूर्वप्रचलित परम्परा अनुमोदित भाषा सिद्धान्तों के विरोध में रखा गया है। पर इस सम्बन्ध में कुछ बातों की ओर ध्यान देने की आवश्यकता है।

पहली बात तो यह है कि चॉम्स्की के संज्ञानवादी भाषा सिद्धान्त के पैराडाइम के साथ 'आधुनिक' की धुरी संरचनावाद से बदलकर रूपातंरण प्रजनक सिद्धान्त पर आ टिकी। यही कारण है कि जब नील स्मिथ और डिओड्रे विल्सन ने 'मॉडर्न लिंग्विस्टिक्स' (आधुनिक भाषाविज्ञान) नामक पुस्तक 1979 में प्रकाशित की, उस समय उसे चॉम्स्की की वैचारिक क्रान्ति का प्रतिफल रूप बताया। इस पुस्तक की भूमिका से लेकर उसके विश्लेषणात्मक विवरण का सम्बन्ध चॉम्स्की अनुमोदित सिद्धान्त और उसके परवर्ती विचारों से है, जबकि हाकेट की पाठ्यपुस्तक का वैचारिक मूलाधार संरचनावाद रहा है।

दूसरी बात यह है कि भाषाचिन्तन के इतिहासक्रम में संरचनावादी दृष्टि और रूपांतरण-प्रजनक दृष्टि में एक सहज विकास क्रम दिखलाई पड़ता है, पर अपने उद्देश्य, प्रणाली और तकनीक में ये इन दोनों से पर्याप्त भिन्न हैं। इन दोनों भाषाविज्ञान के प्रारूपों पर यहाँ विस्तृत चर्चा सम्भव नहीं, पर उनके आधारभूत अन्तर को तालिकाबद्ध रूप में नीचे दिया जा रहा है–

	व्यवहार प्रेरित संरचनावादी **भाषाविज्ञान**	संज्ञानवाद अनुप्राणित रूपान्तरण प्रजनक **भाषाविज्ञान**
1 **ज्ञानार्जन का स्रोत**	इन्द्रियगत अनुभव	मस्तिष्क स्थित तर्कबुद्धि

2. मन की प्रारंभिक प्रकृति	रिक्त (विचारमुक्त)	स्ववृत्ति अंकित (सहजात विचारयुक्त)
3. विकासवादी मान्यता	अविच्छिन्नतावादी	विच्छिन्नतावादी (जातिविशिष्ट)
4. अधिगम प्रक्रिया	ज्ञानेन्द्रिय और बाह्यजगत् की संक्रिया	संज्ञानअर्जनयुक्ति सम्पन्न
5. अन्वेषणविधि	आगमनात्मक	निगमनात्मक
6. साध्य	भाषिक व्यवस्था (लांग)	सार्वभौम व्याकरण और उसकी प्रकृति

तीसरी बात यह है कि आधुनिक भाषाविज्ञान अपने सैद्धान्तिक सन्दर्भ और विश्लेषणात्मक प्रणाली में भारतीय आचार्यों का पूर्णतया ऋणी है। अभी इस दिशा में पूरी तरह शोध नहीं हुआ है पर विद्वानों ने इस तथ्य की ओर स्पष्ट संकेत दिए हैं। जान लायन्स का यह मत है कि पारम्परिक भाषाचिन्तन और उसका व्याकरण हमारी कल्पना से कहीं अधिक समृद्ध और वैविध्यपूर्ण है और जिसे आधुनिक भाषाविज्ञान कहा जाता है, वह उसके विरोध में जाकर नहीं, बल्कि उससे सहयोजित होकर विकसित हुआ है। भाषाविज्ञान के संक्षिप्त इतिहास लिखने वाले रोबिन्स का यह कथन है कि स्वनिक विश्लेषण और स्वनिमीय व्यवस्था तथा व्याकरणिक अध्ययन के अनेक सन्दर्भों में प्राचीन भारतीय वैयाकरण न केवल समकालीन यूरोप के विद्वानों से अधिक आगे थे, बल्कि प्राचीन भारतीय आचार्यों की वैज्ञानिक दृष्टि ने आधुनिक भाषाविज्ञान को एक ठोस आधार भी प्रदान किया है। प्रसिद्ध भाषाशास्त्री ब्लूमफ़ील्ड ने तो पाणिनि की 'अष्टाध्यायी' को मानवमेधा का अपूर्व दीपस्तम्भ कहा है। एलन के मत में शिक्षाग्रन्थों और प्रातिशाख्यों में जो ध्वनि-सिद्धान्त और विश्लेषण की गहराई मिलती है, उसके सामने हम सभी नतमस्तक हैं। इसी प्रकार कार्डोना, स्टाल, किपार्स्की आदि विद्वान भारत के प्राचीन आचार्यों के भाषा-सम्बन्धी तत्व-चिन्तन की जानकारी को आज के भाषावैज्ञानिकों के लिए अत्यन्त महत्त्वपूर्ण मानते हैं।

चौथी बात यह है कि भारत की भाषाचिन्तन परम्परा जितनी समृद्ध है, उतनी गहराई से उस पर अभी कार्य नहीं हो पाया है। अभी भी भारत की व्याकरणिक परम्परा को उसकी अपनी अंतर्दृष्टि के आधार पर हम निरूपित करने और आधुनिक शब्दावली के साथ प्रस्तुत करने में असमर्थ रहे हैं। कभी हमने पाणिनि के व्याकरण को संरचनावादी भाषाविज्ञान की आँख से देखा तो कभी रूपान्तरण-प्रजनक व्याकरण की दृष्टि से। आगे बढ़े तो कभी अत्यधिक आधुनिक सिद्ध करने की भावना से प्रेरित होकर उन्हें 'विकल्पनवादी' और 'समाजभाषावैज्ञानिक' के रूप में

प्रस्तुत कर दिया। ये सब प्रयत्न शोधकर्ता की अपनी मेधाशक्ति और अपूर्व कल्पनाक्षमता के प्रमाणस्वरूप तो माने जा सकते हैं, पर स्वयं पाणिनि के अपने भाषाचिन्तन और अध्ययन-विश्लेषण प्रणाली की प्रकृति पर संगत ढंग से प्रकाश डालने में असमर्थ हैं।

संस्कृत भाषाचिन्तन की अपनी एक समृद्ध परम्परा है। उसको उस परम्परा के भीतर रहकर समझना अधिक न्यायसंगत है। इस भाषाचिन्तन के विकासक्रम में उपलब्ध 'पाठों' को निम्नलिखित सन्दर्भ के साथ देखा जाना सम्भव है—

1. **पाणिनि-पूर्व पाठ** : निरुक्त, शिक्षाग्रंथ, प्रातिशाख्य
2. **पाणिनि-कृत मूल पाठ** : अष्टाध्यायी
3. **अष्टाध्यायी विस्तारक पाठ** : शिवसूत्र, धातुपाठ, गणपाठ, उणदि-सूत्र, फिट्-सूत्र
4. **पाणिनि-पैराडाइम पाठ** : वार्तिक (कात्यायन), महाभाष्य (पतंजलि), टीका (काशिका) तथा अन्य व्याकरण पाठ
5. **पैराडाइम परिवर्तन पाठ** : वाक्यपदीय (भर्तृहरि)
6. **अन्य विद्या-क्षेत्र से सम्बद्ध पाठ** : अन्य दार्शनिक विचारधारा (मीमांसा, न्याय बौद्ध, जैन आदि), काव्यशास्त्र आदि से सम्बद्ध पाठ।

भारतीय भाषाशास्त्र को शास्त्र रूप में अध्ययन करने में एक कठिनाई इस बात की है कि वह अन्य विद्या-क्षेत्रों के अन्तःक्रियात्मक सहयोग से विकसित हुआ है। हम इसे दर्शनशास्त्र और काव्यशास्त्र की अवधारणा और चिन्तन-परम्परा से काटकर अपने में अलग ज्ञान-वस्तु के रूप में नहीं देख सकते। ऐसा करना भारतीय व्याकरणिक परम्परा की समन्वित दृष्टि को खण्डित कर देखना होगा।

पाँचवीं और अन्तिम बात 'भारतीय भाषाविज्ञान' (इंडियन लिंग्विस्टिक्स) की अपनी प्रकृति से सम्बद्ध है। वस्तुतः 'भारतीय भाषाविज्ञान' एक अनेकार्थी संकल्पना है। जिसका विभिन्न विद्वान विभिन्न अर्थ निकाला करते हैं। इसका एक अर्थ है आधुनिक भाषाविज्ञान के क्षेत्र में प्रचलित प्रारूप (मॉडल) के आधार पर आधुनिक भारतीय भाषाओं का अध्ययन-विश्लेषण। प्रायः ऐसे अध्ययन-विश्लेषण की प्रकृति रही है संरचनात्मक या रूपात्मक-प्रजनक भाषा-वैज्ञानिक पद्धति पर अंग्रेजी या अन्य विदेशी भाषाओं पर किए गए विश्लेषण का भारतीय भाषाओं के उदाहरण द्वारा सम्पुष्टि। ऐसे अध्ययन आधुनिक भाषावैज्ञानिक प्रारूप को एक सीमा तक समझने में सहायक तो सिद्ध हुए हैं, पर भारत की भाषाओं की अपनी विशिष्टता के उद्घाटन में ये किसी प्रकार भी समर्थ नहीं माने जा सकते। वस्तुतः ऐसे अध्ययन भारतीय भाषाओं के अब उदाहरण के साथ लिखे गए विदेशी भाषाओं के व्याकरण ही माने जा सकते हैं। 'भारतीय भाषाविज्ञान' का दूसरा अर्थ रहा है,

भारतीय भाषाचिन्तन और उसकी अध्ययन पद्धति का आधुनिकीकरण। इस दिशा में किए गए प्रयास का परिणाम रहा है कि विद्वानों के एक वर्ग ने पाणिनि को 'संरचनावादी' (स्ट्रक्चरलिस्ट) सिद्ध करने का प्रयत्न किया तो दूसरे वर्ग ने उन्हें 'रूपान्तरण-प्रजनकवादी'। इसी प्रकार जब संज्ञानवाद की चर्चा उठी तो विद्वानों के एक वर्ग ने भर्तृहरि को 'चॉम्स्की' के अधिक निकट पाया और जब समाजभाषाविज्ञान की चर्चा हुई तो दूसरे वर्ग ने 'पाणिनि' को 'लेबाव' की विकल्पनवादी मान्यता के अधिक निकट सिद्ध किया। सच तो यह है कि ये दोनों प्रवृत्तियाँ 'भारतीय भाषाविज्ञान' के कृष्ण-पक्ष कहे जा सकते हैं, क्योंकि इनके माध्यम से न तो भारतीय भाषाविज्ञान की अपनी अस्मिता की पहचान हो पाती है, न ही भारतीय भाषाओं की अपनी विशिष्टताओं पर प्रकाश पड़ता है और न ही भारत की अपनी चिन्तनधारा और उसकी अपनी अंतर्दृष्टि का ही विकास सम्भव हो पाता है। भारतीय भाषाविज्ञान के शुक्ल पक्ष का सम्बन्ध पहले भारतीय भाषाचिन्तन की प्राचीन परम्परा से अपने को जोड़ने और उसकी सुदृढ़ आधारशिला पर खड़े होकर आधुनिक सन्दर्भ में उसे विकसित करने में है। जब तक ऐसा नहीं होगा, न तो हम 'भारतीय भाषाविज्ञान' की अपनी पहचान बना सकेंगे और न ही आधुनिक भारतीय भाषाओं का सही भाषावैज्ञानिक विश्लेषण कर पाएँगे।

हम यहाँ केवल एक उदाहरण द्वारा अपनी बात स्पष्ट करना चाहेंगे। ध्वनिविज्ञान के क्षेत्र में इधर एबरकाम्बी, लेडफोजेड तथा अन्य कुछ विद्वानों ने अपने प्रयोगों द्वारा यह प्रमाणित किया है कि सघोष महाप्राण स्पर्श ध्वनियाँ (यथा घ, झ, ध, ढ, भ आदि) उसी प्रकार के 'महाप्राण' नहीं हैं, जैसे अघोष महाप्राण स्पर्श ध्वनियाँ यथा (ख, छ, थ, ठ, फ आदि)। न तो इन ध्वनियों को घोषत्व के आधार पर समरूप माना जा सकता है (क्योंकि ये ख, छ, थ, ठ, फ के सघोष रूप नहीं) और न ही महाप्राण के रूप में इन्हें समतुल्य कहा जा सकता है (क्योंकि ये ग, ज, द, ड, ब के महाप्राण रूप नहीं)। अर्थात् अब तक की यह मान्यता थी कि अपने ध्वनि-गुण में ये निम्नलिखित समीकरण के अनुरूप हैं–

(क) घोषत्व प : ब :: फ : ? (=भ)

(ख) महाप्राणत्व प : फ :: ब : ? (=भ)

इसमें सन्देह नहीं कि अपने स्वनिमिक विश्लेषण (प्रकार्यात्मक भेद) के आधार पर यह समीकरण एक सीमा तक सही है, पर जहाँ तक उच्चारणगत विशेषता का प्रश्न है, आधुनिक प्रायोगिक विश्लेषण यह बताता है कि 'भ, ध, जैसी सघोष महाप्राण ध्वनियों में नाद तत्व वैसा ही नहीं रहता जैसा कि 'ब, ग' आदि सघोष ध्वनियों में होता है। इसलिए आधुनिक ध्वनिविज्ञान के मतानुसार उसे 'सघोष' न कहकर 'मर्मर' की संज्ञा दी गयी है। अर्थात् एकरक़ाम्बी और लेडफोजेड ने सन् 1970 के बाद यह सिद्ध किया कि घोष-तंत्रियों की तीन

स्थितियाँ देखी जा सकती हैं–(1) अघोष स्पर्शध्वनियों (यथा प, त, क और फ, थ, ख) में आयुक्त स्थिति (2) सघोष स्पर्शध्वनियों (यथा ब, द, ग) में आयुक्त स्थिति, और (3) तथाकथित सघोष महाप्राण स्पर्शध्वनियों (यथा भ, ध, घ) में आयुक्त स्थिति।

सन् 1970 के बाद हुए इस शोधकार्य की तुलना प्रातिशाख्यों में वर्णित ध्वनियों के वर्णन से कीजिए। तैत्तिरीय प्रातिशाख्य में कण्ठ (स्वर-तंत्रियों) की तीन स्थितियों की चर्चा की गयी है। उसके अनुसार संवृत कण्ठ की स्थिति में बाद (2.4), विवृत कण्ठ की स्थिति में श्वास (2.5) और इन दोनों की मध्यस्थिति में हकार (2.6) ध्वनि उच्चारण की बात की गयी है। नाद, श्वास और हकार को वर्णों के तीन प्रकृति-तत्व कहा गया है। इस प्रातिशाख्य में नाद को स्वर और घोष व्यंजन का (2.8), ह-कार को ह-ध्वनि तथा चतुर्थ स्पर्श ध्वनियों (यथा घ, झ, ध आदि) का (2.9) और श्वास को अघोष व्यंजन का (2.10) अनुप्रदान कहा गया है। स्पष्ट है–ह-कार का जो विवरण है, वह 'मर्मर' ध्वनि से कोई भिन्न नहीं। इसी प्रकार ऋग्वेद प्रातिशाख्य में भी स्वरतंत्रियों की तीन अवस्थाओं का उल्लेख मिलता है।

ऊपर के उदाहरण यह स्पष्ट संकेत देते हैं कि जो कुछ भी प्राचीन हैं, वे सभी असमीचीन नहीं। इसके साथ वे यह भी संकेत देते हैं कि अभी परम्परागत भाषासिद्धान्त के सही आकलन की आवश्यकता बनी हुई है। भारतीय भाषाविज्ञान का सही सन्दर्भ स्वयं उसके भीतर पैठकर तथा उसकी अपनी परम्परा से जुड़कर ही ढूँढ़ना होगा।

भाषिक प्रतीकों की प्रकृति

—रवीन्द्रनाथ श्रीवास्तव

प्रतीकों की व्यवस्था

भाषा केवल भाषिक प्रतीकों का जमघट नहीं, और न ही वह इनकी कड़ी है। वह तो भाषिक प्रतीकों की सार्थक व्यवस्था है, उनकी एक व्यवस्थित कड़ी है। इसलिए यह कहा जा सकता है कि भाषा या वाक्य, भाषिक प्रतीकों की कड़ी तो होता है पर भाषिक प्रतीकों की हर कड़ी भाषा या वाक्य का दर्जा नहीं पाती। प्रत्येक मातृभाषी अपनी भाषा में प्रयुक्त प्रतीकों की इस व्यवस्था को ज्ञात या अज्ञात रूप में पहचानता है और उसके आधार पर उन भाषिक प्रतीकों को पहचानने में सक्षम होता है जो मान्य होते हैं। उदाहरण के लिए शब्द स्तर पर भाषिक प्रतीक 'कलम' या 'कमल' को हिन्दीभाषी मान्यता देता है, पर इन्हीं ध्वनियों के उस संयोजन को स्वीकार नहीं करता जो 'मकल' या 'लकम' को जन्म देता है। इसी प्रकार वाक्य के स्तर पर भाषिक प्रतीक, शब्दों की कड़ी के रूप में देखा जा सकता है। यह व्यवस्था का ज्ञान ही है जिसके आधार पर हिन्दीभाषी नीचे दिए गए 'क' वाक्य को तो स्वीकार कर लेता है पर 'ख' वाक्य में प्रयुक्त शब्दों की कड़ी को अपनी 'भाषा का वाक्य नहीं मानता (यद्यपि 'ख' वाक्य में भी वे ही शब्द हैं जो 'क' में हैं)—

(क) लड़के ने मोहन को किताब दे दी थी।

(ख) ने थी को लड़के ने मोहन दी किताब।

यह तथ्य भी ध्यान देने योग्य है कि भाषिक प्रतीकों की व्यवस्था, भाषा-सापेक्ष होती है और हर व्यवस्था, कुछेक संरचनात्मक नियमों की अपेक्षा रखती है। भाषासापेक्ष कहने का तात्पर्य केवल इतना है कि प्रत्येक भाषा अपने को भाषिक प्रतीकों की कड़ी के रूप में पिरोती है। हिन्दी में अगर हम कर्ता+कर्म+क्रिया के क्रम का निर्वाह करते हुए बोलते हैं तो अंग्रेज़ी मे कर्ता+क्रिया+कर्म का। इसी के साथ यह भी कहा जा सकता है कि अगर कहीं व्यवस्था है तो उसके पीछे कुछ नियम भी अवश्य होंगे। ऊपर के उदाहरण से यह स्पष्ट है कि भाषिक प्रतीकों के क्रम का

नियम हिन्दी में 'कर्म' को 'क्रिया' के पहले रखता है जबकि अंग्रेज़ी में उसे 'क्रिया' के बाद लाता है।

ये नियम ही भाषिक संरचना और उस संरचना के आधार पर बने भाषिक प्रतीकों की अभिरचना (पैटर्न) का निर्माण करते हैं। संरचना, भाषिक प्रतीकों की व्यवस्था न होकर उनके प्रकार्यों की व्यवस्था होती है। उदाहरण के लिए दो वाक्यों को ही लें—(क) मोहन घर आएगा और (ख) पत्र घर आएगा। इन दो वाक्यों की संरचना भिन्न है क्योंकि 'मोहन' (संज्ञा) जिस प्रकार्य की ओर संकेत दे रहा है उससे भिन्न प्रकार्य की ओर 'पत्र' (संज्ञा) संकेत दे रहा है। पहले वाक्य में संज्ञा (मोहन) सजीव कर्ता है जो क्रिया (आने का काम) का सम्पादन स्वयं करनेवाला है, जबकि दूसरे वाक्य में संज्ञा (पत्र) निर्जीव है अतः आने की क्रिया का सम्पादन वह स्वयं नहीं करनेवाला है। भाषिक प्रतीकों की व्यवस्था इन दोनों वाक्यों में एक जैसी है यथा संज्ञा+संज्ञा+क्रिया, पर उनकी संरचनात्मक प्रकृति में अन्तर है। यह संरचनात्मक प्रकृति का अन्तर ही है कि (क) संरचना के विस्तार के रूप में हम कह सकते हैं—'मोहन जानबूझकर घर नहीं आया', पर (ख) सन्दर्भ में हम यह नहीं कह सकते—'पत्र जानबूझकर घर नहीं आया।' ऊपर दिए गए उदाहरणों के आधार पर हम यह कह सकते हैं कि **भाषिक प्रतीकों की व्यवस्था अपनी प्रकृति में संरचनात्मक और प्रतिफल में भाषा सापेक्ष** होती है।

अगर हम भाषिक प्रतीक तथा उनकी अपनी व्यवस्था की प्रकृति के आधार पर भाषा को परिभाषित करें, तो ऊपर की चर्चा के आधार पर हम कह सकते हैं कि **'भाषा वागेन्द्रिय द्वारा निःसृत उन ध्वनि प्रतीकों की संरचनात्मक व्यवस्था है जो अपनी मूल प्रकृति में सामान्य (यादृच्छिक एवं रूढ़िपरक) होते हैं।**

ऊपर दी गई परिभाषा, भाषा की आभ्यंतर प्रकृति का उद्‌घाटन करती है। पर इस परिभाषा के बाह्य प्रयोजन स्पष्ट नहीं होते। आभ्यंतर प्रकृति यह तो बताती है कि 'भाषा क्या है?' पर इस ओर संकेत नहीं करती कि 'भाषा किसलिए है?' भाषा की परिभाषा पर विचार करते समय इसीलिए भाषा के प्रयोजन पर भी संक्षेप में विचार कर लेना आवश्यक है।

भाषिक प्रयोजन

भाषा हमारी कई आवश्यकताओं की पूर्ति का साधन है। विद्वानों ने उपकरण के रूप में भाषा प्रयोग के निम्नलिखित तीन सन्दर्भों की ओर संकेत दिया है—

1. अभिव्यक्ति सन्दर्भ; 2. संप्रेषण सन्दर्भ; 3. सूचक सन्दर्भ

अभिव्यक्ति सन्दर्भ के रूप में भाषा, व्यक्ति के जीवन और जगत सम्बन्धी अनुभवों एवं विचारों की अभिव्यक्ति का साधन है। ऐसा करते समय भाषा हमारे

अनुभवों को एक संरचनात्मक व्यवस्था में बाँधती है, जीवन और जगत् को देखने की दृष्टि को नियंत्रित भी करती है।

सम्प्रेषक सन्दर्भ के रूप में भाषा हमारी बातचीत का माध्यम है। हम भाषा के सहारे केवल सोचते-विचारते ही नहीं, बल्कि एक-दूसरे तक अपने विचारों का सम्प्रेषण करते हैं। इसें सन्देह नहीं कि भाषा, सम्प्रेषण व्यवस्था का अन्यतम उदाहरण है।

सूचक सन्दर्भ के रूप में भाषा व्यक्ति की सामाजिक अस्मिता, उसके सामाजिक पद तथा वक्ता एवं श्रोता के अन्तःसम्बन्धों की प्रकृति की सूचना देती है। उदाहरण के लिए भारतीय समाज में अंग्रेज़ी भाषा का प्रयोग वक्ता की सामाजिक प्रतिष्ठा का सूचक है, और किसी व्यक्ति द्वारा भाषा के औपचारिक अथवा अनौपचारिक रूप का प्रयोग उसके और श्रोता के आपसी सम्बन्धों की प्रकृति को सूचित करता है।

इन विभिन्न प्रयोजनों की दृष्टि से हम यह कह सकते हैं कि भाषा के माध्यम से हम अपने अनुभवों को व्यक्त करते हैं, अपने विचारों को दूसरे तक संप्रेषित करते हैं तथा अपनी सामाजिक अस्मिता, सामाजिक पद तथा अपने अंतर्वैयक्तिक सम्बन्धों को सूचित करते हैं।

भाषा की प्रकृति और उसके विभिन्न प्रयोजनों को ध्यान में रखते हुए अंततः भाषा को इस रूप में परिभाषित करना सम्भव है–

भाषा, वागेन्द्रिय द्वारा निःसृत उन ध्वनि प्रतीकों की संरचनात्मक व्यवस्था है जो अपनी मूल प्रकृति में यादृच्छिक एवं रूढ़िपरक होते हैं और जिनके द्वारा किसी भाषा-समुदाय के व्यक्ति अपने अनुभवों को व्यक्त करते हैं, अपने विचारों को संप्रेषित करते हैं और अपनी सामाजिक अस्मिता, पद तथा अंतर्वैयक्तिक सम्बन्धों को सूचित करते हैं।

भाषा अभिलक्षण

भाषाविज्ञान के क्षेत्र में जिस भाषा को अध्ययन-वस्तु बनाया जाता है, वह वस्तुतः 'मानव भाषा' होती है। मानव भाषा की अपनी विशेष प्रकृति और अपने विशेष अभिलक्षण हैं। अतः यह आवश्यक है कि हम मानव भाषा को पशु-पक्षियों की भाषा तथा मनुष्य द्वारा प्रयोग में लाए जानेवाले अन्य संप्रेषण माध्यमों से अलग करने के लिए उसके अभिलक्षणों पर विचार करे लें।

नीचे भाषा के कुछ ऐसे अभिलक्षणों की चर्चा की जा रही है, जो मानव भाषा की अपनी प्रकृति से सम्बद्ध हैं–

1. मौखिक-श्रव्य माध्यम–मानव भाषा अपने संकेतार्थ को व्यक्त करने के लिए जिस अभिव्यक्ति माध्यम का सहारा लेती है उसकी प्रकृति मूलतः मौखिक-श्रव्य

है। संकेतार्थ के रूप में किसी संदेश को भेजनेवाला व्यक्ति (वक्ता) पहले भाषिक प्रतीक को मुख से उच्चरित करता है और उस संदेश को ग्रहण करनेवाला व्यक्ति (श्रोता) उसे कान से सुनता है; यह अभिलक्षण इस ओर भी संकेत करता है कि भाषा मूलतः मौखिक होती है। उसका लिखित रूप इस मौखिक रूप पर ही आधारित होता है। अन्य जीव-जन्तु संदेश को भेजने के लिए भिन्न प्रकार के माध्यम का प्रयोग करते हैं। उदाहरण के लिए अपने शत्रुओं की सूचना देने के लिए कुछ जीव-जन्तु तेज बदबूदार गंध का प्रयोग करते हैं। इसी प्रकार पराग और शहद के स्थान की सूचना देने के लिए मधुमक्खी नृत्य का माध्यम अपनाती है, पर गंध अथवा नृत्य का अभिव्यक्ति माध्यम मानव भाषा का अभिलक्षण नहीं है।

2. अंतर्विनिमेयता–सामान्यतः यह स्वीकार किया जाता है कि मनुष्य एक बोलनेवाला प्राणी है पर वास्तविकता तो यह है कि मनुष्य केवल बोलता ही नहीं वरन् 'बातचीत' करता है। वार्तालाप में दो व्यक्तियों का होना आवश्यक है–एक वक्ता और दूसरा श्रोता। अंतर्विनिमेयता का लक्षण यह बतलाता है कि वार्तालाप तभी सम्भव है जब वक्ता और श्रोता बोलने और सुनने की अपनी भूमिका को बदलते रहें अर्थात् बातचीत के दौरान जो एक समय वक्ता है वह दूसरे समय श्रोता की भूमिका अपनाए और जो श्रोता है वह वक्ता की भूमिका निभाए।

3. यादृच्छिकता–यह अभिलक्षण संकेत देता है कि मानव भाषा के कथ्य और अभिव्यक्ति के सम्बन्ध के बीच कोई सादृश्यपरक अथवा कार्य-कारण का सम्बन्ध नहीं होता। इनके सम्बन्धों की प्रकृति यादृच्छिक होती है। यही कारण है कि एक ही कथ्य के लिए भिन्न भाषाओं में अलग-अलग शब्द मिलते हैं और एक ही भाषा में अनेक पर्यायवाची शब्द।

4. परम्परा–यह अभिलक्षण इस ओर संकेत देता है कि कथ्य और अभिव्यक्ति के सम्बन्ध सामाजिक परम्परा द्वारा निर्धारित होते हैं। इसीलिए उनके बीच के सम्बन्धों की यादृच्छिक प्रकृति रूढ़िगत होती है। इस रूढ़िप्रयोग को व्यक्ति परम्परा से अर्जित करता है। यह अभिलक्षण मानव-भाषा को सामाजिक परम्परा से अर्जित संस्कार के रूप में देखने का आग्रह करता है।

5. विविक्तता–जब हम भाषा के माध्यम द्वारा किसी विचार को व्यक्त करते हैं तब विचार अविरल धारा के रूप में होता है। विचार की इस धारा को जिन ध्वनियों द्वारा हम अभिव्यक्त करते हैं वे भी भौतिक स्तर पर एक अविच्छिन्न प्रवाह के रूप में होती हैं। यही कारण है कि बोलते समय हम अपने विचार को उसके सम्पूर्ण रूप में व्यक्त करना चाहते हैं और उसके लिए ध्वनियों की एक अटूट कड़ी का प्रयोग करते हैं। स्वाभाविक रूप से बोले गए किसी वाक्य में भौतिक धरातल (वायु तरंगों) पर हम कोई विराम या मौन की स्थिति नहीं पाते फिर भी जब हम किसी वाक्य पर ध्यान देते हैं तो उसे शब्दों में और शब्दों को

ध्वनि इकाइयों में खंडित पाते हैं। यह अभिलक्षण इस तथ्य की ओर संकेत देता है कि मानव भाषा कथ्य और अभिव्यक्ति के अविच्छिन्न प्रवाह को विविक्त (विच्छिन्न) इकाइयों के संचित कोश के रूप में ग्रहण करती है।

6. अभिरचना द्वित्व–किसी 'संदेश' को व्यक्त करने की प्रक्रिया पर ध्यान देने पर स्पष्ट हो जाता है कि उसके दो निश्चित स्तर हैं। पहले स्तर का सम्बन्ध कथ्य (अर्थ) से है। इस स्तर पर अविच्छिन्न विचार को अर्थ की दृष्टि से न्यूनतम इकाइयों की कड़ी में बाँधा जाता है। अभिव्यक्ति के दूसरे स्तर का सम्बन्ध अभिव्यक्ति माध्यम (ध्वनि) की इकाइयों से रहता है। उदाहरण के लिए अगर विचार की न्यूनतम इकाई 'जल' है तब उसकी अभिव्यक्ति की न्यूनतम इकाइयाँ हैं–ज्+अ+ल्+अ। ध्वनि की इन इकाइयों का कोई अपना अर्थ नहीं होता, केवल इनका अपना रूप और प्रकार्य होता है, जिसके सहारे एक शब्द को दूसरे शब्द से अलग करना सम्भव है (जैसे, कल, बल, नल, आदि)। यह अभिलक्षण इस ओर संकेत देता है कि मानव भाषा एक साथ दो अभिरचनाओं के प्रतिफलन का परिणाम है, जिसमें पहली अभिरचना विचार की न्यूनतम इकाइयों का परिणाम होती है और दूसरी अभिरचना प्रभेदन में सम्बद्ध इकाइयों का।

7. विस्थापन–अपना संदेश देने के लिए अन्त जीव-जन्तु भी सम्प्रेषण प्रक्रिया का सहारा लेते हैं लेकिन उनकी यह विशेषता है कि वे संदेश तभी देते हैं जब उसके प्रेरक तत्त्व वर्तमान में प्रत्यक्ष हों। उदाहरण के लिए अगर किसी पशु को शत्रु की सूचना दूसरे तक पहुँचानी होती है तब उसके लिए यह ज़रूरी है कि वह शत्रु पक्ष पशु के सामने वर्तमान में प्रत्यक्ष हो। यह अभिलक्षण इस ओर संकेत देता है कि मानव भाषा में 'समय' और 'स्थान' की यह अनिवार्यता नहीं होती। इसका प्रयोक्ता जिस संदेश को व्यक्त करना चाहता है उसकी विषय वस्तु 'समय' और 'स्थान' की दृष्टि से विस्थापित भी हो सकती है। मनुष्य के स्मृतिकोश और चिन्तन प्रक्रिया का आधार भी भाषा ही है। इस अभिलक्षण का ही परिणाम है कि हम भाषा में 'भूतकाल' और 'भविष्यकाल' की संरचनाएँ पाते हैं क्योंकि मानव भाषा हमें यह सामर्थ्य प्रदान करती है कि हम एक ओर विगत घटनाओं पर विचार कर सकें और दूसरी ओर भविष्य की घटनाओं की कल्पना कर सकें।

बहुभाषिकता और द्विभाषिकता

—सुरेश कुमार

भाषा-बहुलता : एक यथार्थ

अन्तर्राष्ट्रीय समुदाय के सांस्कृतिक-आर्थिक विकास की वर्तमान दशा में एक भौगोलिक-राजनीतिक-राष्ट्रीय इकाई की सीमा के भीतर, भाषाओं की बहुलता एक ऐसा सामाजिक यथार्थ है जिसे औपचारिक (अर्थात संविधान के अंतर्गत) या/और अनौपचारिक रूप से मान्यता प्राप्त हो गयी है। एक ही इकाई के अंतर्गत विभिन्न भाषा-समुदाय रहते हैं जिससे परस्पर व्यवहार के दौरान भाषा-सम्पर्क की स्थिति का जन्म होता है और इसका प्रभाव समाज की विभिन्न गतिविधियों—संपर्कपरक, शैक्षिक, आर्थिक, राजनीतिक आदि पर दिखाई पड़ता है। समाज के विभिन्न वर्ग—शिक्षाशास्त्री, भाषाशास्त्री, समाजशास्त्री, अर्थशास्त्री, राजनेता, वैज्ञानिक—इस स्थिति की विशिष्टता को स्वीकर करते हैं, तथा अपने-अपने ज्ञानानुशासन के भीतर उसको समझने का प्रयत्न करते हैं जिससे इस स्थिति से उत्पन्न व्यावहारिक समस्याओं के व्यावहारिक समाधान ढूँढ़े जा सकें। भाषाओं की बहुलता को 'बहुभाषिकता' का नाम दिया गया है। बहुभाषिकता अपने में एक स्वायत्त यथार्थ है जिसकी चेतना के विकास का अपना इतिहास है। बहुभाषिकता की स्थिति के प्रति एक सकारात्मक चेतना और दृष्टि का उदय और विकास प्रधान रूप से बीसवीं शताब्दी की ही घटना है जिसमें द्वितीय विश्वयुद्ध एक स्पष्ट कालरेखा बनकर उभरता है।

द्वितीय विश्वयुद्ध के बाद दो प्रवृत्तियाँ स्पष्ट रूप से उभरकर सामने आयीं—अनेक छोटे-बड़े पराधीन राष्ट्र स्वतंत्र हो गए, तथा राजनीतिक-आर्थिक प्रक्रिया के अंतर्गत एक देश के निवासी दूसरे देशों में जाने लगे और उनमें बसने भी लगे। विदेशियों (अन्य भाषाभाषी समुदायों के सदस्यों) को स्वीकार करने में मेजबान राष्ट्रों की प्रबुद्ध स्वहित की भावना काम कर रही थी—विदेशियों को इसलिए स्वीकार किया गया कि राष्ट्र के सामाजिक-आर्थिक-तकनीकी विकास में उनसे मदद मिलती थी। इससे प्रवासियों को अपने 'नए घरों' में बस जाने की मानसिकता को बल मिला।

इसके अतिरिक्त अनेक राष्ट्रों में आंतरिक तौर पर भी भाषा समुदायगत बहुलता की स्थिति विद्यमान थी--सोवियत संघ, भारत, चीन, स्विट्ज़रलैण्ड ऐसे ही राष्ट्र हैं। भाषा-समुदाय-बहुलता तथा भाषा-बहुलता के अंतर्निहित सहसम्बन्ध के कारण अंतर्राष्ट्रीय मंच पर जो दृश्य उभरा वह था बहुसंख्यक राष्ट्रों का बहुभाषी हो जाना। अब, बीसवीं शताब्दी के अन्तिम दशक में, वास्तविकता यह है कि बहुभाषिकता नार्म है तथा एकभाषिकता अपवाद। बहुत कम संख्या में राष्ट्र, व्यवहार में एक भाषाभाषी हैं। प्रायः सभी राष्ट्रों में भाषायी बहुसंख्यक तथा भाषायी अल्पसंख्यक एक साथ रहते हैं तथा राष्ट्रीय विकास की प्रक्रियाओं में सहभागी बनते हैं। इस सम्बन्ध में कुछ रोचक आँकड़े उपलब्ध हैं। सत्तरवें के दशक में नाइजेरिया में 394 और पपुआ न्यू गिनी में 760 भाषाएँ थीं। अनुमान है कि 1978 में अकेले लन्दन में स्कूली बच्चों की मातृभाषाओं की संख्या 100 थी। 1960 में पौने दो करोड़ से अधिक लोग अंग्रेज़ी-इतर 23 प्रमुख तथा 40 से 50 गौण भाषा-वर्गों का व्यवहार करते थे (वाकर, पृ. 159, संकलित ट्रडगिल सं. : 1984)।

हम भारत के उदाहरण के द्वारा इसे अधिक स्पष्ट कर सकते हैं। हमारे देश में चार भाषा-परिवारों--भारतीय आर्य, द्रविड़, आस्ट्रिक, तिब्बती-चीनी--की भाषाएँ बोली जाती हैं। सन् 1961 की जनगणना में भारतीय मातृभाषाओं की संख्या 1652 थी। इसके अतिरिक्त 82 विदेशी मातृभाषाओं का भी भारत में व्यवहार होता था जिनमें प्रमुख थीं--अरबी, चीनी, पुर्तगाली, अफगानी, फारसी, फ्रेंच, जर्मन, बलूची। मातृभाषाओं की इस बड़ी संख्या में 18 भाषाओं को प्रमुख भाषा के रूप में स्वीकार किया गया--असमिया, बंगला, ओड़िया, पंजाबी, कश्मीरी, गुजराती, मराठी, हिन्दी, तमिल, तेलुगु, मलयालम, कन्नड़, संस्कृत, सिन्धी, उर्दू, नेपाली, मणिपुरी, कोंकणी (संविधान की अष्टम अनुसूची के अनुसार)। केंद्रीय साहित्य अकादेमी ने उपर्युक्त 18 के अलावा चार और भाषाओं को साहित्यिक स्तर पर मान्यता दी--मैथिली, राजस्थानी, डोगरी, अंग्रेज़ी। भारत की बहुभाषिकता को औपचारिक मान्यता भी मिली। संविधान के अनुच्छेद सं. 343 से 351 तक भाषाओं से सम्बन्धित हैं। अनुच्छेद सं. 29, 30, 347 का सम्बन्ध भाषायी अल्पसंख्यकों के हितों की रक्षा से है। 1956 में भारतीय संघ के राज्यों का भाषा के आधार पर ही पुनर्गठन किया गया तथा भाषा को ही, किसी क्षेत्रीय इकाई को राज्य का दर्जा देने का आधार माना गया। इस दृष्टि से कोंकणी पर आधारित गोआ राज्य भारतीय संघ का नवीनतम राज्य है जो 1987 में अस्तित्व में आया (यह बात दूसरी है कि अष्टम अनुसूची में कोंकणी का समावेश बाद में हुआ)। भारत के प्रत्येक राज्य में, उस राज्य की प्रमुख मानी गयी भाषा के अतिरिक्त अन्य सभी 14 भाषाओं के प्रयोग-कर्ता भाषायी अलपसंख्यक भी रहते हैं। भाषायी अल्पसंख्यकता का प्रतिशत, 1961 की जनगणना के अनुसार, 4.96 (केरल) से लेकर 84.54 (नगालैंड) तक

है। भारत की बहुभाषिकता की जटिलता और विपुलता के आधार पर ही उसे विद्वानों ने सामाजिक सन्दर्भ में भाषाओं के अध्ययन के लिए एक विशिष्ट और बृहत् क्षेत्र के रूप में मान्यता दी।

इस विवरण से बहुभाषिकता की यथार्थता एक सामाजिक प्रश्न के रूप में हमारे सामने उपस्थित होती है और इसीलिए इसका एक ज्ञानात्मक आधार भी बन गया है। एक ज्ञानविधा के रूप में, हमारी दृष्टि से यह एक समाजभाषिक और शिक्षा—विशेष रूप से भाषाशिक्षा—की अंतस्सम्बद्ध तथा अंतर्निर्भर समस्या है जिस पर 'अनुप्रयुक्त समाजभाषा मीमांसा' की ज्ञानविधा के अंतर्गत विचार अपेक्षित है।

बहुभाषिकता के विशिष्ट आयाम

इस सम्बन्ध में परस्पर सम्बद्ध दो आयामों की चर्चा विशेष रूप से की जा सकती है—

(क) **राष्ट्रीय बहुभाषिकता बनाम अंतर्राष्ट्रीय बहुभाषिकता :** एक राष्ट्र की राजनीतिक-प्रशासनिक इकाई के भीतर विभिन्न भाषाभाषी समुदायों के सह-अस्तित्व से राष्ट्रीय बहुभाषिकता की स्थिति बनती है। सोवियत संघ, भारत, पाकिस्तान आदि में स्पष्ट रूप से यह स्थिति है। वस्तुतः, न्यूनाधिक रूप में प्रायः सभी देशों में राष्ट्रीय बहुभाषिकता की स्थिति मिलती है। अंतर्राष्ट्रीय स्तर पर बहुभाषिकता की स्थिति विशेष रूप से संयुक्त राष्ट्रसंघ तथा उसके विभिन्न अभिकरणों के सन्दर्भ में इस रूप में दिखाई देती है कि विभिन्न राजभाषाओं का प्रयोग करनेवाले राष्ट्र (जो स्वयं भी आंतरिक रूप से बहुभाषाभाषी हैं) एक मंच पर एक साथ विचार-विमर्श करते हैं। संयुक्त राष्ट्र संघ की संरचना अंतर्राष्ट्रीय बहु-भाषिकता को मान्यता प्रदान करती है—फ्रेंच, अंग्रेज़ी, स्पेनी, अरबी, चीनी, रूसी।

(ख) **अनेक भाषिकता बनाम एक भाषिकता :** राष्ट्रीय तथा अंतर्राष्ट्रीय दोनों बहुभाषिकताओं के सन्दर्भ में अनेक भाषिकता और एकभाषिकता, दोनों ही स्थितियाँ दिखाई देती हैं। राष्ट्रीय स्तर पर कुछ राष्ट्रों में, जहाँ विभिन्न भाषा समुदाय लगभग समान रूप से शक्तिशाली होते हैं, संघीय स्तर पर एक से अधिक राजभाषाओं का प्रयोग होता है : बेल्जियम में दो—फ्लेमिश (डच), फ्रेंच, विभाजनपूर्व चेकोस्लोवाकिया में दो—चेक, स्लोवाक; स्विट्ज़रलैंड में चार—फ्रेंच, जर्मन, इतालवी, रोमांश। यह अनेक भाषिकता है। संयुक्त राष्ट्र संघ में भी अनेकभाषिकता है; उसके समस्त कार्य निम्नांकित भाषाओं में होते हैं—फ्रेंच, अंग्रेज़ी, स्पेनिश, रूसी, अरबी, चीनी। कुछ बहुभाषा-भाषी राष्ट्रों में एक ही राजभाषा संघीय स्तर

पर प्रयोग में लाई जाती है। यह बहुसंख्यक भाषा-समुदाय की भाषा होती है। विसंगठन-पूर्व सोवियत संघ में संघीय कार्यों के लिए एकमात्र रूसी स्वीकृत थी, संघ के गणराज्यों की भाषाएँ अपने राज्यों तक सीमित थीं, अंग्रेज़ीभाषाी राष्ट्रों—संयुक्त राज्य अमेरिका, कनाडा, आस्ट्रेलिया, ग्रेट ब्रिटेन—में एकभाषिकता की ही स्थिति दिखाई देती है। यूरोप के अनेक प्रमुख राष्ट्रों—जर्मनी, फ्रांस, हंगरी, स्पेन, पुर्तगाल, आदि—में न्यूनाधिक एकभाषिकता की स्थिति है, यद्यपि सभी में भाषायी अल्पसंख्यक भी रहते हैं।

इस प्रकार बहुभाषिकता, विशेष रूप से राष्ट्रीय बहुभाषिकता (यही अधिक व्यावहारिक यथार्थ है तथा आगे इसी की चर्चा करेंगे), के सन्दर्भ में ही अनेक-भाषिकता और एकभाषिकता की स्थितियाँ विचारणीय हैं। एकभाषिकता के पक्ष में मत प्रकट किए गए हैं। उसका सीधा सम्बन्ध आर्थिक विकासोन्मुखता के साथ माना गया है। फ़िशमैन का कहना है कि एकभाषाभाषी राष्ट्रीय इकाइयाँ, बहुभाषाभाषी इकाइयों की तुलना में, आर्थिक दृष्टि से विकसित, शिक्षा की दृष्टि से प्रगत, राजनीतिक दृष्टि से आधुनिक, और राजनीतिक-वैचारिक दृष्टि से स्थिर एवं शान्तिपूर्ण होती है। मैकनामारा के अनुसार द्विभाषी बच्चे पिछड़ जाते हैं। फिशमैन का विचार है कि दूसरी भाषा सीखने वाला बालक त्रिशंकु-सा हो जाता है; न प्रथम भाषा-वर्ग का रहता है, न द्वितीय भाषावर्ग का हो पाता है। ओन्तो यस्पर्सन तथा वाइनरिख की भी धारणा है कि द्विभाषी बच्चों की सर्जनात्मक क्षमता सम्यक् रूप में विकसित नहीं हो पाती।

परन्तु अनेकभाषिकता या बहुभाषिकता अधिक व्यावहारिक और यथार्थ है—मनोवैज्ञानिक दृष्टि से और सामाजिक दृष्टि से भी। इसमें व्यक्ति की वैयक्तिक और समुदायगत अस्मिता के अनुरक्षण की सम्भावना अंतर्निहित है। बहुभाषा-भाषी समाज में भाषाओं की स्वतंत्र सत्ता को मान्यता मिलती है, भाषाएँ एक-दूसरे का सम्मान करती हैं, तथा उनमें परस्परनिर्भरता पनपती है। इसमें भाषा समुदाय के सदस्यों में परस्पर घनिष्ठता पुष्ट होती है तथा एक-दूसरे पर निर्भर रहने के कारण भाषा-समुदायों में एक सीमा तक निकटता भी आती है।

एकभाषिकता से कई स्तरों पर संवादहीनता की स्थिति आती है। इससे एक सीमित सत्ताधारी वर्ग का उदय होता है जो अपनी शक्ति से अपने स्वार्थों की पुष्टि करता है। हमारे देश की स्थिति इसका प्रमाण है जहाँ अकेली अंग्रेज़ी के प्रयोग से खाइयाँ बनी हैं तथा अंग्रेज़ी में दक्ष गुट ने अपने आकार को सीमित रखकर अपने स्वार्थों की पूर्ति और समृद्धि की है।

सारांश यह कि मोटे तौर पर व्यापकतर परिप्रेक्ष्य में बहुभाषिकता बनाम एकभाषिकता की स्थिति है (अनेकभाषिकता का बहुभाषिकता में ही अंतर्भाव हो

जाता है) और सामाजिक संप्रेषण की वास्तविक समस्याओं की दृष्टि से बहुभाषिकता की स्थिति ही अधिक सम्बद्ध और प्रयोजनीय है। एकभाषिकता, बहुत कुछ आरोपित है तथा भाषायी बहुसंख्यकों की विशिष्ट मानसिकता को प्रतिफलित करती है। हम प्रधान रूप से बहुभाषिकता की ही चर्चा करेंगे क्योंकि हमारे देश की परिस्थितियों में वह अधिक संगत यथार्थ है, तथा बहुभाषिक स्थिति के विशिष्ट बिन्दुओं को, व्यतिरेकात्मक सन्दर्भ में उभारने के लिए यथावश्यक रूप में एकभाषिकता का भी निर्देश करेंगे।

राष्ट्रीय बहुभाषिकता की समस्याएँ

राष्ट्रीय बहुभाषिकता के सन्दर्भ में कुछ विशिष्ट समस्याएँ उभरती हैं। उन्हें विभिन्न दृष्टिकोणों से समझा जा सकता है—

(1) **राजभाषा की समस्या :** राष्ट्र की भाषाओं में कौन-सी भाषा संघ (केन्द्रीय सत्ता) की राजभाषा हो? एक ही राष्ट्रीय इकाई की मान्यताप्राप्त भाषाएँ होने के नाते उनमें परस्पर स्पर्धा भाव होना स्वाभाविक है। इसके अतिरिक्त प्रस्तावित राजभाषा के मातृभाषाभाषियों को जो विशेष लाभ प्राप्त होने की संभावना रहती है वह भी विरोध को जन्म देती है। हमारे देश में हिन्दी को संघ की राजभाषा के रूप में स्वीकार करने में राष्ट्रीय सहमति न हो सकने के पीछे यही कारण है। ऐसी स्थिति में एक राष्ट्रेतर, परन्तु ऐतिहासिक कारणों से सुपरिचित, भाषा को वरीयता देने की प्रवृत्ति दिखाई देती है। हमारे देश में अंग्रेज़ी की पक्षधरता के पीछे यही कारण है। वस्तुतः औपनिवेशिक पराधीनता से मुक्त नवोदित राष्ट्रों में यह एक सामान्य समस्या है जिसके कारण औपनिवेशिक शासकों की भाषा का वर्चस्व अभी तक विद्यमान है।

(2) **सम्पर्कभाषा की समस्या :** बहुभाषी राष्ट्रों में एक राष्ट्रीय भाषा, भौगोलिक दृष्टि से अखिल राष्ट्रीय स्तर पर और सामाजिक दृष्टि से मध्य-शिक्षित वर्ग के स्तर पर, सम्पर्क भाषा के रूप में उभरती है और उसे सहज भाव से मान्यता प्राप्त होती है। परन्तु, ऐसी स्थिति में उसका राष्ट्रीय मानक रूप सर्वत्र सुरक्षित नहीं रह पाता, और क्षेत्रीय मानकों का विकास होने लगता है। क्षेत्रीय मानक अपने भौगोलिक क्षेत्र के भीतर बोधगम्यता की जिस अनुकूलता को जन्म देते हैं वह अंतरक्षेत्रीय स्तर पर सुरक्षित नहीं रह पाती, यद्यपि सम्प्रेषण में विशेष बाधा उपस्थित नहीं होती। हिन्दी के साथ यही बात है। एक उसका राष्ट्रीय मानक है जो संघीय स्तर पर प्रशासन, जनसंचार तथा हिन्दी प्रदेश में शिक्षा माध्यम बनने से विकसित हुआ है, और इसी के साथ उसके क्षेत्रीय मानक भी हैं जो मराठी-हिन्दी,

पंजाबी-हिन्दी, बंगाली-हिन्दी आदि के रूप में पहचाने जाते हैं। भाषा-नियोजन तथा भाषा के मानकीकरण-आधुनिकीकरण का सम्बन्ध राजभाषा तथा सम्पर्क भाषा दोनों के साथ है और इन दोनों की समस्याएँ अंतस्सम्बद्ध भी हैं।

(३) **भाषायी अलपसंख्यकों की समस्या :** यह एक खासी गम्भीर समस्या है। सामाजिक-आर्थिक कारणों से एक राज्य/राष्ट्र में अन्य भाषा-भाषी समुदायों का अल्पसंख्या में रहना एक यथार्थ है। बहुभाषाभाषी वातावरण में ये भाषायी अल्पसंख्यक अपनी भाषिक सांस्कृतिक और प्रजातीय अस्मिता के अनुरक्षण के साथ, राजनीतिक-आर्थिक स्तर पर भाषायी बहुसंख्यकों के समकक्ष होने में कठिनाई अनुभव करते हैं तथा उन्हें बहुभाषी बनने के लिए विवश होना पड़ता है। उदाहरण के लिए, कर्नाटक में बसा एक कोंकणीभाषी, क्षेत्रीय भाषा के रूप में कन्नड़, तथा अखिल भारतीय भाषाओं के रूप में हिन्दी तथा अंग्रेज़ी को अर्जित करता है और बहुभाषी हो जाता है। भाषायी अल्पसंख्यक बनाम भाषायी बहुसंख्यक की स्थिति से अनेक विवादों का जन्म होता है। भाषायी बहुसंख्यक सत्ताधारी होते हैं तथा भाषायी अल्पसंख्यकों के प्रति उनके मन में कुछ अवमानना की भावना होती है। इसके विरुद्ध भाषायी अल्पसंख्यकों की प्रतिक्रिया कई बार हिंसात्मक होने की सीमा तक उग्र हो जाती है, और यदि उनके समभाषाभाषी पड़ोसी राष्ट्र में बहुसंख्यक और अतएव सत्ताधारी हों तो समस्या की पेचीदगी और बढ़ जाती है। भारत में दार्जिलिंग क्षेत्र में बसे नेपाली-भाषियों की गतिविधियाँ इसका उदाहरण हैं। ऐसी समस्याओं के राजनीतिक समाधान खोजे जाते हैं।

द्विभाषिकता का सन्दर्भ

हम अभी तक समाजनिष्ठ या राष्ट्रीय बहुभाषिकता की चर्चा करते रहे हैं। वस्तुतः यही द्विभाषिकता का सन्दर्भ है। एक से अधिक भाषाओं का प्रयोग जिस समाज में होता है उसके सदस्यों को सम्प्रेषण-सम्बन्धी आवश्यकताओं की पूर्ति के लिए एक से अधिक भाषाओं का अर्जन वांछनीय हो जाता है। यह आवश्यक नहीं कि समाज के सभी सदस्य द्विभाषी या बहुभाषी हों--जिन भाषायी बहुसंख्यकों की संख्याशक्ति काफी अधिक है, या जिन लोगों को अपने भाषाक्षेत्र से बाहर जाने का न तो अवसर मिलता है और न आवश्यकता ही होती है वे समाजनिष्ठ बहुभाषिकता के बावजूद भी एकभाषाभाषी रहते हैं। ऐसे प्रसंग हैं, परन्तु बहुत कम हैं, जहाँ समाज के सभी सदस्य द्विभाषी हों। अतः सामाजिक द्विभाषिकता और व्यक्तिगत द्विभाषिकता की समस्याओं में जहाँ अन्योन्यात्मकता है, वहाँ दोनों में अन्तर भी

है। चिंतन के स्तर पर भी जहाँ सामाजिक द्विभाषिकता में निर्वैयक्तिकता का आधार है वहाँ व्यक्तिगत द्विभाषिकता की समस्याएँ व्यक्ति-केंद्रित होती हैं और उन्हें व्यक्ति के सन्दर्भ में ही समझना होता है। प्रायः सभी उच्च शिक्षित और मध्यशिक्षित व्यक्ति, भाषायी अल्पसंख्यक, भाषायी राज्यों/राष्ट्रों के सीमावर्ती प्रदेशों के निवासी (शिक्षित अशिक्षित दोनों) द्विभाषी होते हैं। व्यक्ति के सन्दर्भ में द्विभाषिकता का विस्तारण ही बहुभाषिकता है–दूसरी भाषा सीखने के बाद आवश्यकता तथा रुचि के अनुसार तीसरी या चौथी भाषा सीखना। भाषायी अल्पसंख्यक प्रायः बहुभाषी होते हैं।

द्विभाषिकता : विविध आयाम

द्विभाषिकता एक व्यापक संकल्पना है जिसका मूल तत्त्व है दो भाषाओं का वैकल्पिक व्यवहार–कभी एक का, कभी दूसरी का। इस प्रकार के द्वैतभाव की संभावना स्वयं समाज के भीतर विद्यमान रहती है। यदि समाज और व्यक्ति के स्तर पर भाषाओं के बीच भेदात्मक स्थिति है तो भाषा में आंतरिक स्तर पर भी भेद की स्थिति दिखाई देती है। भाषायी भेदात्मकता और सामाजिक भेदात्मकता का सहसम्बन्ध सम्प्रेषण की पूर्णता के ही अंतर्गत सार्थक है। यह सम्प्रेषण की प्रकृति है कि वह एक ओर तो एक से अधिक भाषाओं के बीच संतुलन बनाए रखती है तो दूसरी ओर एक ही भाषा के आंतरिक भेदों के बीच सामंजस्य को सुरक्षित रखती है, तथा इस प्रकार अपनी इस विषमरूपता द्वारा सामाजिक विषमरूपता को नियंत्रित करती है।

इस तथ्य की ओर ध्यान आकृष्ट करना आवश्यक है कि एक भाषा में आंतरिक भेद दिखाई पड़ते हैं–भौगोलिक बोलियों का भेद, सामाजिक बोलियों का भेद, शैलियों का भेद। हर प्रकार की भेदात्मकता भाषा-व्यवहार को सफल बनाती है और समाज में यथायोग्य सम्प्रेषण होता रहता है।

इस भूमिका पर द्विभाषिकता के विविध पक्षों को दुहरेपन के ढाँचे में निम्नलिखित रीति से समझा जा सकता है–

(1) **बाह्य तथा आंतरिक द्विभाषिकता :** बाह्य पक्ष में एक भाषा का दूसरी भाषा से सम्बन्ध तथा अन्तर प्रासंगिक है। आंतरिक पक्ष में एक भाषा के भीतर दुहरेपन की स्थिति दिखाई देती है। इसके मुख्य भेद हैं–द्विशैलीयता, द्विबोलीयता, द्विसाक्षरता। द्विशैलीयता से शैलियों का दुहरापन अभिप्रेत है। तेलुगु में 'ग्रांथक' और 'व्यावहारिक' दो प्रमुख शैलियाँ हैं। बंगला में 'साधु' और 'चलित' का भेद है। इनमें से पहली औपचारिक है, दूसरी अनौपचारिक। विशेष बात यह है कि दोनों समानांतर चलती हैं, उनमें लेने-देन की स्थिति नहीं। उनके व्यवहार-क्षेत्र अलग-अलग

हैं तथा नियत हैं। द्विबोलीयता से तात्पर्य है बोलियों का दुहरापन–एक मानक बोली, दूसरी मानकेतर। हिन्दी के सन्दर्भ में यह स्थिति है–मानक हिन्दी मानक बोली है और हिन्दी की बोलियाँ मानकेतर। हिन्दी प्रदेश का निवासी दोनों से जुड़ता है–मानकेतर बोली से अनौपचारिक व्यवहार क्षेत्र में और मानक बोली हिन्दी से औपचारिक और अनौपचारिक दोनों में। द्विसाक्षरता से तात्पर्य है दो भेदों का औपचारिक ज्ञान प्राप्त करना। यह स्थिति भाषायी अल्पसंख्यक क्षेत्र में बनती है जहाँ भाषायी अल्पसंख्यकों के शैक्षिक हितों के अनुरक्षण के लिए द्विसाक्षरता को वांछनीय समझा गया। एक योजनाबद्ध कार्यक्रम के अंतर्गत मध्यप्रदेश के जनजाति भाषा-भाषियों को आंरभिक शिक्षा उनकी अपनी भाषाओं में दी जा रही है तथा माध्यमिक स्तर पर उन्हें हिन्दी में स्थानांतरित किया जा रहा है। इस प्रकार वे पहले अपनी अधिक परिचित जनजातिभाषा में तथा बाद में कम परिचित हिन्दी में साक्षरता अर्जित करते हैं।

(2) **सामाजिक तथा व्यक्तिगत द्विभाषिकता :** सामाजिक द्विभाषिकता में दोनों भाषाएँ समान रूप से महत्त्वपूर्ण होने से समान पद प्राप्त करती हैं तथा प्रायः सभी लोग दोनों भाषाएँ जानते हैं। दोनों भाषाएँ सबकी मातृभाषा होती हैं। छोटी भौगोलिक इकाई के रूप में बेलगाम (कर्नाटक) जिले के प्रायः सभी लोग कन्नड़ और मराठी जानते हैं, पालक्काड (केरल) जिले के प्रायः सभी लोग मलयालम और तमिल जानते हैं। सामाजिक स्तर पर भारत के सभी शिक्षित लोग स्वभाषा तथा अंग्रेज़ी या/और हिन्दी जानते हैं। व्यक्तिगत द्विभाषिकता से व्यक्ति द्वारा दूसरी भाषा का ज्ञान अर्जित किया जाना अभिप्रेत है। व्यक्तिभेद से द्विभाषिक युगल अलग-अलग हो सकते हैं–मराठी, गुजराती, हिन्दी, पंजाबी, असमिया, बंगला आदि।

(3) **औपचारिक तथा अनौपचारिक द्विभाषिकता :** औपचारिक द्विभाषिकता में दूसरी भाषा का अर्जन औपचारिक शिक्षा के माध्यम से होता है जिसमें भाषा के लिखित और मौखिक दोनों माध्यमों के कौशलों का अर्जन निहित है। अनौपचारिक द्विभाषिकता का अर्जन सहज सामाजिक परिस्थितियों में होता है तथा मौखिक माध्यम के कौशलों तक सीमित है। अनौपचारिक द्विभाषिकता के प्रसंग में ही 'पिजिन', 'क्रियोल' जैसे भाषाभेद विकसित होते हैं। 'बम्बइया हिन्दी' के नाम से निर्दिष्ट भेद मराठी-हिन्दी पिजिन है जो प्रायः समाजनिष्ठ हो चुकी है।

(4) **अर्ध-द्विभाषिकता और समद्विभाषिकता :** अर्ध-द्विभाषिकता से तात्पर्य है दो भाषाओं का असमान ज्ञान–प्रायः एक में बोधन और दूसरे में

अभिव्यक्ति। भाषायी परिवेश बदलने पर पुरानी पीढ़ी के सदस्य नई भाषा को समझ तो लेते हैं, परन्तु अपनी बात वे मातृभाषा में ही कहते हैं। इसका दूसरा रूप यह भी है कि पुस्तकालयी विदेशी या क्लासिकल भाषा में हमारी बोधन क्षमता तो रहती है परन्तु उसमें हमारा अभिव्यक्ति-सामर्थ्य नहीं होता। समद्विभाषिकता का तात्पर्य है भाषा-व्यवहार के सब क्षेत्रों में भाषा के चारों कौशलों की दृष्टि से दो भाषाओं पर अधिकार। विवाद इस बात पर है कि अधिकार 'पूर्णतया समान' माना जाए या 'लगभग समान'। मान्यता यह है कि 'पूर्णतया समान' की बात व्यावहारिक नहीं क्योंकि इसकी जाँच की त्रुटिहीन विधि हमारे पास नहीं, और यह बात सामान्यतया मानव-मनोविज्ञान के विपरीत भी है। 'लगभग समान' व्यावहारिक प्रतीत होती है जिसमें मानवीय सीमा की गुंजाइश भी है। समद्वि-भाषिकता को 'संतुलित द्विभाषिकता' के अर्थ में ग्रहण करने पर व्यवहार-क्षेत्रों तथा भाषा-कौशलों में प्रधान-गौण भाव का सम्यक निर्वाह हो जाता है।

(5) **संयुक्त द्विभाषिकता तथा समानाधिकरण द्विभाषिकता :** संयुक्त द्विभाषिकता वहाँ होती है जहाँ व्यवहार की स्थिति में दो भाषाएँ एक-दूसरे को प्रभावित करने लगें तथा एक-दूसरे पर निर्भर होने लगें—हमारी हिन्दी पर अंग्रेज़ी का प्रभाव होने लगे तथा अंग्रेज़ी पर हिन्दी का। साधारणतया यही स्थिति दिखाई देती है। प्रायः द्विभाषियों की द्विभाषिकता संयुक्त कोटि की होती है। समानाधिकरण द्विभाषिकता में दोनों भाषाएँ समानांतर चलती हैं तथा उनकी स्वायत्तता (संरचनागत, शैलीगत, सांस्कृतिक) सुरक्षित रहती है—हमारी हिन्दी में हिन्दीपन होता है, अंग्रेज़ी में अंग्रेज़ीपन। कतिपय व्यक्ति दो भाषाओं पर समाना-धिकरणात्मक अधिकार विकसित कर लेते हैं। कुछ लेखक ऐसे होते हैं—साहित्यकार प्रेमचन्द की हिन्दी-उर्दू द्विभाषिकता समानाधिकरण कोटि की मानी जा सकती है।

(6) **अस्थायी द्विभाषिकता और स्थायी द्विभाषिकता :** भाषा सम्पर्क की स्थिति में समाज द्वारा दूसरी भाषा की अर्जन-प्रक्रिया का यह सोपान जो स्थायी नहीं होता तथा अंततोगत्वा एकभाषिकता का रूप ग्रहण कर लेता है, अस्थायी द्विभाषिकता है। भाषा-विस्थापन के मामले इसी प्रकार के हैं—गैर अंग्रेज़ी-भाषियों के, संयुक्त राज्य अमरीका में, अंग्रेज़ी के अर्जन की प्रक्रिया में एक चरण वह भी था जिसमें वे अंग्रेज़ी के साथ अपनी-अपनी भाषाओं से भी जुड़े थे। दो-तीन पीढ़ी के बाद सारा समाज एकभाषाभाषी—अंग्रेज़ीभाषी हो गया। स्थायी द्विभाषिकता में भाषा-अनुरक्षण

की प्रवृत्ति दिखाई देती है। प्रायः भारतीय, विदेशी परिवेश में भी स्वभाषा को जीवित रखते हैं और पीढ़ी-परिवर्तन से भी इस स्थिति में परिवर्तन नहीं होता।

द्विभाषिकता : सामान्य प्रवृत्तियाँ

व्यक्ति स्वभाषा के साथ सहज रूप से सामाजिक विकास करता है और सामाजिक यथार्थ के दबाव से एक अन्य भाषा भी अर्जित करता है और इस प्रकार द्विभाषिकता की स्थिति अस्तित्व में आती है। इसकी सामान्य प्रवृत्तियों को निम्नलिखित प्रकार से निरूपित किया जा सकता है।

(1) द्विभाषिकता के सन्दर्भ में भाषा-चयन का प्रश्न विवादास्पद रहता है—अर्जनीय दूसरी भाषा कौन-सी है? द्वितीय भाषा के रूप में हिन्दी और अंग्रेज़ी के बीच किसी एक का चयन कई बार विवादास्पद हो उठता है।

(2) अन्य भाषा-शिक्षण, द्विभाषिकता को विकसित करने की प्रक्रिया है—हम स्वभाषा के अतिरिक्त एक अन्य भाषा सीखकर द्विभाषी हो जाते हैं। अन्य भाषा-अर्जन की अपनी समस्याएँ हैं—अन्य भाषा पर मातृभाषा का व्याघात, जो सकारात्मक (अर्जन में सहायक) की अपेक्षा नकारात्मक (अर्जन में बाधक) अधिक होता है। अन्य भाषा सीखने की प्रक्रिया में शिक्षार्थी से स्वभावतः त्रुटियाँ होती हैं जिनसे शिक्षार्थी की भाषा-अर्जन की रीति-नीति का संकेत मिलता है और उसकी सहायता से अर्जन को लक्ष्य की ओर नियंत्रित करने के व्यावहारिक उपाय किए जा सकते हैं। व्यतिरेकी भाषा-विश्लेषण तथा त्रुटि-विश्लेषण की ज्ञानविधाएँ इसी पक्ष से सम्बन्धित हैं।

(3) द्विभाषिकता में एक भाषा की प्रधानता तथा दूसरी की गौणता प्रायः दिखाई देती है। यह प्रधान-गौण भाव, भाषा व्यवहार के क्षेत्रों तथा भाषा-कौशल की शब्दावली में प्रकट किया जाता है। प्रायः इनमें परिपूरकता दिखाई देती है। एक भाषा में हम अनौपचारिक व्यवहार (जैसे, मित्रों से बातचीत) करने के आदी होते हैं तो दूसरी में औपचारिक गतिविधियाँ (जैसे, कक्षा या विद्वद् गोष्ठी में भाषण) संपन्न करना हमें उपयुक्त और वांछनीय प्रतीत होता है। विदेशी या क्लासिकल (संस्कृत आदि) में बोधन-क्षमता (विशेष रूप से वाचनजन्य) अर्जित कर लेना हमें पर्याप्त लगता है, और अभिव्यक्ति के लिए हम अपनी भाषा ही प्रयोग में लाते हैं।

(4) यह बात भी विवादास्पद रही है कि द्विभाषिकता, अभिशाप है या

वरदान। कहीं ऐसा तो नहीं कि दो भाषाएँ अर्जित कर हम उनमें से किसी के भी नहीं रहते? कहीं दो भाषाओं का बोझ हमारी सर्जनात्मक-आलोचनात्मक प्रतिभा को कुंठित तो नहीं कर देता? क्या ऐसा नहीं होता कि दो भाषाएँ एक-दूसरे को इस प्रकार प्रभावित करती हैं कि उनकी विशुद्धता खतरे में पड़ जाती है? इन प्रश्नों का दो टूक उत्तर देना सम्भव नहीं। पश्चिम में द्विभाषिकता को एक असामान्य-सी बात माना जाता रहा है। द्विभाषिकता को प्रशंसा तथा आदर की दृष्टि से नहीं देखा गया है। यह धारणा विशेष रूप से अंग्रेज़ीभाषी जगत में रही है। भाषा तथा संस्कृति के सहसम्बन्ध की दृष्टि से अन्य भाषा सीखना अन्य संस्कृति को सीखना है। इस प्रकार द्विभाषी व्यक्ति द्विसांस्कृतिक भी होता है। इस दृष्टि से उसकी भाषानिष्ठा तथा संस्कृतिनिष्ठा पर प्रश्नचिह्न लग सकता है—उसकी अपनी संस्कृति कौन-सी है? परन्तु वास्तविकता यह है कि बहुत ही कम अवसरों पर व्यक्ति अन्य भाषा, और इसलिए अन्य संस्कृति, के साथ भावनात्मक स्तर पर जुड़ता है। अपनी भाषा तथा संस्कृति से भावनात्मक लगाव तथा अन्य भाषा तथा संस्कृति से सीमित उद्देश्यपरक और अतएव साधनात्मक लगाव ही संतुलित द्विभाषिकता है। जहाँ तक द्विभाषिकता और प्रतिभाशालिता के सम्बन्ध का प्रश्न है, परीक्षाओं से यह सिद्ध हो गया है कि प्रतिभा-परीक्षणों में एकभाषी बच्चों की अपेक्षा द्विभाषी बच्चों को अधिक सफलता मिली (क्रिस्टोफर्सन 1973-75)। भारतीय स्थिति के सन्दर्भ में इसी प्रकार का निष्कर्ष राष्ट्रीय शैक्षिक अनुसंधान और प्रशिक्षण परिषद् के सर्वेक्षण से भी प्राप्त हुआ है। इसी प्रकार दो भाषाओं का एक-दूसरे को प्रभावित कर उनकी विशुद्धता के नार्म को अस्थिर करने की सम्भावना की बात भी युक्तियुक्त नहीं कही जा सकती। मूल बात यह है कि विशुद्धता का मानक, समय और स्थान के मान पर स्थिर नहीं रह पाता। जिस प्रयोग को हम आज विशुद्ध मानने पर सहमत हो जाते हैं उसे दस-पन्द्रह वर्ष पहले निर्विवाद विशुद्ध नहीं माना जाता था। एक प्रयोग की शुद्धता पूर्वी क्षेत्र में स्वीकार्य है परन्तु पश्चिमी क्षेत्र में नहीं। 'विशुद्ध' का तात्पर्य यदि 'व्यवहार में उपयुक्त' (फंक्शनली एडिक्वेट) समझें—और बहुभाषी समाज में भाषा-व्यवहार की वर्तमान प्रवृत्तियों के सन्दर्भ में यही मान्य भी है—तो विशुद्धता के नार्म की अस्थिरता की बात निरर्थक हो जाती है।

(5) कोड-परिवर्तन/कोड-मिश्रण (भाषा-परिवर्तन/भाषा-मिश्रण) द्विभाषिकता की एक महत्त्वपूर्ण प्रवृत्ति है। एक भाषा का व्यवहार करते हुए बीच-बीच

में दूसरी भाषा का व्यवहार करने लग जाना कोड-परिवर्तन कहलाता है। द्विभाषी प्रायः ऐसा करते पाए जाते हैं। हमारे देश में भारतीय भाषा-अंग्रेज़ी द्विभाषिकता के सन्दर्भ में शिक्षित भारतीय अपनी भाषा का व्यवहार करते हुए सहज भाव से बीच-बीच में अंग्रेज़ी के पूरे-पूरे एक-दो वाक्य अथवा वाक्यात्मक पदबन्ध बोल जाते हैं। कभी-कभी जानबूझ कर अपनी बात पर बल देने के लिए, कभी भावावेश में, वे कोड-परिवर्तन करते हैं। कोड-परिवर्तन को सम्प्रेषण की एक मान्यता-प्राप्त युक्ति के रूप में स्वीकार किया गया है। कोड-परिवर्तन के उदाहरणों से भाषाओं की वाक्य-रचना की प्रक्रिया, भाषा के स्नायुतंत्रगत गठन तथा, पदबन्ध-संरचना की मनोवैज्ञानिक यथार्थता का परिचय मिलता है।

इसी से सम्बन्धित प्रवृत्ति है कोड-मिश्रण (भाषा-मिश्रण)। आधुनिक हिन्दी लेखन में इसके अनेक उदाहरण मिलते हैं—अन्य भाषा के शब्द सामान्य हिन्दी प्रोक्ति के एक अंग बनकर प्रयुक्त होते हैं। उदाहरण, "अमरेश अपनी कुछ मेडिकल की किताबें, ड्रग कम्पनियों के केटालॉग के पुलिन्दे, स्टेथस्कोप सँभाले" (उद्धरित ब्रज काचरू, संकलित शर्मा और सुरेश कुमार (सं.) 1977-200)।

(6) अनुवाद-व्यवहार भी द्विभाषिकता की ही प्रवृत्ति है। दो भाषाओं का ज्ञान, अनुवाद-व्यवहार का मूल है तथा अनुवाद-व्यवहार को प्राचीनतम शैक्षिक गतिविधि माना गया है। अन्य भाषा प्रयोगकर्ता के रूप में हम अनौपचारिक अनुवादक होते हैं। योजनाबद्ध तथा लक्ष्यनिष्ठ रीति से एक भाषा के संदेश को दूसरी भाषा में प्रस्तुत करना औपचारिक अनुवाद कार्य है।

इन सभी प्रवृत्तियों का अध्ययन द्विभाषिकता के विभिन्न पक्षों का अध्ययन है। अन्य भाषाअधिगम की समस्याएँ, भाषा-तुलना, कोड-परिवर्तन तथा कोड़-मिश्रण, अनुवाद—ये द्विभाषिकता के अध्ययन के क्षेत्र के प्रमुख विषय-बिन्दु हैं।

भारतीय द्विभाषिकता : विशिष्ट प्रवृत्तियाँ

(1) भारतीय द्विभाषिकता की सबसे प्रमुख प्रवृत्ति है उसकी जीवन्तता और स्वीकार्यता। पश्चिम के विपरीत हमारे देश में दो भाषाओं का व्यवहार करने में समर्थ होना न केवल सहज, स्वाभाविक और व्यापक है अपितु प्रशंसनीय भी माना जाता है। अन्य भाषा-भाषी प्रदेशों में बस जाने के बाद भारतीय स्वभाषा को जीवित रखते हैं।

(2) भारतीय द्विभाषिकता का इतिहास पुराना है। ईसा के जन्म से पहले संस्कृत के साथ प्राकृत भाषाएँ (अर्थात जनभाषाएँ प्राकृत-जन) भी प्रयोग में आने लगी थीं। प्रथम प्राकृत (पालि) में बौद्ध साहित्य लिखा गया

और द्वितीय और तृतीय प्राकृत (प्राकृत तथा अपभ्रंश) में जैन साहित्य की रचना हुई। साथ ही संस्कृत में भी साम्प्रदायिक साहित्य की रचना हुई; विशेषतया बौद्धों का महायान साहित्य संस्कृत में है। लौकिक साहित्य में नाट्य रचनाओं में पात्रों के संवाद संस्कृत तथा प्राकृत दोनों भाषाओं में मिलते हैं तथा टीकाकारों में प्राकृत संवादों की संस्कृत छाया देने की परिपाटी रही है।

(3) भारतीय द्विभाषिकता केवल अनौपचारिक व्यवहार-क्षेत्र (दैनिक व्यवहार की परिस्थितियाँ) तक सीमित नहीं, वह औपचारिक व्यवहार-क्षेत्र (शिक्षा जन-संचार, प्रशासन) में भी स्वीकृत है। दो भाषाओं के माध्यम वाले स्कूल, कॉलेज, विश्वविद्यालय आम बात हैं। स्कूली शिक्षा में द्विभाषिक माध्यम को प्रोत्साहित किया जाता है। केन्द्रीय विद्यालय और नवोदय विद्यालय, शिक्षा नीति के स्तर पर हिन्दी तथा अंग्रेज़ी दोनों माध्यमों का व्यवहार करते हैं। रेडियों तथा दूरदर्शन भी दो या अधिक भाषाओं के कार्यक्रम देते हैं। केन्द्रीय सरकार के प्रशासन में भी हिन्दी-अंग्रेज़ी द्विभाषिकता है।

(4) भारतीय द्विभाषिकता के दो स्तर हैं--क्षेत्रीय, राष्ट्रीय। क्षेत्रीय स्तर पर पड़ोसी भाषाओं की द्विभाषिकता है--हिन्दी-पंजाबी, कश्मीरी-पंजाबी, गुजराती-मराठी, तेलुगु-कन्नड़, तमिल-मलयालम, असमिया-बंगला आदि। राष्ट्रीय स्तर पर दूसरी भाषा के रूप में हिन्दी और अंग्रेज़ी का प्रतिशत लगभग समान है। दोनों मिलकर द्विभाषी भारतीय जनसंख्या के आधे से भी अधिक हो जाती हैं। सन् 1961 की भारतीय जनगणना के अनुसार द्विभाषी जनसंख्या का 52.5 प्रतिशत हिन्दी-उर्दू तथा अंग्रेज़ी की द्विभाषिकता के हिस्से में आया है, जिसमें हिन्दी-उर्दू 26.8 प्रतिशत है और अंग्रेज़ी 25.7 प्रतिशत।

(5) हिन्दी-उर्दू की आंतरिक द्विभाषिकता एक अन्य विशिष्ट प्रवृत्ति है जो अपने में निराली है। मौखिक माध्यम की बोलचाल की भाषा को हिन्दीभाषी हिन्दी कहता है तथा उर्दूभाषी उर्दू मानता है। अतः राष्ट्रीय स्तर पर औपचारिक व्यवहार-क्षेत्र के सन्दर्भ में दोनों को एक इकाई के रूप में देखा जाता है।

द्विभाषिकता के अध्ययन-प्रारूप

दो भाषाओं का वैकल्पिक व्यवहार (कभी एक का व्यवहार, कभी दूसरी का) द्विभाषिकता का मूल तत्त्व है। इस स्थिति से सम्बन्धित विभिन्न पहलू, जिनका पहले संकेत हो चुका है, द्विभाषिकता की अध्ययन-सामग्री हैं। अध्ययन-सामग्री

की विशिष्टता, जो वस्तुतः द्विभाषी/बहुभाषी समाज की विषमरूपता की प्रवृत्ति का प्रतिफलन है, तथा अध्ययन के उद्देश्य से प्रायः अध्ययन-प्रारूप निर्धारित होते हैं। इस विषय में प्रायः तीन प्रारूपों की चर्चा की जाती है–

(1) **भाषा-व्यवहार के प्रकार्य :** इस प्रारूप में वैकल्पिक भाषा-प्रयोग से निष्पन्न होने वाले सामाजिक प्रयोजनों का सहसम्बन्धमूलक अध्ययन होता है–किस भाषा के विशिष्ट प्रयोग से कौन-सा विशिष्ट सामाजिक प्रयोजन निष्पन्न होता है। उदाहरण के लिए, घनिष्ठता की स्थिति से आदर की स्थिति में आने पर हम व्यापकतर सम्प्रेषण की भाषा हिन्दी या अंग्रेज़ी पर आ जाते हैं। अतः आदरपूर्णता और हिन्दी/अंग्रेज़ी में सहसम्बन्ध है, इत्यादि।

(2) **सम्प्रेषण के घटक :** वक्ता कब किस भाषा का चयन करता है, इसका पूर्वनिर्धारण करने मे समर्थ होने के लिए सम्प्रेषण के घटकों पर ध्यान देना आवश्यक है। ये घटक हैं–प्रतिभागी, विषयवस्तु, स्थिति-सन्दर्भ, माध्यम, संदेशविधा, वक्ता की मानसिकता और व्यंजना, वक्ता का आशय और श्रोता पर प्रभाव। इनमें से किस घटक के प्रभाव से द्विभाषी किस भाषा का चयन करता है, इसकी मीमांसा की जाती है–घटक और भाषा-विशेष के चयन का सहसम्बन्ध।

(3) **भाषा-विकल्पन :** हमारी अध्ययन-सामग्री है भाषा के विकल्पनशील व्यवहार से निष्पन्न भाषिक पाठ। हम पहले विशिष्ट भाषा-विकल्पों की भाषिक पहचान करते हैं और तदन्तर भाषा-समुदाय में उनके वितरण की प्रवृत्तियों की जाँच करते हैं कि भाषा समुदाय में कौन-से भाषा विकल्पन का किस सन्दर्भ में प्रयुक्त होना एक रूढ़ि बन गया है। यह हमारी आधारभूत जानकारी है। इस जानकारी का सम्प्रेषण की परिस्थितियों तथा वक्ताओं के विशिष्ट अभिलक्षणों से सहसम्बन्ध स्थापित करना इस प्रारूप का उद्देश्य है।

उपसंहार

द्विभाषिकता सम्बन्धी समस्याओं का अध्ययन, समाज-भाषाविज्ञान तथा शिक्षाशास्त्र के स्वतंत्र तथा पारस्परिक अध्ययन की एक महत्त्वपूर्ण प्रवृत्ति के रूप में इस समय उभरकर आया है। इसमें समस्याओं के व्यावहारिक समाधान के साथ भाषा, सामान्य शिक्षा, और भाषा-शिक्षा के सैद्धान्तिक पक्ष के विकास की विविध संभावनाएँ निहित हैं जिनकी ओर पिछली दो-तीन दशाब्दियों में विद्वान विशेष रूप से सक्रिय हुए हैं। इस दिशा में अब पर्याप्त परिमाण में रोचक और ज्ञानवर्धक साहित्य उपलब्ध है।

संदर्भिका

केन्द्रीय हिन्दी निदेशालय 1973 : *भाषा,* विश्व हिन्दी सम्मेलन विशेषांक। नई दिल्ली : भारत सरकार (द्वितीय खंड)।

पट्टनायक, डी.पी. 1988 : *शिक्षा सन्दर्भ और भाषा*। आगरा, केन्द्रीय हिन्दी संस्थान।

श्रीवास्तव, रवीन्द्रनाथ, तथा रमानाथ सहाय (सं.) 1976 : *हिन्दी का सामाजिक सन्दर्भ,* आगरा : केन्द्रीय हिन्दी संस्थान (द्वि सं. 1984)

श्रीवास्तव, रवीन्द्रनाथ 1992 : *भाषाई अस्मिता और हिन्दी,* नई दिल्ली : वाणी प्रकाशन।

Central Institute of Indian Languages 1973. *Distribution of Languages in India in States and Union Territories.* Mysore : CIIL

Christopherson, P. 1973, *Second Languages Learning : Myth and Reality. Penguin* (Ch. 4 'Bilingualism')

Giglioli, P.P. (ed) 1972. *Language and Social Centext.* Penguin (No. 2, 10, 11)

Paradis, Michael (ed) 1978. *Aspects of Bilingulism.* Columbia : Hornbeam Press.

Pattanayaka, D.P. 1981. *Multilingualism and Mother Tongue Education.* Delhi : Oxford University Press.

Pride, J.B. and J. Holmes (ed) 1972. *Socillinguistics : Selected Readings.* Panguin (Part one)

Sharma, P. Gopal and Suresh Kumar (eds) 1977. *Indian Bilingualism.* Agra : Kendriya Hindi Sansthan

Trudgill, Peter 1974. *Sociolinguistics : An Introduction.* Penguin (Ch. 6, 'Language and Nation')

...(ed.) 1984 *Applied Sociolinguistics,* London : Academic Press.

हिन्दी और भारतीय भाषाओं में अन्तःसम्बन्ध

—हीरालाल बाछोतिया

पूर्व राष्ट्रपति डॉ. राधाकृष्णन ने कहा था "भारतीय साहित्य एक है जो भिन्न-भिन्न भाषाओं में रचित है।" इसका आशय है कि भारतीय साहित्य की आत्मा एक है—सभी भाषाओं में अन्तर सम्बन्ध है। पश्चिम में जागरण आने से पहले से भारत में उत्तर और दक्षिण के बीच सम्वाद चलता रहता है। उत्तर में कोई विचार जन्म लेता था, दक्षिण में जाकर वह पल्लवित और पुष्पित होता था और फिर उत्तर में फलीभूत होता था। वेद की ऋचाओं का जन्म उत्तर में हुआ, दक्षिण के आचार्यों ने उनके भाष्य लिखे, उपवेदों और कलाओं का सृजन किया, तब जाकर एक समन्वित पाठ्यक्रम को रूप मिला और उसी का प्रयोग तक्षशिला और नालंदा जैसे विश्वविद्यालयों में हुआ। अग्नि, वायु, वरुण, उषा, संध्या आदि वायवीय देवताओं की कल्पना उत्तर में हुई। द्रविड़—भूमि में पहुँचकर इन वायवीय देवताओं का पार्थिव सम्बन्ध स्थापित हुआ। वे देवता नाना रूप धारण कर पुराण-कथाओं के पात्र बन गए। वेदों में जिसका उल्लेख मात्र मिलता है, उस वासुदेव कृष्ण को दक्षिण के आलवार संत अपने मन में, नयन में देखने मात्र से संतुष्ट नहीं हुए। उन्होंने सहस्र पदों में इन लीलाओं को निबद्ध कर दिया। पुरुषोत्तम का वही लीला-माधुर्य, पुष्टि मार्ग की धारा में प्रवाहित हुआ और सूर सागर बना और मीरा का अबलम्बन "मेरो तो गिरधर गोपाल" बना।

शताब्दियों तक उत्तर और दक्षिण के बीच इतना सारा कार्य हुआ, क्या यह बौद्धिक और भावनात्मक स्तर पर आदान-प्रदान का प्रमाण नहीं है? हजारों सालों से चले आ रहे इन कार्यकलापों को तीर्थाटन के माध्यम से जुड़े सम्पर्क सूत्रों को, सिद्धों, नाथों, भक्तों के बनाये इस सेतु को कतिपय भाषा वैज्ञानिकों द्वारा किए गए वर्गीकरण और आगे चलकर भाषा वार राज्यों के गठन ने ध्वस्त कर दिया। आधुनिक भाषा-विज्ञान के प्रवर्तकों ने अपने अन्वेषण-गवेषण में यह पाया कि उत्तर की आर्य भाषाओं का यूनानी, जर्मन, और लातीनी भाषाओं से तो सम्बन्ध है, लेकिन विंध्याचल के दक्षिण में प्रचलित द्रविड़ भाषाओं से उनका कोई रिश्ता-नाता

है। फादर काल्डवेल ने कुछ द्रविड़ीय लक्षण गिना कर यह भ्रम जाल पैदा कर दिया कि आर्य-द्रविड़ भाषाओं के बीच कोई मेल नहीं है। उस समय के ब्रिटिश शासकों को यह थ्योरी पसन्द आयी। उनका तो सिद्धान्त ही था–"फूट डालो और राज करो"। वे तो चाहते ही थे उत्तर और दक्षिण की भाषाओं के बीच खाई पड़े। जबकि फ्रांसीसी वैज्ञानिक एम.बी. एमिन्यू का आग्रह था कि भारत की सभी भाषाओं को एक समूह में रखना चाहिए। खेद है कि इस पर किसी का ध्यान नहीं जाता। गुरुदेव रवीन्द्रनाथ टैगोर का कहना है कि भारत एक महासागर है, जिसमें अनेक भाषाओं का, जातियों का, संस्कृतियों का संगम हुआ है। डॉ. रामविलास जैसे विद्वानों का मानना है, कि हिन्दी साहित्य और भाषा का अध्ययन दक्षिण-भाषाओं के अध्ययन के बिना अपूर्ण ही रहेगा।

कतिपय विद्वानों ने हिन्दी और दक्षिण की भाषाओं खासकर तमिल के बीच सम्बन्धों को रेखांकित किया है। विद्वानों ने ढूँढ़ निकाला है कि ऋग्वेद की सैकड़ों ऋचाओं में तमिल शब्दों का अस्तित्व है। महाप्राणत्व और घोषत्व को हटाने पर उनके भीतर से तमिल की धातुएँ ज्यों की त्यों प्रकट हो जाती हैं। महर्षि अरविन्द ने अपनी "ऑन दि वेदाज़" में लिखा है–

> **"ऋग्वेद का अध्ययन करते हुए जब उसकी भाषा के बारे में कोई संदेह होता है तो ग्रीक या लैटिन से मुझे कोई सहायता नहीं मिलती, तमिल भाषा की धातुएँ सहायक सिद्ध होती हैं।"**

कुछ लोगों का तो यह भी कहना है कि भाषा की प्रकृति के स्तर पर हिन्दी और तमिल के क्रिया पदों में जो समानता मिलती है, वह खड़ी बोली और अवधी में भी नहीं मिलती, और तो और दक्षिण में ही तमिल और मलयालम के बीच भी नहीं मिलती। हिन्दी और तमिल क्रियापद–रचना में समानता का तात्पर्य है कि दोनों भाषाओं की आत्मा और आंतरिक प्रकृति अभिन्न है। क्रिया ही वाक्य का "नाभिकीय तत्व" है। दोनों भाषाओं में "नाभिकीय तत्व की समानता हो तो क्या वाक्य रचना भिन्न हो सकती है?"

हिन्दी में जोड़ने की इस ताकत का ही परिणाम है कि प्राचीन काल से ही यह जनभाषा बनी हुई है। पिछले हजार सालों से हिन्दी अपने विभिन्न रूप में पूरे देश की जनता को एकता, सद्भाव और जाग्रति का संदेश देती रही है। संतों और आचार्यों ने हिन्दी के माध्यम, से ही देश के जन-जन तक अपना संदेश पहुँचाया है। वल्लभाचार्य, विट्ठलदास, रामानुज, रामानन्द आदि इसके प्रमाण हैं। केरल के स्वाति तिरुनाल, महाराष्ट्र के संत देवराज, तंजौर के भोसल वंशीय शाहजी महारज, मछली पट्टनम के नादेल्ल पुरुषोत्तम आदि कवियों ने हिन्दी में ही रचनाएँ की हैं। महाराष्ट्र के नामदेव और ज्ञानेश्वर, गुजरात के नरसी मेहता, पंजाब के गुरु नानक देव, असम के शंकर देव, बंगाल के चैतन्य महाप्रभु, उत्तर और दक्षिण के सूफी

संतों ने हिन्दी को ही धर्म और संस्कृति के प्रचार का माध्यम बनाया था।

उन्नीसवीं सदी भारत में समाज सुधार आंदोलनों की भी सदी रही है। यह समय सामाजिक पुनर्जागरण का काल भी था जब राजा राममोहन राय, ईश्वर चन्द्र विद्यासागर, स्वामी दयानन्द सरस्वती, स्वामी विवेकानन्द, गोपालकृष्ण गोखले जैसे समाज सुधारकों ने कुरीतियों, अशिक्षा व अन्धविश्वासों पर लगातार प्रहार आरम्भ किया। इन सभी ने इस कार्य के लिए हिन्दी को जन माध्यम बनाया। उन्होंने समझ लिया था कि भाषा की सरलता, बोध गम्यता एवं विशाल भूभाग पर बोली-समझी जाने वाली भाषा हिन्दी ही है। उनके नेतृत्व में अनेक संस्थानों द्वारा हिन्दी भाषा के माध्यम से वैचारिक आंदोलनों की नई प्राणवायु भारतीय समाज को प्राप्त हुई। अन्य अहिन्दी भाषी विद्वान जैसे केशवचन्द्र सेन, महादेव गोविन्द रानाडे, बाल गंगाधर तिलक, महर्षि अरविन्द, कस्तूरी रंगा, आयंगर, सुब्रह्मण्यम, आदि के सद्प्रयासों से न सिर्फ हिन्दी को प्रतिष्ठा मिली अन्य भारतीय भाषाओं से उसका तादात्म्य भी बढ़ा।

स्वतंत्रता आंदोलन में खादी अपनाने के समानांतर हिन्दी का प्रचार-प्रसार करना भी रचनात्मक कार्यक्रम था। दक्षिण में हिन्दी प्रचार के लिए महात्मा गाँधी ने मद्रास में दक्षिण भारत हिन्दी प्रचार सभा की स्थापना 1918 में की थी। अपने बेटे देवदास गाँधी को हिन्दी प्रचार के लिए उन्होंने मद्रास भेजा था। उस समय के मूर्धन्य हिन्दी सेवियों सी. राजगोपालाचारी, आयंगर आदि ने हिन्दी पढ़ाने का अनुकरणीय कार्य किया था। यहाँ तक कि सी. राजगोपालाचारी (राजा जी) ने अपनी बेटी को दहेज में हिन्दी ही दी थी। कहना न होगा इस प्रकार हिन्दी की स्वीकार्यता बढ़ी थी, वह भारतीय भाषाओं के निकट पहुँचकर अन्तरसम्बन्ध स्थापित करने लगी थी।

भाषाओं में अन्तर सम्बन्ध स्थापित करने में अनुवाद का विशेष योगदान है। पहले एक भाषा से दूसरी भाषा में ज्ञान राशि सभा-समाज में अनुवाद के माध्यम से मौखिक रूप से पहुँचती थी तो टीका–व्याख्या से लिखित रूप में पाठकों तक पहुँचती थी। भारतीय भाषाओं में रामायण-महाभारत के अनुवाद जो मध्ययुग में हुए, उनमें विलक्षण रूप से एक समानता है। विभिन्न भाषाओं के कवि-मनीषियों ने शब्दशः या अध्याय क्रम से अनुवाद न करके अपनी मिट्टी की महक के साथ अपने क्षेत्र के लोगों की समझ और आवश्यकता के अनुरूप अपने वातावरण में कथा को ढाला और युगानुरूप स्थितियों और समस्याओं को कथा में गूँथ दिया। इसी का परिणाम है कि रामायण-महाभारत तो वही है लेकिन श्रोता और पाठक तथा देश-काल के अनुरूप उसके भिन्न-भिन्न भव्य रूप अलग-अलग भाषाओं में देश भर में देखने को मिलते हैं। इस प्रकार रामायण-महाभारत ही नहीं ज्ञान का सारा साहित्य अनुवाद के माध्यम से देश में फैला और भाषाओं में अन्तःसम्बन्ध का

आधार बना। आज तो भारतीय भाषाओं के बीच पारस्परिक अनुवाद को बढ़ावा देना और भी जरूरी है। बिना किसी पूर्वाग्रह और वैचारिक संकीर्णता के भारत में अनुवाद के लिए हिन्दी को आधार भाषा रखा जा सकता है, जिसके माध्यम से सभी भारतीय भाषाएँ एक-दूसरे के सम्पर्क में आ सकती हैं। तमिल के किसी ग्रन्थ का अनुवाद पहले हिन्दी में हो जाए तो उसे हिन्दी से बांगला, तेलुगु, कन्नड़, मलयालम, मराठी, गुजराती, पंजाबी आदि में रूपांतरित करने वालों की संख्या बहुतायत से मिल जाएगी। हिन्दी भाषा जानने वाले सभी भाषाओं में आसानी से मिल जाते हैं। यदि भारतीय भाषाएँ ही प्रधानतः अन्तर अनुवाद का माध्यम बनती हैं तो अंग्रेजी अनुवाद के वर्चस्व को तोड़ा जा सकता है। भारतीय भाषाओं में गजब की संवेदनशीलता है, विलक्षण शब्द सम्पदा है और अद्‌भुत शब्दशक्ति है। निश्चय ही यह शक्ति अनुवाद में मौलिकता का आस्वादन देने की क्षमता उत्पन्न करने और भाषाओं में अन्तर सम्बन्ध को दृढ़तर करने में समर्थ होगी।

कुछ लोग यह भ्रम फैलाते मिल जाएँगे कि अगर दूसरी भाषाओं में अभिव्यक्त सारा ज्ञान अनुवाद के माध्यम से अपनी भाषा में ही सुलभ हो जाएगा तो लोग फिर दूसरी भाषा सीखना छोड़ देंगे। यह भ्रम बेबुनियाद है। प्रथम तो यही कि अपनी भाषा में जो भिन्न भाषा की चीज अनूदित होकर आ गयी, वह क्या दूसरी भाषा सीखे बिना ही अनुवादक ने कर डाली? कतई नहीं। हाँ यह जरूर है कि अनुवादक के लिए अनुवादक ने दूसरी भाषा को कड़ा परिश्रम करके सीखा। कोई व्यक्ति काम के लायक जब दूसरी भाषा सीखता है तो उसका उस भाषा के प्रति विशेष ममत्वभाव नहीं बन पाता है। लेकिन जब वह उस भाषा धरोहर रूपी ज्ञान का रसास्वादन अपने भाषा-भाषियों को देने के लिए सीखता है तो उस स्रोत भाषा के प्रति उसमें ममता जाग उठती है। इसमें भिन्न भाषाभाषी भी स्रोत भाषा के मेलजोल तत्वों से परिचित हो जाता है। इससे उसमें राष्ट्रीयता की भावनाओं का विकास होने लगता है।

अनुवाद संस्कृति प्रेम और आस्था जगाता है। संस्कृत में लिखा बुद्ध साहित्य तिब्बती भाषा में हजारों साल पहले पहुँच गया था। जब तिब्बत पर आपदा आयी तो दलाई लामा ने भारत में ही शरण ली क्योंकि भारत उन्हें सबसे करीब लगा। हृदयों की सन्निकटता निश्चय ही अनुवाद की ही देन थी। अनुवाद के भरोसे ही जापान ने पश्चिम में आविष्कृत ज्ञान को इस कदर अपना लिया कि औद्योगिक क्रान्ति में उनके समकक्ष खड़ा हुआ। इसी प्रकार भारतीय भाषाओं की उत्कृष्ट कृतियाँ जितनी ही अधिक अनुवाद के माध्यम से आदान-प्रदान की सीढ़ियाँ तय करेंगी हमारी भौगोलिक दूरियाँ खत्म होती जाएँगी और राष्ट्रीय एकता की प्रबल भावना दृढ़तर होती जाएगी। राष्ट्र के नागरिकों का एक होना ही राष्ट्रीय एकता है और यह राष्ट्रीय एकता राष्ट्रभाषा से ही आती है। हमारी सभी भारतीय भाषाएँ

राष्ट्रीय भाषाएँ हैं। इनमें हिन्दी केन्द्र की राजभाषा है अतः उसका अन्य सभी भाषाओं से ताल मेल अनुवाद के माध्यम से ही हो सकता है।

अनुवाद हमारे दृष्टिकोण में उदारता और व्यापकता लाता है और एकांतिकता या कूपमंडूकता दूर करता है। करीब एक हजार साल की कूपमंडूकता के बावजूद भारत के बौद्धिक उत्कर्ष का लोहा संसार मानता रहा। गणित ज्योतिष, आयुर्वेद, दर्शन साहित्य आदि क्षेत्रों में हमारी जो देन है, वह उपेक्षा की वस्तु नहीं है। अरब, ग्रीस से होते हुए वह यूरोप पहुँची। इस अभियान में अनुवाद का ही हाथ था। हमारे देश में बाईस साहित्यिक भाषाएँ हैं यह गर्व का विषय है। भारत को छोड़ ऐसा देश दुनिया में कहीं नहीं है। भाषाओं में अन्तःसम्बन्ध के लिए अनुवाद हमारी नियति है। क्योंकि "भारती" केवल तलिम की सम्पत्ति नहीं है और न प्रेमचन्द केवल हिन्दी की। दोनों एक देश की मिट्टी में उत्पन्न हुए हैं, एक देश की आबोहवा में पले हैं। इसलिए भाषा उनकी भले ही तमिल या हिन्दी हो, भाव दोनों के एक हैं। वल्लतोल पर मलयालम को भी गर्व है, हिन्दी को भी। प्रसाद के "अरुण यह मधुमय देश हमारा" का क्षितिज केरल तक विस्तीर्ण है। आज जिस भावनात्मक एकीकरण की गूँज देश के एक कोने से दूसरे कोने तक सुनाई पड़ रही है, उसके लिए अनुवाद एक अनिवार्य माध्यम है। इसी के माध्यम से भारतीय भाषाओं में अन्तःसम्बन्ध दृढ़ से दृढ़तर होगा।

हिन्दी भाषा का आधुनिकीकरण

—कैलाश चन्द्र भाटिया

किसी भी भाषा का विकास ही प्रकारान्तर से आधुनिकीकरण की प्रक्रिया है। भाषा ही मानव जीवन की प्रत्येक अभिव्यक्ति की पूर्ति के लिए काम में आती है। जब कोई भाषा युग के अनुरूप समाज की माँगों के अनुसार अपने उत्तरदायित्व का पालन करना चाहती है तो उस भाषा का विकास उसकी उन माँगों के अनुरूप होने लगता है। इसी प्रक्रिया को 'आधुनिकीकरण' की संज्ञा दी जाती है। विकास की प्रक्रिया में किसी भाषा की अनेक बोलियों में से एक बोली प्रमुख हो जाती है। फलतः यही भाषा निखार पाकर परिष्कृत हो जाती है और साथ ही बोधगम्यता के आधार पर उच्च स्थान ग्रहण कर लेती है। जब तक किसी भाषा की मानक शैली और उसकी विविध बोलियों में बोधगम्यता बनी रहती है तो वे सभी उपरूप उस भाषा के अन्तर्गत समाहित हो जाते हैं। मानक भाषा का मूलाधार उसकी बोलियाँ/उपभाषाएँ हैं क्योंकि शैली और प्रयुक्ति का आधार और बाद में उनका समाहार उसकी बोलियों में हो जाता है।

इस दृष्टि से तीन आयाम--क्षेत्र, समाज और काल प्रमुख हैं। राजनीतिक केन्द्र भाषा को मानक रूप प्रदान करने में सहायक होता है। सांस्कृतिक केन्द्र भी इसमें अपना योग देता है। भाषिक केन्द्र की तुलना नाभि चक्र से की जा सकती है। जिस प्रकार नाभि केन्द्र स्थल पर अधिकतम मजबूत होती है और ज्यों-ज्यों पहिए के समीप फैलती है उसकी गति निर्बल होती जाती है, उसी प्रकार भाषा का विकास भी केन्द्र पर अधिकतम होता है। भाषा के मानक रूपों के वितरण का प्रसार केन्द्र से प्रारम्भ होता है।

गत शताब्दी के युगपुरुष डॉ. रामविलास शर्मा मानते हैं कि "विशाल हिन्दी भाषी जनसमूह का गठन, उसकी जातीय भाषा का विकास, उसका सांस्कृतिक अभ्युत्थान, उसके साहित्य की प्रगति सारे भारत देश की प्रगति की महत्त्वपूर्ण कड़ी है।"

हिन्दी भाषा के विकास के लिए संविधान में जो अनुच्छेद 351 है, उसका

शीर्षक हैः विशेष निदेश। यही भाषा के आधुनिकीकरण का नीतिनिदेशक सिद्धान्त है, जिसमें महत्त्वपूर्ण संकेत निम्नलिखित हैं:–

–सामासिक संस्कृति की अभिव्यक्ति।

–हिन्दुस्तानी के रूप, शैली व पदावली।

–आवश्यकता पड़ने पर शब्द लिए जा सकते हैं।

–संस्कृत व अष्टम अनुसूची में उल्लिखित अन्य भाषाओं से शब्द।

–उसकी आत्मीयता/प्रकृति (Genius) में हस्तक्षेप नहीं होना चाहिए।

मानसिक भाषा जब विकसित होती है तो आधुनिकीकरण की प्रक्रिया स्वतः प्रारम्भ हो जाती है।

भाषा के प्रकार्यात्मक स्वरूप में शैली-भेद हो जाते हैं, यही भाषा का प्रयोजनमूलक पक्ष है। कार्यालय, बैंक, विज्ञान, तकनीकी, कंप्यूटर आदि विभिन्न क्षेत्र हो सकते हैं, जिनमें प्रयोग में आने वाली भाषा कुछ भिन्नता को लिए हुए कार्यालयीन, बैकिंग, वैज्ञानिक-तकनीकी, कम्प्यूटरी हिन्दी कही जा सकती है।

वैज्ञानिक तथा तकनीकी क्षेत्र अब दिन-प्रतिदिन विस्तृत होता जा रहा है। कुछ विषय सीमा रेखा पर होते हैं। वर्तमान युग कई अनुशासन/विषयों को लेकर चलता है। उदाहरण के तौर पर एक शब्द 'मुद्रा' अनके विषयों में भिन्न-भिन्न अर्थ रखता है, दूसरी ओर समानार्थी कई शब्द, जैसे : जल, नीर, पानी, उदक भिन्न-भिन्न विषयों में अपनी पृथक अर्थच्छटाएँ रखते हैं।

सामान्य स्तर पर भाषा का स्वरूप एक-सा बना रहता है, पर कामकाजी रूप में भाषा का व्यावहारिक पक्ष उभर कर आता है और प्रयोग के प्रत्येक क्षेत्र में कुछ भिन्नता हो जाती है।

आधुनिकीकरण की प्रक्रिया पर जब बन्धुवर (स्व.) डॉ. रवीन्द्रनाथ श्रीवास्तव से विचार-विमर्श हुआ तो इसका स्वरूप इस प्रकार प्रकट हुआ।

सामान्य हिन्दी→मानकीकरण→आधुनिकीकरण←पारिभाषिक शब्दावली←भाषा नियोजन

आधुनिक हिन्दी

आधुनिक हिन्दी में निम्नलिखित क्षेत्र समाहित हो जाते हैं :

– प्रशासन की भाषा

– विधि की भाषा

– विज्ञान तथा तकनीकी भाषा

– यांत्रिक प्रक्रिया–टाइपराइटर, टेलैक्स, फैक्स, पेजरी, ई-मेल आदि

– मुद्रण–अधुनातन

— शब्दकोश, सूक्तिकोश, अभिव्यक्ति कोश, समानान्तर कोश, एक्रोनिम कोश, अन्त्यानुप्रयास कोश आदि।

— कम्प्यूटर से प्राप्त अनन्त सुविधाएँ।

— यांत्रिक (कंप्यूटर) अनुवाद (अनुसारक, यंत्र आदि)।

— भाषा शिक्षण में 'लीला' व मल्टी मीडिया।

आधुनिकीकरण की इस प्रक्रिया को तालिका में इस रूप में प्रस्तुत कर सकते हैं।

आधुनिकीकरण

- प्रयुक्ति — प्रशासन विधि, बैंक आदि अनेक प्रयुक्तियाँ
- यांत्रिक सुविधाएँ — (लिपि वर्तनी) जिस्ट, स्पेल चैक, सोर्टर आदि
- शब्द समूह — (अनेक प्रकार के कोश)
- अनुवाद — (विभिन्न प्रकार)
  - —शाब्दिक
  - —भावानुवाद
  - —यांत्रिक
  - —तत्काल
- सूचना प्रौद्योगिकी
  - सूचना प्रसारण के माध्यम
  - निकनेट इंटरनेट आदि

आंतरिक भाषिक तत्व भी महत्वपूर्ण भूमिका का निर्वाह करते हैं। एक ओर संस्कृत की तत्समता, दूसरी ओर अरबी, फारसी, अंग्रेजी की ओर अत्यधिक झुकाव हिन्दी की प्रकृति के विरुद्ध है। यह प्रक्रिया निरन्तर चलती रहती है। उन्नीसवीं शताब्दी में भारतेन्दु ने 'नए चाल की हिन्दी' जिसको कहा उसमें ब्रजभाषापन (लल्लू जी लाल) पूरबीपन (सदल मिश्र), पंडिताऊपन (मुंशी सदासुख), फारसी अरेबियन (शिवप्रसाद सितारे हिन्द), तत्समता (राजा लक्ष्मण सिंह) आदि से मुक्ति दिलायी। बीसवीं शताब्दी में 'सरस्वती' के माध्यम से पं. महावीर प्रसाद द्विवेदी ने मानकता (वर्तनी की एकरूपता तथा व्याकरणसम्मत भाषा) की ओर हिन्दी को बढ़ाया। शताब्दी के उत्तरार्द्ध में केन्द्रीय हिन्दी निदेशालय, नई दिल्ली, ने वर्तनी की मानकता तथा शब्दकोशों के निर्माण में अभूतपूर्व योगदान किया। वैज्ञानिक तथा तकनीकी शब्दावली आयोग ने डाटाबेस पद्धति से लाखों शब्दों को विज्ञान, तकनीकी, इंजीनियरिंग, आयुर्विज्ञान आदि विभिन्न क्षेत्रों में दिया। केन्द्रीय हिन्दी संस्थान, आगरा व उसकी विभिन्न शाखाओं ने प्रयोजनपरक हिन्दी को विविध क्षेत्रों में आगे बढ़ाया।

जैसा स्पष्ट किया गया है, दो ध्रुवों (तत्समता व आगत (उधार शब्दावली)) से बचकर मध्य से निकलना ही हिन्दी की प्रकृति के अनुकूल है इस बात की ओर

संकेत करते हुए गार्विन महोदय ने मानक भाषा में लचीलापन और बौद्धिकता के सामंजस्य पर बल दिया। (Codification be Flexible enough to allow for modification in Link with Culture change) यही बात जीवित भाषा के लक्षणों को स्पष्ट करते हुए कई भाषाशास्त्रियों ने कही है जिनमें डी. येनिस प्रमुख हैं :

"भाषा मात्र वस्तु नहीं, मानव जाति के बौद्धिक व नैतिक जीवन की अभिव्यक्ति है। मनुष्य की अभिलाशाओं, और सांस्कृतिक प्रगति के साथ उनमें तदनुरूप परिवर्तन होते रहते हैं। माधुर्य, सूक्ष्मता, शक्ति, स्पष्टता एंव ओज से सम्पन्न होना जीवित भाषा का अनिवार्य लक्षण है।"

ये ही विकासशील भाषा के अनिवार्य लक्षण हैं। इस विशिष्ट गुण से सम्पन्न भाषा ही पूर्ण भाषा बन सकती है और आधुनिकीकरण की प्रक्रिया में खरी उतरती है। इस प्रकार की समर्थ और सक्षम भाषा ही सभी मोर्चों पर सफल हो सकती है।

किसी भी भाषा का विकास उसका आधुनिकीकरण सामाजिक आवश्यकताओं की पूर्ति के लिए होता है। फलतः वह भाषा जहाँ एक ओर सेवा माध्यमों के विभिन्न सन्दर्भो से स्वतः जुड़ जाती है, वहीं संचार माध्यमों से जुड़कर/प्रसारित करती है।

जैसा स्पष्ट किया जा चुका है कि समाज के विविध प्रयोजनों के लिए काम में आने वाली भाषा साहित्यिक रूप से कुछ भिन्न हो सकती है। भाषा के जो प्रयोजन होते हैं, उनमें से 'साहित्य' भी एक है। विविध प्रयोजनों के लिए प्रयुक्त भाषा कुछ-कुछ भिन्न हो सकती है। मैं तो इसको कामकाजी कहना अधिक सारगर्भित मानता हूँ।

सामान्यतः भाषा का स्वरूप एक-सा बना रहता है पर कामकाजी रूप में भाषा का व्यावहारिक पक्ष उभर कर आता है और प्रयोग के अनुरूप उसमें अभिव्यक्तियाँ भिन्न हो जाती हैं। विषय या प्रयोग के अनकूल भाषा रूपों को 'प्रयुक्ति' (रजिस्टर) की संज्ञा दी गयी है। कामकाजी भाषा के जितने विविध क्षेत्र होंगे, प्रयुक्ति के भी उतने ही विविध रूप होंगे। विषयगत तथा प्रयोगगत विविधता ही प्रयुक्ति कहलाती है। प्रयुक्ति का मुख्य आधार किसी कार्यक्षेत्र में प्रयुक्त की जाने वाली शब्दावली/अभिव्यक्तियाँ हैं। प्रयुक्ति भाषा का वह रूप है जिसके द्वारा किसी विषय के बारे में विशिष्टताओं को स्पष्ट किया जाता है। आगे 'प्रयुक्ति' को विस्तार से समझाया गया है।

बैंक की भाषा न्यायालय में प्रयुक्त विधि की भाषा से भिन्न होगी पर अर्थशास्त्र व आर्थिक कार्य विभाग की प्रयुक्ति अधिक व्यापक होगी जिसमें प्रयोग में आने वाली शब्दावली/अभिव्यक्तियाँ उस क्षेत्र की प्रयुक्तियाँ बन जाती हैं। मानक भाषा होते हुए भी उस क्षेत्र की विशिष्ट भाषा के रूप में विकसित होने की

प्रक्रिया विशिष्टीकरण कहलाती है। यही प्रक्रिया अनुवाद-कार्य में भी सहायक सिद्ध होती है।

प्रयुक्ति में शैलीगत भेद भी मिलते हैं। प्रचलित पर्यायों में उपयुक्त शब्द का चुनाव करना पड़ता है, जिससे प्रयोजन सिद्ध हो। अंग्रेजी शब्द 'अंडरस्टैडिंग' के लिए कहीं 'समझ' का प्रयोग करना ठीक रहेगा और कहीं, 'आपसी समझौता'। इसी प्रकार आउटस्टैडिंग के लिए सन्दर्भ के अनुकूल असाधारण, अनुपम, अनूठा, बेजोड़, बेमिसाल, अपूर्व आदि में से किसी एक को चुनना होगा। एयर के लिए हवा, वायु, वात में से प्रयोजन के अनुसार चुनना होगा।

भाषा-नियोजन

सर्वप्रथम प्रो. ए.ए. हिल को समर्पित ग्रन्थ में प्रो. हॉगन ने लैंग्वेज इकॉलोजी, शीर्षक से सन् 1969 में इस समस्या पर प्रकाश डाला। इसके बाद तो कई भाषाविद् इसी पर विचार करने लगे जिनमें सर्वोपरि रहे—जे.वी. न्यूस्तेपनी जिन्होंने सन् 1970 में नियोजन प्लानिंग के अन्तर्गत कुछ महत्त्वपूर्ण पक्षों की ओर ध्यान दिलाया।

—चयन	—	नीति निर्धारण
	—	वैधीकरण
— स्थायित्व	—	कोडीकरण
	—	मानकीकरण
— प्रयोग-प्रसार	—	विस्तारण
	—	आधुनिकीकरण
—विभेदीकरण	—	संवर्द्धन
	—	शैलीकरण

इन चारों पक्षों पर डॉ. रवीन्द्रनाथ श्रीवास्तव ने अपनी पुस्तक "हिन्दी भाषा का समाजशास्त्र" में प्रकाश डाला साथ ही भाषा नियोजन के अभिलक्षणों (*i*) सुविचारित परिवर्तन (*ii*) समस्या समाधान (*iii*) सर्वोत्तम विकल्पों का चयन (*iv*) भविष्यपरकता (*v*) पूर्णतः सामाजिक सन्दर्भ विषयों पर विस्तार से लिखा (पृ. 176-183)। वस्तुतः भारत के संविधान के अनुच्छेद 351 पर इस दृष्टि से नियोजन होना था, जो राजनीति में फँसा रहा फिर भी केन्द्रीय हिन्दी निदेशालय[1] तथा केन्द्रीय हिन्दी संस्थान ने काफी दिशाओं में कार्य किया है। आधुनिक नार्वेजियन के सन्दर्भ में जिस प्रकार प्रो. ई. हॉगन ने सुझाव दिए उसी प्रकार हिन्दी के संदर्भ में सुझाव डॉ. श्रीवास्तव रहते तो अवश्य देते।

---

1. निदेशालय द्वारा प्रकाशित पुस्तिका उल्लेखनीय है :
"देवनागरी लिपि तथा हिन्दी वर्तनी का मानकीकरण"
केन्द्रीय हिन्दी निदेशालय, पश्चिमी खण्ड-7, रामकृष्णापुरम नई दिल्ली-110066, वर्ष 2006।

वर्तमान स्थिति में अंग्रेजी का अत्यधिक प्रयोग बढ़ता जा रहा है। उल्टे-सीधे अनुवाद से कोई प्रयोजन सिद्ध नहीं होता वरन् अनुवाद की भाषा अटपटी व दुरूह बनती जा रही है, साथ ही हिन्दी की प्रकृति से बहुत दूर। अब तो अनुवाद की हिन्दी अबूझ होती जा रही है अतएव कोई प्रयोजन सिद्ध नहीं होता। हिन्दी को अंग्रेजी की खिचड़ी बनाकर अपसंस्कृति का प्रसार किया जा रहा है। भाषा का प्रश्न राष्ट्र-निर्माण से सम्बन्धित है जिसमें राजनैतिक संकल्प की पूर्ति होती है। साथ ही सामाजिक परिवर्तन सम्भव होता है। काश हम भाषा के प्रयोजनमूलक स्वरूप को ठीक से समझते और भाषा की प्रकृति के साथ खिलवाड़ नहीं करते।

भाषा और संप्रेषण

—गोपाल शर्मा

"भाषा" शब्द का प्रयोग बहुत व्यापक संदर्भ में होता है। मनुष्यमात्र की प्रत्येक बोली को "भाषा" कहा जाता है। देश की भाषा को भी "भाषा" कह देते हैं। व्यक्ति-विशेष और जाति-विशेष की बोलियों को भी "भाषा" कह देते हैं जैसे गाँधी जी की भाषा और हिन्दुओं की भाषा इसी प्रकार विभिन्न जातियों और स्थानों की भाषा भी होती है। "भाषा" शब्द का सामान्य व्यवहार में प्रयोग इस शब्द के लचीलेपन को दर्शाती है। "मैं आपकी भाषा नहीं समझा" इसका अर्थ है कि मैं आपकी भाषा विशेष नहीं जानता और यह भी हो सकता है कि आपकी भाषिक अभिव्यक्ति इतनी क्लिष्ट है कि समझी नहीं जा सकती।

"भाषा" शब्द की अनेक परिभाषाएँ हैं। कुछ भाषा के सामान्य अर्थ पर केन्द्रित हैं कुछ किसी विशिष्ट अभिप्राय की द्योतक है। कुछ व्याकरण, स्वनिम विज्ञान और अर्थ विज्ञान को और ध्यान आकृष्ट करती हैं। कुछ भाषा के विविध प्रकार्यों पर जोर देती हैं। कुछ भाषाएँ और सम्प्रेषण की विधियों को रेखांकित करती हैं और कुछ मानव और मानवेतर संप्रेषण में अन्तर करते हुए भाषा को मानवीय संप्रेषण का माध्यम बताती है। भाषा के सम्बन्ध में कुछ परिभाषाएँ सामान्य कथन मात्र हैं और कुछ परिभाषाएँ भाषा का विस्तृत अर्थ लेती हैं। इसलिए आजकल भाषा विषयक पुस्तकें भाषा की परिभाषा देने के स्थान पर इसके अभिलक्षण देना अधिक उचित मानती हैं।

भाषा का महत्त्व भारतीय भाषावैज्ञानिक दृष्टि में और पाश्चात्य दृष्टि में किंचित भिन्न है। भारतीय भाषाशास्त्रीय चिन्तन आधुनिक भाषा विज्ञान की यह परिभाषा कि "विचार विनिमय के साधनभूत मुखोच्चरित ध्वनि-प्रतीकों की व्यवस्था का नाम भाषा है" को अपर्याप्त मानता है। भाषा की चार अवस्थाओं का वर्णन करते हुए अनिल विद्यालंकार ने स्प्ष्ट किया है कि—

विचार करने पर भाषा हमारे मस्तिष्क के अन्दर उत्पन्न होनेवाले शब्दों की एक अविच्छिन्न धारा प्रतीत होती है। ये शब्द प्रायः बोली और लेखन के रूप में बाहर निकलते हैं, लेकिन शिक्षा और सभ्यता के विकास के साथ वे अधिकतर

आन्तरिक भाषा और विचारों के रूप में हमारे अन्दर ही तरंगायित होते रहते हैं।

भाषा की चार अवस्थाओं यथा वैखरी, मध्यमा, पश्यन्ती और परा जिनका विशद विवेचन भर्तृहरि के वाक्य पदीय एवं अन्य ग्रन्थों के आधार पर प्रो. विद्यालंकार ने किया है उससे स्पष्ट होता है कि भारतीय चिन्तन प्रणाली में प्रारम्भ से ही भाषा को इन चारों अवस्थाओं के साथ उसमें समग्र रूप में देखने का प्रयत्न किया गया है।

वाणी के चार पद हैं जिन्हें मेधावी विद्वान ही जानते हैं इनमें तीन मनुष्य के अन्दर निहित होने के कारण बाहर प्रकट नहीं होते। वाणी के चौथे रूप को ही मनुष्य बोलते हैं।

भारतीय भाषा विषयक चिन्तन सदा से ही भाषा को उसके समग्ररूप में देखने का प्रयत्न करता है। यहाँ भाषा को महेश्वर एवं ब्रह्म से जोड़ा जाता है। भारत के सुप्रसिद्ध वैयाकरण महर्षि पंतजलि ने अपने महाभाष्य में भाषा का लक्षण करते हुए लिखा है कि "जो वाणी वर्णों में व्यक्त होती है उसे भाषा कहते हैं।"[1] आधुनिक समय के हिन्दी व्याकरणाचार्य कामता प्रसाद गुरु ने लिखा है कि "भाषा वह साधन है जिसके द्वारा मनुष्य अपने विचार दूसरों पर भली-भाँति प्रकट कर सकता है और दूसरों के विचार आप स्पष्टतया समझ सकते हैं–।" डॉ. बाबू राम सक्सेना का विचार है कि "जिन ध्वनि चिन्हों द्वारा मनुष्य परस्पर विचार-विनिमय करता है, उनको समष्टि रूप में भाषा कहते हैं।"

पाश्चात्य विद्वानों ने भी भाषा की विविध रूप में परिभाषा की है। लॉयन्स ने इस परिचर्या को प्रारम्भ करते हुए अपनी पुस्तक में लिखा है–

"भाषा क्या है?" इस प्रश्न की तुलना और कोई कहेगा इतना बुद्धिमत्ता पूर्ण नहीं है-- एक अन्य प्रश्न से की जा सकती है–जीवन क्या है?

जॉन एस.सर्ल ने भी शब्दों की व्यवस्था पर आश्चर्यचकित होकर अपनी पुस्तक के प्रारम्भ में शब्दों के बारे में दार्शनिक के रूप में जो चिन्तन किया है वह भी भाषा के विषय में विद्वानों की जिज्ञासा का प्रमाण है।

शब्द संसार से कैसे सम्बन्धित है? यह किस प्रकार सम्भव है कि जब एक वक्ता श्रोता के सामने खड़ा होकर ध्वनि नाद करता है कि ऐसी बातें होती हैं जैसे वक्ता का अर्थ कुछ होता है, जो ध्वनि वह निकालता है उसका अर्थ कुछ होता है श्रोता यही समझता है जो मन्तव्य होता है।

1. भाषा भावनाओं, इच्छाओं और विचारों के संप्रेषण की शुद्ध रूप से मानवीय एवं सहजात विधि है जिसमें स्वैच्छिक रूप से उत्पन्न ध्वनि संकेतों का प्रयोग किया जाता है।

---

1. David crystal (1987) The Cambridge encyclopedia of language, page: 396

2. भाषा उस व्यक्त ध्वनिचिह्नों की पद्धति को कहते हैं जिसके माध्यम से समाज समूह समग्र संस्कृति के अनुसार परस्पर व्यवहार करते हैं[1]।
3. "भाषा वाक्यों का एक परिमित अथवा अपरिमित" समुच्चय है, जिसमें प्रत्येक वाक्य की लम्बार्थ परिमित होती है तथा वह तत्त्वों के परिमित समुच्चय से निर्मित होता है।"[2] (ए. एल. चॉम्स्की–1957)
4. भाषा वह संस्था है जिसके द्वारा मानव परस्पर विचार संप्रेषण एवं व्यवहार करते हैं और जिसके लिए मौखिक व्यक्त ध्वनि चिह्नों का प्रयोग आदत के रूप में करते हैं।[3] (आर.ए.हल. 1964)

उपरोक्त भारतीय एवं पाश्चात्य परिभाषाओं को देखने से पता चलता है कि या तो विद्वान इसे रूढ़िगत ध्वनि संकेतों के अर्थ में लेते हैं और या इसे संप्रेषण का माध्यम मानते हैं। कुछ विद्वान भाषा को सम्प्रेषण व्यवस्था का साधन मानते हुए भी इसे मानव-मुखोच्चरित यादृच्छिक ध्वनि प्रतीकों की व्यवस्था को भी मानते हैं।

भाषा की परिभाषाओं को भाषा के व्यवस्था सम्बन्धी दृष्टिकोण से देखने पर स्पष्ट होता है प्रत्येक भाषा में दो प्रकार की व्यवस्थाएँ निहित हैं एक ध्वनि व्यवस्था और दूसरी अर्थ की व्यवस्था। भाषा का प्रयोगकर्त्ता इस व्यवस्था को आत्मसात् करते हुए मानव मुख से उच्चरित अनेक ध्वनियों में से कुछ ध्वनियों का प्रयोग ही करता है। उदाहरणार्थ जल के लिए आब, वॉटर, तन्नी, पानी आदि शब्द भिन्न-भिन्न भाषाओं में हैं इन सबका एक ही अर्थ है किन्तु एक भाषा का जानकार अपनी भाषा के ध्वनि प्रतीकों को ही समझ पाता है। यह व्यवस्था जिन उपव्यस्थाओं को जन्म देती है उनकी जानकारी भी अपनी भाषा के सन्दर्भ में व्यक्ति को हो जाती है किन्तु किसी भी अपरिचित भाषा के विशिष्ट लक्षण बता सकना बहुत कठिन है। अंग्रेजी भाषा से अपरिचित व्यक्ति यह नहीं बता सकता कि अंग्रेजी में कितने स्वर और कितने व्यंजन हैं। हिन्दी भाषा से अपरिचित व्यक्ति भी हिन्दी की ध्वनि एवं वर्ण व्यवस्था के विषय में कुछ नहीं कह सकता।

भाषा का दूसरा महत्त्वपूर्ण लक्षण जो उक्त परिभाषाओं से स्पष्ट होता वह है भाषा का समाज संदर्भित होना। भाषा की परिभाषा में भाषा का सामाजिक द्विपक्षीय

---

1. A language is a system of arbitrary vocal symbols by means of which the members of a society interact in terms of their total culture. (G. Trager, 1949)
2. A language is a set (finite or infinite) of sentences, each finite in length and constructed out of a finite set of elements (A.N. Chomsky — 1957)
3. Language is 'the institution where by humans communicate and interact with each other by means of habitually used oral — auditory arbitrary symbols. (R.A. Hall, 1964)

रूप उभर कर आता है। भाषा प्रयोग की स्थिति में वक्ता के साथ-साथ ही श्रोता का होना भी आवश्यक है। भाषा संभाषण के लिए प्रयुक्त होती है और भाषा की सम्प्रेषणात्मक शक्ति ही भाषा को अपरिमित शक्ति सम्पन्न बनाती है। भाषा स्वगत भाषण या एकालाप न होकर शाब्दिक घटना होती है। भाषा की परिभाषा का सर्वाधिक महत्त्वपूर्ण शब्द है – सम्प्रेषण। यही भाषा का मूल आधार है। मानव स्वभावतः दूसरों के साथ सदैव सम्प्रेषणरत रहना चाहता है। सम्प्रेषण और आपसी वार्तालाप की इच्छा मानव में इतनी तीव्र है कि लोग घण्टों बिना किसी विषय के बोलते चले जाते हैं। घर में कोई सुने या न सुने लोग टी.वी., रेडियो खुला रखते हैं। लड़-झगड़ कर और रूठने की अवस्था में भी स्त्रियाँ– और बच्चे आपसी वार्तालाप की कडियाँ जोड़ने की चेष्टा करते रहते हैं। न बोलने का उपक्रम करना कितना कठिन है यह किसी से भी जाना जा सकता है। भाषिक सम्प्रेषण की सुविधा यदि मानव को उपलब्ध न होती तो समाज में मिलजुलकर रहना, परिवार की स्थापना, अन्य सामाजिक संस्थाओं की अभिवृद्धि और अन्य सांसारिक क्रियाएँ असम्भव हो जातीं। आपस में प्रेम व्यवहार ही नहीं लड़ाई-झगड़ा भी भाषा की अभिलाषा रखता है। अमेरिकी मानव-विज्ञानी व भाषा-विज्ञानी चार्ल्स एफ. हॉकिट ने अपनी पुस्तक के अन्तिम वाक्य में भाषा के सम्प्रेषणात्मक पक्ष को संक्षिप्त एवं सारगर्भित अभिव्यक्ति दी है – "मनुष्य रोटी के लिए ही नहीं जीता है, उसकी दूसरी आवश्यकता सम्प्रेषण है।[1]

सम्प्रेषण के विषय में यह कहना आवश्यक है कि मानवीय सम्प्रेषण में जिस प्रकार भाषिक और भाषेतर दोनों माध्यमों का सार्थक प्रयोग होता है वैसा अन्य प्राणियों के सन्दर्भ में कहना कठिन है। मधुमक्खियों, कौओं, वन-मानुषों, डॉलफिनों और तोतों आदि के संप्रेषणगत व्यवहार को अपने अध्ययन का विषय बनाने वाले विद्वानों ने जान्तव सम्प्रेषण व मानवीय सम्प्रेषण में गुणात्मक एवं मूलभूत अंतर पाया है। मानवीय भाषाओं की सम्प्रेषणात्मक सामर्थ्य असीमित होती है। भाषा वस्तुतः "मानव-विशिष्ट एवं मानव – सार्वभौम" है अर्थात् मानव मात्र ही और समस्त मानव भाषा का प्रयोग सम्प्रेषण के लिए कर सकते हैं किन्तु भाषा के विशिष्ट रचना-लक्षण किसी भी प्रकार के मानवेतर सम्प्रेषण में नहीं पाए जाते। मानव भाषा के अभिकल्प लक्षण जो भाषा की अपनी संप्रेषण प्रकृति से सम्बद्ध करते हैं और मानव भाषा को अन्य सम्प्रेषण व्यवस्था से अलग करते हैं वे हॉकिट के अनुसार सात अभिलक्षण हैं जो मानव भाषा में एक साथ विद्यमान हैं और मानवेतर भाषा सम्प्रेषण व्यवस्था में एक साथ दिखाई नहीं देते – द्वयात्मकता,

1. Charless F. Hockett (1958), Page 585 – A course in modern linguistics. Man does not live by bread alone, his other necassity is communication.

उत्पादन, क्षमता, यादृच्छिकता, व्यतिहारिता, विस्थापन, विशेषज्ञता और सांस्कृतिक संचारण।[1]

मानव इस चित्तवृत्ति को लेकर पैदा होता है। उसके मस्तिष्क में ऐसी क्षमता विद्यमान है जिससे वह भाषा-अर्जन (एक्विजिशन) करता है। बच्चे को कोई भाषा सिखाता हो ऐसी बात नहीं है। बालक सहजात रूप से समाज को सदस्य के रूप में भाषा सीखता चलता है। वास्तव में यह सीखना उन अर्थों में नहीं है जिन अर्थों में भाषा कक्षा के परिवेश में सीखी जाती है। वह भाषा का अर्जन करता है। सीखना जहाँ औपचारिकता पूर्ण वातावरण में होता है बालक का भाषा-गृहण करना अनौपचारिक वातावरण में समाज की खुली पाठशाला में होता है। भाषा अर्जन का यह क्रम इसलिए भी अबाध गति से चलता रहता है, क्योंकि भाषा में सर्जनात्मकता होती है। अर्थात् भाषा की अपनी व्यवस्था के आधार पर वक्ता सन्दर्भ, परिस्थिति, परिवेश और श्रोता को समझकर जो भी बोलता है वह पूर्व-निर्धारित कदापि नहीं होता।

भाषा सम्प्रेषण व्यवस्था के लिए आवश्यक उपादान है। सम्प्रेषण मूलतः एक सामाजिक प्रक्रिया है और मनुष्य को सामाजिक प्राणी इसीलिए कहा जाता है क्योंकि वह समाज में भाषा-प्रयोग द्वारा अपना स्थान निश्चित करता है। उसके अस्तित्व के लिए भाषा आवश्यक ही नहीं अनिवार्य भी है। गूंगे बहरों को कदाचित इसी अक्षमता के कारण समाजीकरण में कठिनाई होती है। मानव को सामाजिक प्राणी होने के नाते भाषा के रूप में एक ऐसी व्यवस्था अनायास ही प्राप्त हो जाती है, जिसके प्रयोग द्वारा वह विभिन्न सामाजिक सन्दर्भों में विभिन्न भूमिकाएँ निभा पाता है। भाषा, समाज और भाषिक विकल्पन (वैरिएशंस) की अवधारणा के अन्तर्गत प्राप्त हुई दृष्टि से यह ज्ञात होता है कि भाषा विषमरूपी (हैट्रोजेनस) है। भाषा-प्रयोक्ता को भाषा-प्रयोग के अनेक विकल्प मिलते हैं। भाषा का सही प्रयोग उन सभी विकल्पों के जाने बिना नहीं हो सकता। भाषा-शिक्षण के लिए भी इन विकल्पों की जानकारी होनी चाहिए। प्रयोक्ता भाषा का प्रयोग करते समय स्वतन्त्र होता है कि वह उपलब्ध विकल्पों में से किसका प्रयोग करें। भाषा प्रयोग में प्रयोक्ता की सामाजिक, क्षेत्रीय, शैक्षिक और सांस्कृतिक पृष्ठभूमि का प्रभाव पड़ता है। प्रयोक्ता की भूमिका से भी भाषा बदल जाती है। प्रयोक्ता मैं और हम, तुम, तू और आप आदि विकल्पों में से कब किस को चुनता है यह निर्धारित करना वक्ता और श्रोता के पारस्परिक सम्बन्ध, भूमिका और अवसर पर निर्भर करता है। भाषा शिक्षण की योजना और कार्यान्वयन के समय भाषा के अभिकल्प

1. Charless F. Hockett (1958) page 574 — A course in modern linguistics. duality, productivity, arbitreriness, interchange ability, specialization, displacement, cultural transmission.

अभिलक्षण, भाषा का सामाजिक स्वरूप और भाषिक विकल्पन के रूप में उपलब्ध अनेक सुविधाओं को स्मरण रखना आवश्यक है। भाषा मात्र ध्वनि समूह नहीं है इसका प्रयोग मानव यंत्रवत रोबोट के समान नहीं करता। भाषा मानव मन और उसके व्यक्तित्व से प्रभावित होती है और समाज और जीवन से भी सम्पृक्त रहती है। भाषा सम्प्रेषण का माध्यम भी है, लक्ष्य भी और साधन भी। इस सम्बन्ध में श्रीवास्तव (1992) के विचार उल्लेखनीय हैं[1]—

> "भाषा मात्र सम्प्रेषण का साधन ही नहीं, यह व्यक्ति को सामाजिक बनाने का समर्थ माध्यम भी है। इसके सहारे व्यक्ति समाज से जुड़ता है और उस जुड़ने की प्रक्रिया में सामाजिक बनता चलता है। भाषा अधिगम (लर्निंग/शिक्षण) एक अनवरत प्रक्रिया है जिसमें भाषा से समाज, संस्कृति और समाज, संस्कृति से सामाजिक व्यक्तित्व के निर्माण की स्थिति है।"

---

1. रवीन्द्र नाथ श्रीवास्तव : भाषा-शिक्षण प्र. 37

तकनीकी शब्दावली की विकासयात्रा

—सूरज भान सिंह

ज्ञान और शब्दावली का विकास एक साथ होता है। हर नया ज्ञान भाषा से शब्दावली और अभिव्यक्ति की माँग करता है। जो अन्वेषक नए ज्ञान या विचार को जन्म देता है वही उसे नाम या शब्द भी देता है। सामाजिक ग्राह्यता और मानकता पाने के लिए इस शब्द को प्रयोग की एक लम्बी प्रक्रिया से गुजरना पड़ता है। मौलिक ज्ञान के साथ विकसित तकनीकी शब्द के विकास की यह एक सहज और प्राकृतिक प्रक्रिया है।

इसके विपरीत जो देश अन्य देशों में विकसित नए वैज्ञानिक और तकनीकी ज्ञान को उधार लेकर अपनी भाषा में उतारना चाहते हैं वहाँ शब्दावली विकास की प्रक्रिया एक भिन्न मार्ग का अनुसरण करती है। यह प्रक्रिया प्राकृतिक और सहज नहीं, सायास और नियोजित होती है, जिसमें तकनीकी शब्दों का नहीं बल्कि तकनीकी पर्यायों या समानार्थी शब्दों का विधान किया जाता है। मूल तकनीकी शब्द सीधे मूल संकल्पना से जुड़ा होता है, लेकिन पर्याय सामान्यतः उस संकल्पना के द्योतक किसी अन्य भाषा के शब्द का अनूदित रूप होता है। अन्वेषक के दिए नाम या शब्द पर कोई विवाद सम्भव नहीं, लेकिन पर्याय प्रायः विवाद के घेरे में रहता है क्योंकि पर्याय का एकाधिक होना उसकी प्रकृति में ही है। पर्याय अन्वेषक की कृति नहीं; अनुवादक, लेखक या विषय विशेषज्ञ उसका निर्माता होता है, जो केवल सूचना को एक भाषा से दूसरी भाषा में अन्तरित करने का काम करता है।

इस असहज प्रक्रिया से सम्पन्न होने वाला शब्दावली निर्माण सम्बन्धी कोई भी उपक्रम शब्दावली नियोजन और प्रबन्धन की अपेक्षा करता है। इस प्रकार के किसी भी नियोजन में कम से कम चार बातों का ध्यान रखना जरूरी है: (1) लक्षित भाषा समाज की समाज भाषावैज्ञानिक वास्तविकताएँ, (2) शब्द-निर्माण का व्याकरणिक विधान, (3) प्रयोक्ता से प्राप्त फीडबैक, और (4) भाषा विकास के राष्ट्रीय और सामाजिक सत्य।

भारतीय सन्दर्भ और भाषा आधुनिकीकरण

भारतीय भाषाओं में तकनीकी शब्दावली के निर्माण और विज्ञान की पुस्तकों के लेखन के छिटपुट प्रयास स्वतंत्रता से काफ़ी पहले शुरू हो चुके थे, जैसे गुजराती में प्रो. टी.के. गुज्जर (1888), नागरी प्रचारिणी सभा (1898-1906) और दांते कर्वे (1948)। स्वतन्त्रता के बाद जब समाज की सम्प्रेषण व्यवस्था में भारतीय भाषाओं को नई भूमिकाएँ प्रदान की गयीं, तब इन भाषाओं को राजभाषा, आधुनिक ज्ञान-विज्ञान और टेक्नालाजी की नई भाषिक माँगों को पूरा करने के लिए सक्षम और समृद्ध करने की आवश्यकता पड़ी। यहीं से भारतीय भाषाओं के आधुनिकीकरण और मानकीकरण की प्रक्रिया शुरू हुई। तकनीकी शब्दावली का निर्माण इसी प्रक्रिया का एक अंग है।

ऐसे भाषा समाज में जहाँ नई शब्दावली का विकास प्राकृतिक प्रक्रिया से न होकर अनुवाद पर्यायों और नवनिर्मितियों के आधार पर हो, वहाँ विभिन्न भाषिक और सामाजिक दृष्टिकोणों का टकराव अवश्यंभावी है। भारत में तीन परस्पर विरोधी विचारधाराओं ने शब्दावली निर्माण के कार्य को अत्यन्त प्रभावित किया।

एक ओर शुद्धतावादी विचारधारा के प्रतिनिधि डॉ. रघुवीर ने समस्त अंग्रेज़ी शब्दों के बहिष्कार का संकल्प कर, संस्कृत की 520 धातुओं की सहायता से एक अंग्रेज़ी-हिन्दी तकनीकी कोष (1955) तैयार किया जिसमें वहित्रयान (मोटर कार), कूपी (बॉटल) और द्विचक्र (bicycle) जैसे पर्यायों की भरमार थी। लेकिन भौतिकी (Physics), अभियन्ता (Engineer) तथा पंजीकरण (registration) जैसे शब्द भी थे, जो बाद में ग्राह्य हो गये।

दूसरी ओर हिन्दुस्तानी कल्चर सोसाइटी के प्रमुख पं. सुन्दरलाल ने संस्कृत आधारित शब्दों का बहिष्कार कर हिन्दुस्तानी, उर्दू तथा बोलचाल के शब्दों के आधार पर तकनीकी शब्दावली बनाने का संकल्प किया। इस आधार पर हैदराबाद से प्रकाशित अंग्रेज़ी-हिन्दी कोश (1953) में नार्मलियाना (normalise), स्टैन्डर्डियाना (Standardise), पलटकारी (reactionary) और मसनदी (Chairman) जैसे पर्याय दिए गये।

तीसरी ओर एक विचारधारा उन वैज्ञानिकों, वकीलों और उच्च अधिकारियों की थी जो अंग्रेज़ी शब्दों का अनुवाद न कर उन्हें वैसे ही देवनागरी में लिख दिए जाने के पक्ष में थे, जैसे ब्लड, टेम्परेचर, फिजिक्स आदि।

हिन्दी भाषा-भाषी समाज ने तीनों में से किसी भी दृष्टिकोण को पूर्णतः स्वीकार नहीं किया, क्योंकि एक की दृष्टि केवल भाषा-व्याकरण पर थी प्रयोक्ता पर नहीं, दूसरे की दृष्टि केवल भाषा-समाज पर थी भाषा-व्याकरण पर नहीं और तीसरे की दृष्टि केवल मौखिक भाषा रूपों के प्रतिमान हर भाषा-समाज में अलग होते हैं, यह भाषिक सत्य वे नहीं समझ सके।

इसी बीच कुछ विद्वानों, लेखकों तथा राज्य सरकारों ने अति उत्साह में आकर तकनीकी शब्दों की अपनी-अपनी टकसालें खोल लीं। फलतः शीघ्र ही बहुपर्यायों की भीड़ सामने आने लगी और तकनीकी शब्दावली की मानकता, सूक्ष्म अर्थ भेदकता और प्रयोग समरूपता, जो किसी भी तकनीकी शब्द के प्राथमिक गुण हैं, नष्ट होती दिखाई देने लगी। यह भी भाषा आधुनिकीकरण का एक प्रतिफलन था। भाषा आधुनिकीकरण भाषा की प्रयोग सम्भावनाओं का विस्तार है, लेकिन निर्बंध विस्तार अराजकता की स्थिति पैदा कर सकता है। इस निर्बंध विस्तार को मर्यादित कर समरूपता स्थापित करने का विधान ही मानकीकरण है।

अतः तकनीकी शब्दावली के क्षेत्र में मानक पर्यायों का विकास करने और अखिल भारतीय स्तर पर सभी भारतीय भाषाओं के लिए शब्दावली निर्माण के सिद्धान्त निरूपित करने के उद्देश्य से भारत सरकार ने 1961 में वैज्ञानिक तथा तकनीकी शब्दावली आयोग की स्थापना की। परस्पर विरोधी विचारधाराओं के बीच संतुलन स्थापित करते हुए आयोग ने शब्दावली विकास के जो सिद्धांत बनाए उनमें से चार विशेष उल्लेखनीय हैं:

(क) अन्तरराष्ट्रीय तकनीकी शब्दों तथा कुछ विशेष कोटि के प्रचलित अंग्रेज़ी शब्दों को देवनागरी में लिप्यंतरित कर ग्रहण कर लिया जाए (प्रोटीन, मीटर); (ख) परम्परा से प्राप्त हिन्दी, उर्दू-हिन्दुस्तानी, अरबी-फारसी व तत्सम शब्दों को यथावत ग्रहण कर लिया जाए (दस्तावेज, शिनाख्त), (ग) अन्य भारतीय भाषाओं में उपलब्ध तकनीकी शब्दों को आवश्यकतानुसार ग्रहण कर लिया जाए (साजगृह green room, बंगला) और (घ) इन सबके बावजूद भी नए शब्दों का निर्माण जरूरी हो तो संस्कृत को आधार स्वीकार किया जाए जिसमें सरलता का विशेष ध्यान रखा जाए।

तब से लेकर अब तक विभिन्न ज्ञान-शाखाओं के पाँच लाख से अधिक तकनीकी शब्द विकसित किए जा चुके हैं जो विषयवार पारिभाषिक शब्दों के रूप में उपलब्ध हैं। प्रयोग प्रसार की दृष्टि से अब ये सभी शब्द कंप्यूटर आधारित राष्ट्रीय शब्दावली बैंक के डाटाबेस में संचित व संसाधित किए जा चुके हैं जिससे कोश निर्माण प्रक्रिया में गति लाने के अतिरिक्त इन्हें निकनेट (NIC NET) उपग्रह के जरिए देश के विभिन्न केन्द्रों में तुरन्त प्रसारित किया जा सके।

मानकता का प्रश्न : एक मूल्यांकन

मानकता तथा सामाजिक ग्राह्यता की दृष्टि से पिछले तीन-चार दशकों के दौरान विकसित तकनीकी शब्दावली का आकलन आज आवश्यक प्रतीत होता है।

कोई भी तकनीकी पर्याय केवल अर्थ निर्धारित कर देने मात्र से मानक नहीं हो जाता। मानकीकरण प्रक्रिया के दो प्रमुख सोपान हैं—कोडीकरण और विस्तारीकरण। कोडीकरण का तात्पर्य है "रूपों की विविधता को कम से कम करना।" शब्दावली

के सन्दर्भ में इसका तात्पर्य है किसी शब्द के प्रचलित या उपलब्ध एक से अधिक पर्यायों में से एक का चयन कर उसे उस अर्थ में स्थिर या रूढ़ करना। इसका प्राप्य लक्ष्य है—एक रूप (शब्द) एक अर्थ।

दूसरा सोपान विस्तारीकरण है जिसका तात्पर्य है "व्यवहार या प्रकार्य की विविधता को अधिक से अधिक बढ़ाना।" दूसरे शब्दों में, कोडीकृत या चयन किए गए पर्यायों का अधिक से अधिक व्यवहार क्षेत्रों में प्रयोग सुनिश्चित कर उन्हें प्रयोगसिद्ध बनाना। इसी सोपान में इन तकनीकी पर्यायों का प्रयोग परीक्षण, पुनरीक्षण और संशोधन भी होता है और इन्हें सामाजिक स्वीकृति या अस्वीकृति मिलती है।

यदि हिन्दी के सन्दर्भ में आकलन करें तो एक स्पष्ट निष्कर्ष यह निकलता है कि पर्यायों के चयन या कोडीकरण सोपान का अधिकांश काम पूरा हो चुका है लेकिन व्यापक प्रयोग-प्रसार का सोपान अभी अधूरा है। शब्दावली का व्यापक प्रयोग-प्रसार सुनिश्चित करना शब्दावली निर्माण की अपेक्षा अधिक मुश्किल काम है। इसके लिए एक कल्पनाशील रणनीति की आवश्यकता है, जैसे—उच्च शिक्षा में माध्यम परिवर्तन सुनिश्चित करना, लक्ष्य वर्ग (प्रयोक्ताओं) से संपर्क स्थापित करना, सामाजिक ग्राह्यता और प्रयोगवत्ता की दृष्टि से शब्दावली प्रयोग का फील्ड सर्वेक्षण करना, शब्दावली के सम्बन्ध में जागरूकता पैदा करना, निर्मित शब्दावली का पाठलेखन के स्तर पर प्रयोगपरीक्षण करना, उपयुक्त तकनीकी लेखन शैली का विकास करना और समस्त कोशिनिर्माण प्रक्रिया का आधुनिकीकरण करना।

दूसरा निष्कर्ष यह निकलता है कि जिन विषयों या व्यवहार – क्षेत्रों में हिन्दी के माध्यम से लेखन या अध्ययन-अध्यापन का कार्य हो रहा है (जैसे– प्रशासन, सामाजिक विज्ञान विषय या स्नातक स्तर तक विज्ञान) वहाँ उन विषयों से सम्बद्ध नवविकसित तकनीकी शब्दावली का प्रयोग परीक्षण हो रहा है और आयोग के अधिकांश शब्दों को सामाजिक स्वीकृति मिल रही है। कुछ शब्दों के एकाधिक पर्याय सामाजिक स्वीकृति के लिए अभी भी संघर्षरत हैं। कुछ शब्द हताहत भी हुए हैं। इसके विपरीत जिन विषयों में हिन्दी माध्यम ही स्वीकृत नहीं हुआ है (जैसे आयुर्विज्ञान, इंजीनियरी, प्रबन्धविज्ञान और उच्च विज्ञान) उनमें नई शब्दावली को प्रयोग-परीक्षण का अवसर ही नहीं मिल पाया है। अतः उन विषयों की शब्दावली की सामाजिक ग्राह्यता के सम्बन्ध में कोई अन्तिम निर्णय देना सम्भव नहीं।

समाज द्वारा ग्राह्य तकनीकी शब्दों पर एक नज़र डालें तो पता चलेगा कि जो शब्द किसी माध्यम से बार-बार जन सामान्य के समक्ष आते रहे वे शीघ्र ही ग्राह्य हो गए जैसे वायुप्रदूषण, पर्यावरण, प्रक्षेपास्त्र, प्रतिभूति, अन्तरिक्ष आदि। दूसरे शब्द न सरल होते हैं न कठिन। वे या तो परिचित होते हैं या अपरिचित।

तीसरा निष्कर्ष यह निकलता है कि भारत जैसे बहुभाषी देश में बहुपर्यायता

या एक ही तकनीकी शब्द के लिए एकाधिक पर्यायों का प्रचलन एक सामान्य बात है। हिन्दी और उर्दू स्वयं पर्यायों की दो समानान्तर शैलियाँ प्रस्तुत करती हैं (निर्वाचन - चुनाव, विधि - कानून)। लेकिन द्रष्टव्य है, बहुपर्यायता कई अन्य तत्वों की भी माँग हो सकती है जैसे पाठकवर्ग, विषय, सन्दर्भ और सम्प्रेषण की रीति। उदाहरण के लिए, मौखिक तथा लिखित संप्रेषण या दूरदर्शन और संगोष्ठी के संप्रेषण में दो अलग-अलग पर्यायों की माँग हो सकती है। इसी प्रकार अनुसंधानपरक, छात्रोपयोगी और लोकप्रिय विज्ञान-लेखन में तकनीकी पर्यायों के चयन के मानदण्ड अलग-अलग हो सकते हैं। इसीलिए कई बार यह आवाज भी उठती है कि भारतीय समाज की भाषिक क्षमता और भारत में विज्ञान-लेखन की प्रारम्भिक अवस्था को ध्यान में रखते हुए हमें मानकता के प्रतिमान में कुछ लचीलापन लाना चाहिए और तकनीकीपन की थोड़ी कीमत चुकाकर भी हमें किंचित् शिथिल लेकिन सुग्राह्य शब्दावली का प्रयोग करना चाहिए। इस तर्क में सामाजिक वज़न है इससे इनकार नहीं किया जा सकता। यदि वज़न न होता तो जो लेखक दुर्बोध तकनीकी पर्यायों के बजाय अंग्रेज़ी शब्द को देवनागरी में ही लिखकर प्रस्तुत कर देते हैं उन्हें समाज क्यों अघोषित स्वीकृति देता?

उपर्युक्त परिवेश में अगर हम आयोग की शब्दावली की बुनावट को गौर से देखें तो इसके पीछे कम से कम चार दृष्टिकोणों का बिम्ब साफ़ नज़र आएगाः

1. एक अर्थ के लिए यथासंभव केवल एक पर्याय निर्धारित करने का आग्रह, जिससे समानधर्मी शब्दों के बीच सूक्ष्म तकनीकी अर्थभेद की रक्षा हो सके। इसका एक प्रासंगिक परिणाम यह हुआ कि अर्थ की दृष्टि से शिथिल लेकिन लोकप्रचलित कई पर्यायों को कोश में स्थान नहीं मिल पाया।
2. पर्यायों के चयन में अधिक प्रचलित होते हुए भी अनुर्वर (बाँझ) शब्दों के बजाय उर्वर शब्दों को प्राथमिकता देने का आग्रह, क्योंकि उर्वर शब्दों से अनेक शब्द व्युत्पन्न किए जा सकते हैं (विमान-हवाई जहाज, विधि-कानून)।
3. तकनीकी शब्दावली को अखिल भारतीय स्वरूप प्रदान करने का आग्रह, जिसके फलस्वरूप पर्यायों के चयन में प्रायः संस्कृत मूल शब्दों को प्राथमिकता मिली, क्योंकि अधिकांश भारतीय भाषाओं में संस्कृत शब्द हिन्दुस्तानी या उर्दू शब्दों की तुलना में अधिक बोधगम्य हैं।
4. पर्यायों के चयन तथा निर्माण में परम्परागत तथा गैरपरम्परागत युक्तियों का प्रयोग जैसे—परम्परा से प्राप्त शब्द (विषुवतरेखा, मुआवजा), नया अर्थ देकर प्राचीन अथवा अप्रचलित शब्दों का पुनरुद्धार (संसद, आकाशवाणी), अर्थ संकोच तथा अर्थविस्तार (जनगणना, लाभांश),

संयोगात्मकता (आस्थगन, वनस्पतिकी), संकर/मिश्रपद्धति (शेयरधारक, आयनीकरण), शब्दसर्जन या नवनिर्मिति (संकाय, अभियंता), शब्दग्रहण (प्रोटीन, हीटर), शब्द अनुकूलन (तकनीकी, एवेलांश, अकादमी), शाब्दिक अनुवाद (हरित क्रान्ति, वामपन्थी), भावानुवाद (obstetrics प्रसूति, amorous bite विषकन्या दंश।)

सामाजिक ग्राह्यता की दृष्टि से शब्द निर्माण की इन युक्तियों की क्या भूमिका रही यह बताना कठिन है, क्योंकि तकनीकी शब्द के प्रकट अर्थ और उसके निहित अर्थ में हमेशा तर्कसंगति या कार्यकारण सम्बन्ध हो यह आवश्यक नहीं, जैसे—computer virus, mouse.

निष्कर्षतः यह स्वीकार करने में कोई आपत्ति नहीं कि किंचित् समस्याओं के बावजूद, आयोग की शब्दावली मानकीकरण की प्रक्रिया में एक नॉर्म या सन्दर्भ शब्दावली के रूप में अपना महत्त्व रखती है। इसकी उपस्थिति जहाँ एक ओर यह सुनिश्चित करती है कि लेखक या अनुवादक प्रामाणिक शब्दावली के अभाव में अपनी-अपनी अलग टकसाल खोलकर तकनीकी शब्दावली के क्षेत्र में अराजकता पैदा न करें, वहीं यह भी सुनिश्चित करती है कि किसी शब्द की उपयुक्तता सिद्ध न होने पर ही प्रयोक्ता अन्य वैकल्पिक पर्याय प्रस्तुत करे। इनमें से अन्ततः कौन-सा पर्याय मान्य होगा, इसका निर्णय प्रयोक्ता करेगा, शब्द निर्माता नहीं।

सांस्कृतिक पाठ का अनुवाद : शब्द चयन का सन्दर्भ

—गुर्रमकोंडा नीरजा

अनुवाद कार्य, अनूदित पाठ एवं समतुल्यता के रूप में अनुवाद को समझने के लिए 'अनुवाद सिद्धान्त' एक महत्त्वपूर्ण रूप से सहायक बिंदु है। इसे अनुवाद विद्या, अनुवाद विज्ञान और अनुवादिकी भी कहा जाता है। 'अनुवाद सिद्धान्त' का उद्भव मूल रूप से अनुप्रयुक्त तुलनात्मक पाठ संकेत विज्ञान से माना जाता है। यहाँ 'तुलनात्मक' शब्द से स्पष्ट है कि अनुवाद का सम्बन्ध दो भाषाओं से है। दोनों भाषाओं की अपनी-अपनी प्रवृत्ति होती है। दोनों की तुलना अर्थ, वाक्य एवं सन्दर्भ के अनुसार करनी पड़ती है। अतः अर्थ, वाक्य एवं सन्दर्भ मीमांसा अनुवाद सिद्धान्त के प्रासंगिक तत्व हैं। फिर भी इसमें सन्देह नहीं कि अनुवाद की सर्वप्रथम आवश्यकता अर्थ बोध है। अतः अर्थ को खोजना, भाषिक अर्थ तथा भाषा की बाह्य स्थिति अनुवाद सिद्धान्त के प्रमुख अंग हैं।

मूल पाठ अनुवाद कार्य का मेरुदण्ड है। मूल पाठ की संरचना, प्रारूप, उसका स्वरूप निर्धारण, शब्दार्थ व्यवस्था आदि की सैद्धान्तिक चर्चा इसके मुख्य बिन्दु हैं। अनुवादक को सामाजिक-सांस्कृतिक पर्यायों का चुनाव, लिप्यंतरण, शब्द-प्रति-शब्द अनुवाद, आगत शब्दों का अनुवाद, विस्तार, संक्षेप आदि का काम अकेले ही करना पड़ता है। इस काम को सफलतापूर्वक करने के लिए अनुवादक से मुख्य अपेक्षाएँ हैं—भाषा का ज्ञान, विषय का ज्ञान, अभिव्यक्तिकरण का कौशल।

यह आवश्यक नहीं है कि अनुवादक अनुवाद सिद्धान्त की जानकारी प्राप्त करने के बाद ही अनुवाद करे। रुचि से अनुवाद करनेवाले सफल अनुवादक तो कभी-कभी अनुवाद सिद्धान्त की दृष्टि से उतने सक्षम नहीं होते। कुछ लोग सफल अनुवादक होने के साथ-साथ सिद्धान्त से भी भलीभाँति परिचित होते हैं। बीसवीं शती के पूर्वार्ध में आधुनिक भाषाविज्ञान का विकास हुआ तो भाषाविज्ञान से परिचित अनुवादकों एवं भाषावैज्ञानिकों का ध्यान विशेष रूप से अनुवाद सिद्धान्त की ओर आकृष्ट हुआ।

अनुवाद समीक्षा अनुवाद सिद्धान्त का अनुप्रयोगात्मक पक्ष है। मूल पाठ की तुलना में अनूदित पाठ के गुण-दोषों का विवेचन करना ही अनुवाद समीक्षा है। यह समीक्षा अनुवाद सिद्धान्त पर ही आधारित होती है। जिस तरह एक साहित्य समीक्षक के लिए सर्जक होना अनिवार्य नहीं है उसी तरह अनुवाद समीक्षक के लिए अनुवादक होना अनिवार्य नहीं है। अतः अनुवादक और अनुवाद समीक्षक अलग-अलग व्यक्ति होते हैं। डॉ. सुरेश कुमार की मान्यता है कि अनुवाद समीक्षा जहाँ एक ओर अनुवाद के कौशल का मूल्यांकन है वहाँ लक्ष्य भाषा के अभिव्यक्ति संसाधनों का भी उसी सीमा तक मूल्यांकन है, जिस सीमा तक उनके द्वारा मूलभाषा पाठ के विभिन्न पक्षों की लक्ष्य भाषा में शुद्ध तथा उपयुक्त रीति से आवृत्ति हुई है। इस प्रकार अनुवाद समीक्षा में अनुवाद के व्यक्तिपरक और निर्वैयक्तिक (भाषापरक) पक्षों के बीच संतुलन रहता है द्रष्टव्य (डॉ. सुरेश कुमार, अनुवाद सिद्धान्त की रूपरेखा, पृ. 124-125)। उन्होंने यह भी बताया है कि अनुवाद समीक्षा के कतिपय निर्धारित सोपान हैं जो निम्नलिखित हैं –

1. अनुवाद समीक्षा के लिए पाठयुगल-मूल भाषा पाठ तथा उसका अनुवाद-का चयन।
2. मूल भाषा का विश्लेषण – मूल अभिप्राय, प्रमुख भाषा प्रकार्य, अर्थ व्यंजना, प्रतिपाद्य, प्रयुक्ति या भाषा शैली (वाक्य रचना और शब्दकोश पर आधारित), साहित्यिक गुण, सांस्कृतिक विशेषताएँ, उद्दिष्ट पाठक वर्ग तथा सामान्य परिवेश।
3. मूल पाठ तथा अनुवाद की विस्तृत तुलना–असमान बिन्दुओं पर विशेष बल देते हुए।
4. (क) दोनों पाठों के समग्र प्रभावों के बीच अन्तर का आकलन तथा
   (ख) अनुवादक द्वारा प्रयुक्त अनुवाद प्रणाली का संकेत करते हुए अनुवाद का मूल्यांकन। 'अन्तर का आकलन' की प्रक्रिया में ही अनुवाद के दोषों और सीमाओं का भी विवेचन किया जाएगा। (वही, पृष्ठ 126)।

यहाँ यह प्रश्न भी सामायिक है कि आखिर अनुवाद समीक्षा का प्रयोजन क्या है। इस प्रश्न पर प्रो. सुरेश कुमार ने विस्तार से चर्चा की है। उनके अनुसार अनुवाद समीक्षा के अनेक प्रयोजन सम्भव हैं। यथा–

1. इससे अनुवाद कार्य के स्तर को ऊँचा उठाने में सहायता मिलती है। अनूदित पाठ के गुण-दोषों के विवेचन से अनुवाद कार्य की त्रुटियों का ज्ञान होता है जिन्हें दूर करने का प्रयत्न किया जाता है। इसके फलस्वरूप अनुवाद कार्य के स्तर में सुधार होता है।
2. इससे अनुवादकों के सामने श्रेष्ठ अनुवाद का मानक रूप उपस्थित होता है। गुण-दोष विवेचन के उपरांत सुधारे हुए अनुवाद को अनुवादक अपना आदर्श मानकर अपने कार्य में प्रवृत्त होता है।

3. अनुवाद समीक्षा से विशिष्ट कालखण्ड में और विशिष्ट ज्ञान क्षेत्र में अनुवाद सम्बन्धी विचारों पर प्रकाश पड़ता है। शाब्दिक तथा प्रकार्यात्मकता के आधार पर भी समीक्षा के कुछ बिन्दु निर्धारित होंगे।
4. अनुवाद समीक्षा के द्वारा महत्त्वपूर्ण लेखकों की रचनाओं तथा महत्त्वपूर्ण अनुवादकों के अनुवाद कार्य के विवेचन और मूल्यांकन में सहायता मिलती है।
5. अनुवाद समीक्षा के द्वारा मूल भाषा और लक्ष्य भाषा के शब्दकोश एवं व्याकरण की तथा भाषा शैली एवं पाठ प्रारूप सम्बन्धी असमानताओं का समीक्षात्मक विवेचन कर सकते हैं। इस प्रकार दोनों भाषाओं के व्यतिरेकी सम्बन्धों के विषय में जानकारी बढ़ा सकते हैं।
6. अनुवाद समीक्षा का शिक्षणात्मक आयाम भी है। अनुवाद समीक्षा को सिखाकर अनुवादक - शिक्षार्थी की अनुवाद सिद्धान्त चेतना को व्यावहारिक स्तर पर पुष्ट करते हैं। (वही, पृ. 125-126)।

भाषा एक कल्पवृक्ष है जो सामाजिक मान्यताओं के अनुरूप विकसित है। अतः अनुवाद एक श्रेष्ठ कार्य है चूँकि वह दो सभ्यताओं, संस्कृतियों, कालखंड़ों, भावों अथवा विचारों के बीच का सेतु है। अनुवाद का स्वरूप पुनःसृजन जैसा होने के कारण मौलिक कृति और अनूदित कृति में अन्तर अवश्य रहेगा। प्रो. दिलीप सिंह इस बात पर बल देते हैं कि अनुवाद की दृष्टि से भाषा की अर्थगत संरचना को समझने के पहले यह निर्धारित करना भी अनुवादक के लिए आवश्यक होता है कि रूपात्मक संरचना (formal structure) और अर्थगत संरचना (semantic structure) एक दूसरे से भिन्न होती हैं। (प्रो. दिलीप सिंह, अनुवाद की व्यापक संकल्पना, पृ. 46)। उनकी मान्यता है कि अर्थगत संरचना के विश्लेषण के समय प्रतीक के सामाजिक-सांस्कृतिक सन्दर्भों का विश्लेषण अनिवार्य है। अर्थात् इकाई के समाज स्वीकृत एवं समाज प्रयुक्त अर्थ प्रतीक से सम्बद्ध होने की सम्भावना बराबर रहती है। अतः अनुवाद में इकाई की बहुव्याप्ति और प्रतिस्थापन (substitutability) पर भी अपनी दृष्टि रखनी पड़ती है। (वही)।

अभिप्राय यह है कि अनुवाद करते समय अनुवादक के समक्ष अनेक प्रकार की समस्याएँ उपस्थित होती हैं, यथा–भाषावैज्ञानिक समस्याएँ, संरचना के अर्थ पक्ष की समस्याएँ, भाषेतर सन्दर्भ की समस्याएँ, विशिष्ट प्रयोग क्षेत्र की समस्याएँ, अनुवाद के आधार क्षेत्र की समस्याएँ, अनुवाद के आधार क्षेत्र की समस्याएँ, क्षेत्र रूपांतरण की समस्याएँ और समाज-सांस्कृतिक समस्याएँ। यहाँ हम इनमें से समाज-सांस्कृतिक समस्याओं पर संक्षेप में विचार करेंगे।

किसी साहित्यिक कृति का अनुवाद करना अनुवादक के लिए साहित्येतर पाठ की अपेक्षा अधिक चुनौतीपूर्ण है। कठिनाई तब और बढ़ जाती है जब पाठ में

भिन्न सामाजिक और सांस्कृतिक पक्ष हों। मूलतः भारतीय संस्कृति सामासिक संस्कृति है अतः किसी भी भारतीय भाषा से हिन्दी में या हिन्दी से अन्य भारतीय भाषाओं में अनुवाद करते समय अनुवादक के लिए समस्याएँ उतनी नहीं होतीं जितनी अंग्रेजी में या अंग्रेजी से अनुवाद करते समय होती है। अनुवाद में प्रमुख रूप से तीन प्रकार की सामाजिक-सांस्कृतिक समस्याएँ आती हैं—

1. ऐसी सामाजिक-सांस्कृतिक शब्दावली के पर्याय खोजने की समस्या जिसके लिए लक्ष्य भाषा में समान शब्द उपलब्ध न हों।
2. मुहावरों और लोकोक्तियों के अनुवाद की समस्याएँ।
3. लोक जीवन से लिए गये बिम्बों, अलंकारों और मिथकों के अनुवाद की समस्याएँ।

इन समस्याओं से अनुवादक के टकराव को समझने के लिए यहाँ हम राष्ट्रकवि डॉ. रामधारी सिंह 'दिनकर' के प्रसिद्ध खण्डकाव्य 'कुरुक्षेत्र' को सामाजिक-सांस्कृतिक पाठ के रूप में ग्रहण करके उसके अंग्रेजी अुनवाद (अनुवादक : डॉ. पी. आदेश्वर राव) का पाठाधारित और भाषिक विश्लेषण शब्द चयन के स्तर पर कर सकते हैं। कतिपय उदाहरण द्रष्टव्य हैं—

मूल : सिंधु (पृ. 8)

अंग्रेजी अनुवाद : The Ocean (पृ. 4)

समीक्षा : मूल में सिन्धु' भवसागर के अर्थ में प्रयुक्त है। भारतीय दर्शन के अनुसार जीवात्मा मृत्यु के पश्चात इस संसार रूपी भवसागर को पार कर जाती है। अंग्रेजी अनुवाद में 'The Ocean' शब्द का प्रयोग किया गया है जो सिन्धु' का शाब्दिक अर्थ है। इससे भारतीय दर्शन की संकल्पना स्पष्ट नहीं होती।

मूल : घृत (पृ. 11)

अंग्रेजी अनुवाद : Oil (पृ. 8)

समीक्षा : संस्कृत में 'घृत' का अर्थ है 'घी'। मूल में इस शब्द का प्रयोग 'जलती आग में घी डालना' अर्थात् गुस्से को और भड़काने के अर्थ में हुआ है। अंग्रेजी अनुवाद में प्रयुक्त 'Oil' शब्द से 'तेल' का आभास होता है। अंग्रेजी अनुवाद में मूल से भिन्न अर्थ द्योतित हो रहा है।

मूल : महासंगर (पृ. 37)

अंग्रेजी अनुवाद : a deadly large scale of war (पृ. 34)

समीक्षा : पांडवों और कौरवों के बीच उत्पन्न कलह कुरुक्षेत्र में परिणत हुआ। मूल में इसी भीषण युद्ध की ओर संकेत करते हुए 'महासंगर' शब्द का प्रयोग किया गया है। अंग्रेजी अनुवाद में 'a deadly large scale of war' का प्रयोग हुआ है जो वस्तुतः भावानुवाद है। इससे मूल में निहित समाज-सांस्कृतिक पक्ष स्पष्ट नहीं हो रहा है।

मूल : कर-कंकण (पृ. 60)

अंग्रेजी अनुवाद : Bangles (पृ. 58)

समीक्षा : कर-कंकण भारतीय संस्कृति में सौभाग्य का प्रतीक है। जब कोई स्त्री विधवा हो जाती है तब उसके हाथों के कंगन को तोड़ दिया जाता है। मूल में इसी की ओर संकेत किया गया है। अंग्रेजी अनुवाद में प्रयुक्त bangle शब्द से मूल में निहित प्रतीकार्थ स्पष्ट नहीं हो रहा है।

मूल : यजन (पृ. 71)

अंग्रेजी अनुवाद : The burning fire of penance (पृ. 70)

समीक्षा : यजन' का अर्थ है यज्ञ करना। किसी प्रकार की कार्य सिद्धि के लिए यज्ञ किया जाता है। भारतीय संस्कृति में यही माना जाता है मनुष्यों की महत्ता प्रबल साधना में ही निहित है। इसी तथ्य को उजागर करने के लिए मूल में 'यजन' शब्द का प्रयोग किया गया है। अंग्रेजी अनुवाद में भावानुवाद का सहारा लेते हुए 'the burning fire of penance' का चयन किया गया है क्योंकि पाश्चात्य संस्कृति में इस तरह की (यज्ञ की) संकल्पना नहीं है।

मूल : कर्म (पृ. 16)

अंग्रेजी अनुवाद : act (पृ. 13)

समीक्षा : मानव जीवन एक कर्मक्षेत्र है। अर्थात् यहाँ कर्म ही प्रधान है। गीता में श्रीकृष्ण ने निष्काम कर्म की प्रेरणा दी है–'कर्मण्येवाधिकारस्ते मा फलेषु कादचन' (2-52)। मूल में गीता के इसी तथ्य की ओर संकेत करते हुए 'कर्म' शब्द का प्रयोग दार्शनिक सन्दर्भ में किया गया है। अंग्रेजी अनुवाद में 'act' शब्द का प्रयोग किया गया है जिससे मूल से भिन्न अर्थ द्योतित होता है।

मूल : पंचाग्नि (पृ. 73)

अंग्रेजी अनुवाद : five fold fires (पृ. 73)

समीक्षा : भारतीय दर्शन के अनुसार पंचाग्नि अर्थात् पाँच अग्नियाँ, जिनके मध्य में योगी कठिन तपस्या करते हैं। पंचेंद्रियों से प्राप्त पाँच प्रकार की विषय वासनाओं (शब्द, रूप, रस, गन्ध तथा स्पर्श) का प्रतीक है। अंग्रेजी अनुवाद में 'five fold fires' का प्रयोग किया गया है जिससे मूल में निहित दार्शनिक अर्थ स्पष्ट नहीं हो रहा है। अनुवादक ने व्याख्या का सहारा लेते हुए मूल में निहित भाव को स्पष्ट करने का प्रयास किया है।

मूल : त्रिविध ताप (पृ. 90)

अंग्रेजी अनुवाद : triple heat (पृ. 90)

समीक्षा : भारतीय दर्शन के अनुसार 'त्रिविध ताप' से आशय है–आधि दैहिक, आधि दैविक और आधि भौतिक ताप। इसी संकल्पना की ओर संकेत करते हुए मूल में 'त्रिविध ताप' शब्द का प्रयोग किया गया है। अनुवाद में प्रयुक्त

शब्द 'triple heat' से मूल से भिन्न अर्थ ध्वनित होता है। अनुवादक मूल की संकल्पना को स्पष्ट करने में इसलिए असफल है क्योंकि पाश्चात्य संस्कृति में इस तरह की संकल्पना नहीं है।

मूल : मंदराचल (पृ. 91)

अंग्रेजी अनुवाद : Mandar Mountain (पृ. 91)

समीक्षा : भारतीय दर्शन के अनुसार मंदराचल वह पर्वत है जिसे देवताओं और राक्षसों ने समुद्र मन्थन करते समय मथनी बनाया था। अंग्रेजी अनुवाद में लिप्यंतरण का प्रयोग किया गया है। परन्तु पाद टिप्पणी के अभाव में वह अपर्याप्त प्रतीत होता है।

मूल : हठयोगी (पृ. 102)

अंग्रेजी अनुवाद : The Saint (पृ. 101)

समीक्षा : भारतीय दर्शन के अनुसार भगवान को पाना योग है। हठयोग अर्थात् वह योग जिसमें शरीर को साधने के लिए बड़ी कठिन मुद्राओं और आसनों आदि का विधान है। हठयोग का प्रयोजन विविध आसनों द्वारा उन पाँच प्रकार के प्राणों (प्राण, अपान, व्यान, समान तथा उदान) को नियन्त्रित करना है जो आत्मा को घेरे हुए हैं। यह योग किसी भौतिक लाभ के लिए नहीं अपितु भौतिक बन्धन से आत्मा की मुक्ति के लिए किया जाता है। हठयोग वस्तुतः चित्तवृत्तियों के प्रवाह को संसार की ओर जाने से रोककर अन्तर्मुखी करने की एक प्राचीन भारतीय साधना पद्धति है जिसमें प्रसुप्त कुंडलिनी को जाग्रत कर नाड़ी मार्ग से ऊपर उठाने का प्रयास किया जाता है। इस योग का आचरण करने वाला हठयोगी कहलाता है। अनुवाद में 'The Saint' का सामान्य प्रयोग किया गया है जिसमें मूल में निहित आध्यात्मिक और सांस्कृतिक भाव स्पष्ट नहीं हो सका है। इससे अच्छा यह होता कि लिप्यंतरण का सहारा लेकर पाद टिप्पणी में इसकी व्याख्या कर दी जाती।

मूल : मोक्ष मंत्र (पृ. 103)

अंग्रेजी अनुवाद : the magical hymns (102)

समीक्षा : शास्त्रों के अनुसार जीव का जन्म और मरण के बन्धन से छूट जाना ही मोक्ष है। उसके लिए जिन मन्त्रों का उच्चारण किया जाता है उन्हें मोक्ष मन्त्र कहते हैं। इसी अर्थ की ओर संकेत करते हुए मूल में इस पद का प्रयोग किया गया है। अनुवाद में 'magical hymns' का प्रयोग किया गया है। 'Magical' शब्द से 'जादूई' का अर्थ प्रतीत होता है। वस्तुतः मोक्ष का अर्थ है Salvation। अतः मोक्ष मन्त्र के लिए यदि 'Hymns of Salvation' का प्रयोग किया होता तो बेहतर होता।

इस प्रकार कुरुक्षेत्र' में प्राप्त कतिपय सांस्कृतिक अभिव्यक्तियों और उनके

अंग्रेजी अनुवाद के तुलनात्मक अनुशीलन से यह स्पष्ट है कि इस काव्य का मूल पाठ सांस्कृतिक होने के कारण इसका अनुवाद करना अत्यन्त चुनौतीपूर्ण कार्य रहा होगा। अंग्रेजी अनुवाद में शब्दानुवाद, शाब्दि अनुवाद, भावानुवाद, लिप्यन्तरण और ग्रहण की नीति को अपनाया गया है। दिनकर वस्तुतः सांस्कृतिक चेतना से ओतप्रोत रचनाकार हैं जिनके काव्य का विजातीय भाषा में अनुवाद करना कठिन होते हुए भी लक्ष्य भाषा पाठ में समतुल्य अभिव्यक्तियों, व्याख्यात्मक अनुवाद तथा पाद टिप्पणी की तकनीक द्वारा मूल संदेश के अधिकतम संप्रेषण को सार्थक बनाया गया है।

विश्व साहित्य एवं अनुवाद : हिन्दी का सन्दर्भ

–ऋषभ देव शर्मा

विश्व साहित्य की संकल्पना अनुवाद के बिना सम्भव नहीं है। मनुष्यता अपने मनोभावों को विभिन्न देशकालों में जिन विभिन्न भाषाओं में व्यक्त करती है, करती रही है। अनुवाद उनके बीच संवाद को सम्भव बनाता है। यह संवाद ही वैश्विकता का आधार है। अतः हमें विश्व नागरिक बनाने में अनुवाद की अनिवार्यता स्वयंसिद्ध है। अनुवाद की परिभाषा करते हुए उसे किसी एक भाषा के कथन के तात्पर्य को सुरक्षित रखते हुए अन्य भाषा में अनुकथन या पाठ परिवर्तन (जॉनसन) कहा गया है। यह भी मानी हुई बात है कि अनुवाद में एक भाषा (स्रोत भाषा) की इकाइयों का दूसरी भाषा (लक्ष्य भाषा) की इकाइयों द्वारा प्रतिस्थापन किया जाता है (हाकेट)। अनुवादक की परेशानी का मूल कारण यह होता है कि (1) जब वह यह तात्पर्य को सुरक्षित करने चलता है तो स्रोत भाषा और उसका सौन्दर्य छूटता सा लगता है तथा (2) जब वह इकाई के लिए इकाई चुनने चलता है तो उसे कहीं तो इकाई प्राप्त ही नहीं होती, कहीं वह एकाधिक इकाइयों के रूप में प्राप्त होती है और कहीं इकाई के स्थान पर इकाई का प्रयोग अनुवाद को भी निर्जीव सा बनाता लगता (दिलीप सिंह, 2011, अनुवाद की व्यापक संकल्पना)। कहने की जरूरत नहीं है कि यह परेशानी सजातीय भाषाओं और स्थानीय साहित्यों के अनुवाद की तुलना में विजातीय भाषाओं और विश्व साहित्य के अनुवाद के समय अधिक चुनौतीपूर्ण बनकर उपस्थित होती है। ऐसे में समतुल्यता की अवधारणा अनुवादक को धर्मसंकट से बचाती है। यह अवधारणा इस समझ पर आधारित है कि विश्व की विभिन्न भाषाओं के बीच अनेक स्तरों पर भिन्नता पाई जाती है जिसके कारण अनूदित पाठ का मूल पाठ के समरूप बनना सम्भव नहीं हो पाता, ऐसे में अनूदित पाठ का मूल पाठ के समतुल्य हो पाना भर काफी कहा जा सकता है। इसलिए विश्व साहित्य के अनुवादों में मुख्यतः अर्थ और गौणतः शैली के स्तर पर समतुल्यता की खोज महत्त्वपूर्ण दिखाई देती है।

समरूपता और समतुल्यता की खोज की इस समस्या से जूझते हुए ही

अनुवाद शास्त्र विकसित होता है। विश्व साहित्य के सन्दर्भ में अनुवाद प्रक्रिया को शास्त्रबद्ध करने के आरम्भिक संकेत सोलहवीं शताब्दी में बाइबिल के अनुवाद के सन्दर्भ में प्राप्त होते हैं। उस समय अनुवाद के चार चरण तंय किए गए— 1. शब्दक्रम का परिवर्तन 2. लक्ष्य भाषा में आवश्यकतानुसार सम्बन्ध वाचकों का प्रयोग 3. मूल के एक शब्द के लिए लक्ष्य भाषा में पदबन्ध के प्रयोग की स्वतन्त्रता तथा 4. पाठगत एकरूपता पर बल (वही)। अनुवाद की इस प्रक्रिया का लाभ यह हुआ कि विश्व की विभिन्न भाषाओं के मध्य वैचारिक आवाजाही सम्भव हो सकी।

जैसा कि पहले कहा जा चुका है विश्व साहित्य की कल्पना को साकार करने में अनुवाद एक महत्त्वपूर्ण उपकरण है। यदि यह कहा जाए कि अनुवाद भिन्न-भिन्न संस्कृतियों के लोगों के मन में आपसी समझ और प्रशंसा के भाव उत्पन्न करने के लिए सबसे जरूरी उपकरण है तो इसमें कोई अतिशयोक्ति नहीं होगी। काफी पहले से ही विश्व साहित्य के अनुवाद के सम्बन्ध में दो बातें कही जाती रही हैं। एक तो यह कि विदेशी साहित्यकार को इस तरह लक्ष्य भाषा समाज के निकट लाया जाए कि उसके सदस्य उसे अपना समझकर अपना सकें। दूसरी बात उलटी दिशा की यात्रा से सम्बन्धित है। अर्थात् लक्ष्य भाषा का पाठक रचना के विदेशी परिवेश तक जाए और खुद को विदेशी लेखक की परिस्थिति और भाषिक संस्कृति में ढाल कर देखें (गोयथे, 1813)। अगर ध्यान से देखें तो पता चलेगा कि आधुनिक/उत्तरआधुनिक वैश्विक दुनिया के निर्माण में इन दोनों बातों अर्थात् अनुवाद का बड़ा योगदान है। साथ ही यह भी महत्त्वपूर्ण है कि अनुवाद के माध्यम से हम किसी देश के साहित्य या उस देश और वहाँ के लोगों को ही नहीं जानते बल्कि अनजाने ही उनके तुलनीय रखकर हम अपने आपको और अपने देश को भी बेहतर जान पाते हैं। अभिप्राय यह कि अनुवाद केवल भाषाओं और साहित्यों के बीच ही नहीं संस्कृतियों के बीच भी समझ पैदा करता है और आत्मसाक्षात्कार के लिए भी अवसर मुहय्या कराता है। कहना न होगा कि इस प्रकार वह मानव संस्कृति की उस दशा को उपलब्ध करने का माध्यम बनता है जो अविरोधी होती है। संस्कृतियों का विरोध और संघर्ष तभी तक है जब तक उनके लिए गर्व करने वाली जातियों के बीच आपसी समझ विकसित नहीं है।

यदि दुनिया भर में विविध भाषाओं में की गयी रचनाओं को विश्व साहित्य कहा जाए तो एकमात्र अनुवाद ही उसकी सर्वत्र और सर्वदा उपलब्धता का आधार हो सकता है। यही कारण है कि अनुवाद को साहित्य के निरन्तर जीवन तथा उत्तरजीवन के रूप में भी देखा जाता है (वाल्टर बेंजामिन)। विश्व साहित्य के अनुवाद के सन्दर्भ में यह बिन्दु भी विचारणीय है कि जब किसी रचना का अनुवाद अलग-अलग भाषाओं में किया जाता है तो एक ही रचना का प्रभाव भिन्न

संस्कृतियों में भिन्न रूपों में देखा जा सकता है। इसे यों भी कहा जा सकता है कि अनुवाद द्वारा किसी रचना की बहुस्वरता और अन्तरपाठीयता का विकास होता है। इस तरह अनूदित पाठ अपने तईं लक्ष्य भाषा संस्कृति को सुवासित भी करता है।

विश्व साहित्य के अलग-अलग भाषाओं में अनुवाद के समय उन भाषा समाजों की सांस्कृतिक विशेषताओं को समझते हुआ पाँच स्तरों पर सांस्कृतिक तथ्यों का रूपान्तरण किया जा सकता है—1. मूल रचना के विदेशीपन को अनुवाद में पूर्णतः सुरक्षित रखा जाए। 2. चुने हुए सांस्कृतिक तत्वों को अनुवाद में उपयोग में लाया जाए। 3. मूल की सांस्कृतिक पृष्ठभूमि को लक्ष्य भाषा में प्रस्तुत किया जाए। 4. समान सांस्कृतिक तत्वों की खोज करके अनुवाद किया जाए। तथा 5. पूर्णतः सांस्कृतिक भावांतरण किया जाए। (प्रमीला के.पी. 2007, भाषांतरण भावांतरण)। कहने की जरूरत नहीं है कि ये पाँच स्तर प्रकारान्तर से पूर्व उल्लिखित गोयथे के ही दो बिन्दुओं के विस्तार हैं।

इसमें सन्देह नहीं कि विश्व साहित्य के अनुवाद का क्षेत्र व्यापकतम है और तमाम तरह की समस्याओं और आक्षेपों के बावजूद दुनिया में समस्त साहित्यिक भाषाओं के बीच अनुवाद की काफी पुष्ट परम्परा है। प्रस्तुत सन्दर्भ में यह कहा जा सकता है कि हिन्दी सहित भारतीय भाषाओं और अंग्रेजी सहित विदेशी भाषाओं के बीच प्रचुर मात्रा में अनुवाद हुआ है। साथ ही उपनिवेशी प्रभाव के कारण हमारे यहाँ अंग्रेजी से अनुवाद की प्रमुखता रही है। हिन्दी में अंग्रेजी या अन्य विदेशी भाषाओं से अनुवाद की परम्परा का विहंगम अवलोकन करें तो यह बात किसी नियम की तरह कही जा सकती है कि लम्बे समय तक उपनिवेश रहने के कारण भारत की आधुनिक सभ्यता अनूदित सभ्यता है। यहाँ आधुनिकता और अनुवाद का विकास साथ-साथ हुआ, यह नाभिनाल सम्बन्ध आज भी कायम है। वैश्वीकरण के आज के दौर में पनप रही समकालीन वैचारिकी में अनुवाद की अहम हिस्सेदारी है क्योंकि आज अनुवाद संस्कृतियों के सहमिलन और संघर्ष की रणनीति का पर्याय बन गया है। बाजार का गहन दबाव तो अपनी जगह है ही। वैश्वीकरण के सन्दर्भ में अनुवाद आधुनिकीकरण, पश्चिमीकरण, औद्योगीकरण, जातीय विविधता और बहुसांस्कृतिकता के पाठ का निर्माण करनेवाला मुख्य घटक बन गया है। अन्तरराष्ट्रीय संचार में उसकी महती भूमिका है। अभिप्राय यह है कि बहुत अधिक अनुवाद लक्ष्य भाषा समाज के भीतरी अनूदित सभ्यता और अनूदित संस्कृति बनते चले गए। इसराइल के अनुवादशास्त्री इतमार ईवेन जोहार ने कहा है कि अनुवाद किसी भी भाषा व साहित्य की आन्तरिक बहुआयामी प्रणाली में ही बदलाव ला देता है जिससे उस भाषा का ढाँचा और मुहावरा तक बदल जाता है। मानना होगा कि पिछले डेढ़ सौ दर्ष में हिन्दी के साथ भी ऐसा ही हुआ है।

1847 में जब भारतीय जनमानस ने करवट ली तो इस बदलाव और जागरण

की चेतना की लहरें दूर तक गईं, हिन्दी साहित्य के भारतेन्दु हरिश्चन्द्र और महावीर प्रसाद द्विवेदी जैसे पुरोधाओं ने प्रतिरोध और परिवर्तन की इस आवाज को पहचाना और पत्रकारिता तथा अनुवाद के माध्यम से आत्मबोध और भारतीयता की पहचान का बाना पहनाया। दुनिया भर के बाङ्मय को अपनी भाषाओं में अवतरित करने की इस काल में होड़ सी लग गयी। स्वयं भारतेन्दु हरिश्चन्द्र ने शेक्सपीयर के नाटक 'मर्चेंट आफ वेनिस' का अनुवाद (दुर्लभ बन्धु) किया और द्विवेदी जी ने 'सरस्वती' में विभिन्न विषयों के अनुवाद छापकर हिन्दी पाठक को दुनिया भर की जानकारी प्रदान करने का अभियान चलाया। रामचन्द्र शुक्ल ने जोसफ एडिसन कृत 'प्लेजर्स आफ इमेजिनेशन', हेकेल कृत 'दि रिडिल ऑफ द युनिवर्स' एवं एडविन आर्नाल्ड कृत 'लाइट ऑफ एशिया' का क्रमशः 'कल्पना का आनन्द', 'विश्व प्रपन्च' और 'बुद्ध चरित' नाम से अनुवाद किया। श्रीधर पाठक ने ओलिवर गोल्डस्मिथ कृत 'द हर्मिट' और 'डेसरटेड विलेज' को 'एकान्तवासी योगी' एवं 'ऊजड ग्राम' के रूप में अनूदित किया। प्रेमचन्द ने भी लियो टालस्टाय की रचनाओं को हिन्दी में लाने का काम किया। इन बड़े और युगांतकारी रचनाकारों के अनुवाद कार्य के प्रति रुझान का परिणाम यह हुआ कि धीरे-धीरे हिन्दी में विश्व साहित्य के अनुवाद की एक समृद्ध परम्परा बन गयी जिसका समग्र सर्वेक्षण और मूल्यांकन होना अभी शेष है। परन्तु इसमें सन्देह नहीं कि इस प्रकार अनुवाद हमारे लिए विश्व साहित्य का वातायन बना गया।

आगे चलकर भीष्म साहनी ने पच्चीस रूसी पुस्तकों का हिन्दी में अनुवाद किया। नामवर सिंह के सम्पादन में भी अनूदित रूसी कविताओं का संकलन छपा है। हरिवंशराय बच्चन ने रूसी कविताओं के तो अनुवाद किए ही शेक्सपीयर के नाटकों के अनुवाद द्वारा भी बड़ी ख्याति प्राप्त की। रामधारी सिंह दिनकर ने डी. एच. लारेंस की भूली बिसरी कविताओं को हिन्दी में उतारा तो रघुवीर सहाय ने 'बरनम वन' के रूप में शेक्सपीयर के मेकबेथ को नया जन्म दिया। रांगेय राघव, निर्मल वर्मा, कुंवर नारायण, मोहन राकेश, राजेन्द्र यादव, गंगा प्रसाद विमल, विष्णु खरे, अमृत मेहता, अभयकुमार दुबे, प्रभात नौटियाल, उदय प्रकाश, मुद्राराक्षस, सूरज प्रकाश, नीलाभ और कृष्ण कुमार जैसे अनेक साहित्यकारों-अनुवादकों ने दुनिया की सभी प्रमुख भाषाओं के साहित्य को अनुवाद के माध्यम से हिन्दी जगत तक पहुँचाने का अभिनन्दनीय कार्य किया है। अशोक वाजपेयी के सम्पादन में प्रकाशित विश्व कविता का चयन भी पर्याप्त व्यापक है। खास तौर से अमृत मेहता ने मध्य भाषा (फ़िल्टर लेंगुएज) अंग्रेजी के सहारे किए गए अनुवादों की प्रामाणिकता को बहुत जोर देकर प्रश्नांकित किया है। उन्होंने अनूदित विश्व साहित्य की अपनी पत्रिका 'सार संसार' के माध्यम से जर्मनी, आस्ट्रिया और स्वीडन सहित अनेक देशों के साहित्य का उनकी भाषाओं से हिन्दी में सीधे

अनुवाद करने का आन्दोलन ही चला रखा है।

अन्तत यह कहना आवश्यक है कि इसमें सन्देह नहीं कि विश्व साहित्य के अनुवादों से हिन्दी साहित्य की विभिन्न विधाओं को नवीन दृष्टि प्राप्त हुई और हिन्दी साहित्यकारों के रचना संस्कार को विस्तृत आयाम मिला। इतना ही नहीं, आधुनिक हिंदी साहित्य में संस्कार संक्रमण का महत्त्वपूर्ण कार्य संस्कृत, बांग्ला और अंग्रेजी से अनुवादों के कारण ही सम्भव हुआ। इसके अलावा यह तो सर्वविदित ही है कि हिन्दी आलोचना पर अनुवाद का बड़ा असर है। 1897 में पोप के 'एस्से आन क्रिटिसिस्म' का जगन्नाथ दास रत्नाकर ने 'समालोचानादर्श' नाम से पद्यात्मक अनुवाद किया था, तब से आज तक हिन्दी आलोचक और विमर्शकार अनुवाद का खुलकर इस्तेमाल करते आ रहे हैं। इसी प्रकार नाटक और फ़िल्म के क्षेत्र में भी अनुवाद का योगदान अप्रतिम है। अनेक प्रतिष्ठित साहित्यकारों, रंगकर्मियों और फिल्मकारों ने विश्व साहित्य की कृतियों के हिन्दी में अनुवाद, नाट्यरूपांतर और फिल्मांकन किए हैं। इससे श्रेष्ठ साहित्य के प्रति संस्कारवान पाठक और दर्शक भी तैयार किए जा सके हैं।

समाज भाषाविज्ञान : सैद्धान्तिक परिप्रेक्ष्य

–दिलीप सिंह

आधुनिक भाषा अध्ययन के अनेक दृष्टिकोणों में से उसकी भाषा अध्ययन, विश्लेषण और वर्गीकरण से सम्बद्ध व्यावहारिक दृष्टि ने भाषा अध्ययन को वैज्ञानिकता और व्यापकता ही नहीं प्रदान की बल्कि अनुप्रयुक्त भाषाविज्ञान की विभिन्न शाखाओं यथा भाषा शिक्षण, अनुवाद विज्ञान, शैलीविज्ञान आदि को भाषा के व्यावहारिक पक्ष का वह आधार भी प्रदान किया जिसने इन शाखाओं को व्यतिरेकी विश्लेषण, तुलनात्मक विश्लेषण, शैलीगत चयन आदि को देखने-समझने के उपयोगी दृष्टिकोणों से भाषा अध्ययन को सम्पन्न किया है।

आधुनिक भाषाविज्ञान की व्यावहारिक दृष्टि यह मानती है कि भाषा में विविध प्रकार के विकल्प (वेरिएशन) होते हैं। इस तथ्य को प्रमाणित करने के लिए अनेक उदाहरण दिये जा सकते हैं। सामान्यतः एक भाषा-प्रयोक्ता के रूप में हम भाषा के इन विकल्पवत् प्रयोगों की ओर ध्यान नहीं देते। यदि ध्यान दें और सोचें किसी से खिड़की खोलने के अनुरोध के लिए या स्वयं खिड़की खोलने की अनुमति माँगने के लिए हम कितने प्रकार की वाक्य रचना का प्रयोग श्रोता और सन्दर्भ को दृष्टि में रखकर करते हैं तो पाएँगे कि हम कभी भी अपने समवयस्क भाई-बहनों, पिता, माता से एक ही प्रकार से नहीं बोलते। नाश्ते की मेज़ पर परिवार जनों के साथ और किसी प्रतिष्ठित अतिथि के साथ खाते समय बातचीत क्या हम एक ही प्रकार से करते हैं?

जब हम विभिन्न अवसरों पर विभिन्न लोगों से भाषा का विकल्पवत् प्रयोग करते हैं तो वस्तुतः इस विकल्प में हम भाषाई चयन (सेलेक्शन) ही कर रहे होते हैं–अर्थात विभिन्न उपलब्ध संरचनाओं में से व्यावहारिक दृष्टि से उपयुक्त, उचित और सन्दर्भानुकूल संरचना का चयन। किस स्तर पर भिन्न होते हैं ये भाषाई चयन और क्यों? आधुनिक भाषाविज्ञान भाषा के व्यावहारिक प्रयोग के सन्दर्भ में इन्हीं प्रश्नों पर चर्चा करना चाहता है। एक व्यक्ति भाषा के विविध रूपों का प्रयोग करते हुए भाषा के माध्यम से अपने एकाधिक सामाजिक दायित्वों को निभाता है।

ध्यान से देखें तो वह भाषा का प्रयोग विभिन्न परिस्थितियों (सिचुएशन्स) और सन्दर्भों (कॉन्टेक्स्ट) में करता है। यदि इन दोनों के अनुरूप वह भाषा प्रयोग नहीं करता तो भाषा अध्ययन की व्यावहारिक दृष्टि ऐसे प्रयोगों को अनुपयुक्त (इनएप्रोप्रिएट) मानती है। नीचे दिए गये कुछ वाक्य देखें, फिर चर्चा को आगे बढ़ाया जाए–

1. यहाँ से निकल जा।
2. तुम्हें बताना पड़ेगा।
3. कुर्सी मेरी तरफ़ खींच दो।
4. इतनी जल्दी में क्यों हो?
5. अच्छा हुआ, तुम गिर पड़े।
6. क्या हक है आपको यह सब जानने का?
7. मैं तुम से प्यार करता हूँ।
8. यह काम कर लो तो जानूँ।
9. आज तुमने मुँह धोया या नहीं।
10. बहुत देखे हैं मैंने तुम्हारे जैसे!

यह तो साफ़ कहा जा सकता है कि व्याकरण की कोई भी पुस्तक इस बात की कोई जानकारी नहीं देती कि उपरोक्त वाक्यों का प्रयोग किन सन्दर्भों में कब और किससे किया जाता है और कब नहीं। हम स्वयं भी इन वाक्यों के प्रयोग के ज्ञान का विश्लेषण नहीं कर पाते। ऐसी ही भाषा परिस्थितियों के सन्दर्भ में **भाषा क्षमता** (कांपिटेन्स) और **भाषा और समाज के अन्तःसम्बन्धों** की चर्चा भी महत्त्वपूर्ण बनी।

भाषा और समाज के अन्तःसम्बन्धों के विषय में एकाधिक दृष्टियाँ आधुनिक भाषाविज्ञान में उद्‌घाटित और विकसित हुईं। **एक तो यह कि** सामाजिक संघटना, भाषा-संरचना और/या भाषा व्यवहार को प्रभावित या नियन्त्रित करती है। इस दृष्टि से भाषा-व्यवहार को देखने-समझने के अनेक सन्दर्भ निर्धारित हुए यथा, आयु का सन्दर्भ, जहाँ बच्चा अपने से वय में बड़े बच्चों के साथ भिन्न प्रकार का भाषा-व्यवहार करता है और बच्चों का भाषा व्यवहार वयस्कों के भाषा व्यवहार से भिन्न होता है। इसी प्रकार **शिक्षा का सन्दर्भ** और **वर्ग का सन्दर्भ** भी निर्धारित हुए जिन्हें सम्पूर्ण रूप में **सामाजिक-स्तर भेद** (Social Stratification) की संज्ञा दी गयी। दूसरी दृष्टि पहली के सर्वथा विपरीत है कि भाषा संरचना या/और भाषाव्यवहार, सामाजिक संघटना को प्रभावित या नियन्त्रित करते हैं। तीसरी दृष्टि यह मानती है कि भाषा और समाज का अन्तःसम्बन्ध द्विनिर्देशी (बाई-डाइरेक्शनल) है, अर्थात भाषा और समाज परस्पर एक-दूसरे को प्रभावित करते हैं। यह सम्बन्ध द्वन्द्वात्मक (डॉयलेक्टिकल) होता है। इस सन्दर्भ में डिटमैन (1976) का मानना है

कि भाषाव्यवहार और सामाजिक व्यवहार दोनों निरन्तर क्रिया-प्रतिक्रिया (इंटरेक्शन) की उपज होते हैं। चौथी दृष्टि इन दोनों के बीच किसी भी प्रकार के अन्तःसम्बन्ध की सम्भावना से इनकार करती है और यह मानती है कि भाषा-संरचना और सामाजिक संरचना दोनों एक-दूसरे से पूर्णतः स्वतन्त्र हैं। यह दृष्टिकोण चॉम्स्की की विचारधारा से सम्बद्ध है।

आधुनिक भाषाविद् गंपर्ज़ (1971) ने यह इंगित किया कि समाज भाषाविज्ञान या व्यावहारिक भाषा अध्ययन दृष्टि भाषा अध्ययन सम्बन्धी एक ऐसी व्यावहारिक दृष्टि है जो सामाजिक संरचना और भाषा संरचना के बीच के अन्तःसम्बन्धों पर ही नहीं बल्कि इन सम्बन्धों के कारण उपजे भाषा भेदों पर भी दृष्टि रखती है। वे यह भी प्रमाणित करते हैं कि सामाजिक संघटना या संरचना की भाषा कई तत्त्वों के सन्दर्भ में की जा सकती है जैसे सामाजिक वर्ग-भेद, शैक्षिक पृष्ठभूमि इत्यादि तथा इन तत्त्वों के सन्दर्भ में भाषाई-व्यवहार को विवेचित, विश्लेषित किया जा सकता है।

भाषा-व्यवस्था (सिस्टम/ग्रामर) वह है जिसे भाषा प्रयोक्ता जानता है। परन्तु आधुनिक भाषावैज्ञानिक के समक्ष दो व्यावहारिक प्रश्न उठते हैं—**(*i*) प्रयोक्ता की यह 'जानकारी' क्या है?** और **(*ii*) इसे कैसे भलीभाँति विश्लेषित किया जा सकता है?** इसीलिए आधुनिक भाषाविद् आज किसी भाषा का व्याकरण लिखने को उतना आसान नहीं मानता क्योंकि उसकी यह मान्यता है कि भाषा-प्रयोक्ता के पास अपनी भाषा की जो जानकारी होती है उसे विवेचित कर पाना सहज नहीं है। यह जानकारी भाषा अध्येता के लिए महत्त्वपूर्ण है क्योंकि यह उस जानकारी से भिन्न है जो हमें व्याकरणों में विवेचित मिलती है, चाहे ये व्याकरण कितने ही सन्तुलित और वैज्ञानिक क्यों न हों। जो व्यक्ति भाषा जानता है वह उस भाषा के बारे में (प्रयोग के स्तर पर) इन व्याकरणों में उल्लिखित तत्त्वों से अधिक जानता है। यह रोचक और उल्लेखनीय तथ्य है कि जो प्रयोक्ता व्यक्तिगत स्तर पर भाषा का प्रयोग करता है उसकी जानकारी 'व्यावहारिक' होती है। उसकी इस जानकारी का एकमात्र कारण यह है कि वह भाषा का प्रयोग करता है। इसमें व्याकरण का नहीं, उस बँटी हुई जानकारी (शेयर्ड नॉलेज) का महत्त्व होता है जिसे उस समुदाय का प्रत्येक सदस्य अपने पास रखता है।

भाषा-अध्ययन के परिप्रेक्ष्य में प्रयोक्ता को अपेक्षित महत्त्व आधुनिक भाषाविज्ञान ने प्रदान किया। उसने इस महत्त्व को अन्य शब्दों में भी व्यक्त किया। सामान्यतः हम 'मृत भाषा' (डेड लैंग्वेज) की चर्चा करते हैं, यह सम्भव भी है और परिपाटी भी। परन्तु आधुनिक भाषाविज्ञान यह स्पष्ट करता है कि 'मृतभाषा' की चर्चा करते समय हमें यह ध्यान रखना चाहिए कि ये भाषाएँ नहीं, इनके प्रयोक्ता मृत हो चुके हैं। एक सीमा तक इनके प्रयोक्ता भी हैं और इन भाषाओं का अस्तित्व भी है। इसी तरह हम हिन्दी, अंग्रेज़ी, फ्रेंच, जर्मन आदि आधुनिक भाषाओं के

अस्तित्व की चर्चा बिना उनके प्रयोक्ताओं के अस्तित्व को ध्यान में रखे करने लगते हैं। भाषा व्यवहार का सम्बन्ध भाषा प्रयोग और भाषा प्रयोक्ता से अनिवार्यतः है। इसीलिए कोई भी भाषा व्यावहारिक धरातल पर विकल्परहित हो ही नहीं सकती। भाषा विकल्पन की अवधारणा भाषा अध्येता को यह बताती है कि भाषा कोई अमूर्त संकल्पना नहीं है, यह एक ऐसी वस्तु है जिसका प्रयोग 'लोग' करते हैं। अतः आधुनिक भाषाविज्ञान बार-बार यह प्रश्न उठाता है कि क्या भाषा अध्ययन के किसी भी स्तर पर इस 'प्रयोग सापेक्षता' की अवहेलना उचित और वैज्ञानिक मानी जा सकती है? इस सन्दर्भ में यह आश्चर्यजनक ही है कि आधुनिक भाषाविज्ञान के पिछले कुछ वर्षों में भाषा वैज्ञानिकों का एक ऐसा वर्ग भी सामने आया जो अपने को **भाषा प्रयोग तथा भाषा प्रयोक्ता** से पूर्णतः काट कर रखता है। चॉम्स्की का अनुसरण करते हुए ये भाषा वैज्ञानिक यह तर्क देते हैं कि **हम उस भाषा का अध्ययन नहीं करते जो प्रयोग में है या हम यह नहीं जानना चाहते कि भाषा कैसे सीखी जाती है। हमारा पहला लक्ष्य है यह जानना कि भाषा स्वयं अपने आप में क्या है?** इस प्रकार वे यह विचार देते हैं कि, **भाषा अध्ययन का लक्ष्य है, 'भाषा क्या है' इसका पता लगाना अतः भाषाविज्ञान का कार्य है भाषा का व्याकरण तैयार करना जिससे कि भाषा के विषय में हमारा ज्ञान व्यापक हो सके। इस धरातल पर भाषा प्रयोग हमें बहुत थोड़ा या लगभग कुछ नहीं देते।** परन्तु आधुनिक भाषाविज्ञान की व्यावहारिक दृष्टि (विशेषतः समाज भाषाविज्ञान) इस धारणा को स्वीकार नहीं करती और यह घोषित करती है कि **समाज से कटा हुआ भाषा अध्ययन या समाज से असम्बद्ध भाषाविज्ञान अर्थहीन है** (हडसन, 1980)। हडसन यह तर्क देते हैं कि **इस तरह का समाज से कटा हुआ भाषा सम्बन्धी विचार ऐसे भाषाविज्ञान को जन्म देगा जो अपने में अपूर्ण होगा। भाषा को अर्थपूर्ण दृष्टि से देखने और उसे पूर्णता में अर्थवत्ता प्रदान करने के लिए प्रयोग और विकल्प ही दो सर्वाधिक महत्त्वपूर्ण आधार हैं।**

इस दिशा में व्यावहारिक भाषा अध्ययन ने दो क्षेत्रों में विकास किया : समाज भाषाविज्ञान (सोशियो लिंग्विस्टिक्स) और भाषा का समाज शास्त्र (सोशियॉलजी ऑफ लैंग्वेज)। भाषा अध्ययन की व्यावहारिक दृष्टि के इन दो उपभेदों में समाज भाषाविज्ञान का कार्यक्षेत्र है—**समाज और भाषा के अन्तःसम्बन्धों की खोज;** और लक्ष्य है—**भाषा संरचना के प्रति एक अधिक महत्त्वपूर्ण और सम्पूर्ण दृष्टि तथा समझ पैदा करते हुए यह विवेचित करना कि भाषा,सम्प्रेक्षण-क्रिया में कैसे व्यवहार करती है और तदनुरूप विविध आकार ग्रहण करती है।** भाषा के समाजशास्त्र का लगभग समतुल्य लक्ष्य है—भाषा अध्ययन के माध्यम से; सामाजिक संरचना को अधिक अच्छी तरह समझना। जैसा कि हडसन (1980) ने कहा भी कि कुछ **भाषाई अभिलक्षण (फ़ीचर्स) कुछ विशिष्ट सामाजिक व्यवस्था को**

विवेचित करने में सहायक होते हैं और **समाज भाषाविज्ञान तथा भाषा का समाजशास्त्र**, इन दोनों की मूलभूत प्रकृति पर प्रकाश डालते हुए उन्होंने कहा **समाज भाषाविज्ञान भाषा का समाज के सन्दर्भ में या समाज से जोड़कर अध्ययन है; भाषा का समाजशास्त्र समाज को भाषा के सन्दर्भ में या भाषा से जोड़ कर अध्ययन है।**

भाषा अध्ययन के व्यावहारिक पक्ष पर विचार करते हुए ट्रडगिल (1947) ने यह कहा कि आधुनिक भाषाविज्ञान, समाजशास्त्र और भाषाविज्ञान से वैचारिक दृष्टि लेते हुए व्यावहारिक भाषा के कई पक्षों को उद्घाटित करता है। इन पक्षों में **संभाषण और प्रोक्ति से सम्बन्धित अध्ययन, वाक्-क्रिया (स्पीच ऍक्ट) से सम्बन्धित अध्ययन, वाक् का नृ-शास्त्रीय अध्ययन** आदि प्रमुख हैं। भाषा का समाजशास्त्र भी कई पक्षों से अपने को जोड़ कर आधुनिक भाषाविज्ञान को व्यावहारिकता प्रदान करता है। इन पक्षों में **द्विभाषिकता, कोड परिवर्तन, डॉयग्लॉसिया** आदि तथा और कुछ अति व्यावहारिक (प्रैक्टिकल) पक्ष भी आते हैं जैसे **कक्षा में भाषा-व्यवहार का परिचय देना** आदि।

ट्रडगिल के आगे भाषा अध्ययन की व्यावहारिक दृष्टि का विकास लेबॉव (1977) में मिलता है जो **विकल्प-सिद्धान्त** और **भाषा-परिवर्तन** पर व्यापक चर्चा करते हैं। लेबॉव का मूल लक्ष्य भाषा और सामाजिक वर्ग के अन्तःसम्बन्धों को देखते हुए भाषा अध्ययन करना है। यहाँ उनका ध्येय है **भाषा के बारे में अधिक से अधिक जानकारी प्राप्त करना और इन बातों पर ध्यान देना कि भाषा-परिवर्तन की प्रक्रिया क्या है, भाषा विकल्प की प्रकृति कैसी है और भाषा-संरचना की व्यवस्था कैसी है।**

भाषा अध्ययन के आधुनिक सन्दर्भ में जो व्यावहारिक दृष्टि आयी उसने भाषा प्रयोक्ता और भाषा प्रयोग के सन्दर्भ में भाषा विकल्पों पर चर्चा की और भाषा तथा समाज के अन्तःसम्बन्धों के परिप्रेक्ष्य में भाषा को सम्प्रेषण क्रिया से जोड़ा। इनमें से कुछ संकल्पनाओं और अवधारणाओं पर अब हम चर्चा करेंगे जिनसे ऊपर विवेचित बिन्दु भी स्पष्ट होंगे और भाषा अध्ययन की व्यावहारिक दृष्टि की सार्थकता भी सिद्ध होगी।

भाषा, बोली और विकल्पन : हडसन (1986) ने भाषा विकल्पन की संकल्पना को इन शब्दों में पारिभाषित किया है **भाषाई तत्त्वों का ऐसा समुच्चय जिनका वितरण सदृश (सिमिलर) हो।** अतः विकल्पन को भाषाई तत्त्वों या मानव भाषा-अभिरचना (पैटर्न्स) का विशिष्ट समुच्चय (सेट) कहा जा सकता है। इस संकल्पना की प्रकृति को देखते हुए यह भी कहा जा सकता है कि भाषा में विभिन्न प्रकार के विकल्पन होते ही हैं और **कोई भी भाषा विकल्पन मुक्त नहीं होती।** हिन्दी भाषा के सन्दर्भ में **मानक हिन्दी, पाक कला की हिन्दी, निम्न वर्ग**

की हिन्दी, उच्च हिन्दी, वैज्ञानिक हिन्दी, अनौपचारिक बातचीत की हिन्दी आदि को हिन्दी के विकल्पन के रूप में देखा जा सकता है।

पिजिन और क्रियोल : पिजिन एक ऐसा भाषा रूप है जिसका कोई देशीय भाषा-भाषी (नेटिव स्पीकर) नहीं होता। यह भी कहा जा सकता है कि पिजिन का **प्रथम भाषा** के रूप में कोई अधिगम नहीं करता। वास्तव में पिजिन सम्पर्क की भाषा (कॉन्टैक्ट लैंग्वेज) है, जो बहुभाषी स्थिति की उपज होती है। इससे जुड़े भाषा समुदायों (जो आपस में सम्प्रेषण करना चाहते हैं) के लिए यह जरूरी हो जाता है कि वे एक सामान्य, सहज कोड का प्रयोग करें ताकि वे सम्प्रेषण-क्रिया सम्पन्न कर सकें। पिजिन को सामान्य भाषा का संक्षिप्त (रिड्यूस्ड) विकल्प/प्रकार भी कहा जाता है जिसमें उन भाषाओं का व्याकरणिक और शब्द-स्तर पर साधारणीकरण होता है तथा ध्वन्यात्मक विकल्पों को आधार मान कर उसमें स्थानीय शब्द समूह का समावेश भी होता है जिससे कि सम्पर्क में आनेवाले समुदाय (कॉन्टेक्ट ग्रुप) की सम्प्रेषण सम्बन्धी आकांक्षाओं की पूर्ति हो सके। पिजिनीकरण की प्रक्रिया में जो दो भाषाएँ सम्पर्क में आती हैं उनमें से एक ऊर्ध्वमुखी (डॉमिनेंट) और दूसरी अधोमुखी (इनफीरियर) होती है। अधोमुखी भाषा के प्रयोक्ता पिजिन के निर्माण में महत्त्वपूर्ण भूमिका निभाते हैं। पिजिन रूप में वे केवल उन्हीं से वार्तालाप नहीं करते जिनकी भाषा ऊर्ध्वमुखी होती है, वे आपस में भी इस रूप का प्रयोग करते हैं और ऊर्ध्वमुखी भाषा का भिन्न-भिन्न स्तरों पर सरलीकरण करते चलते हैं यथा **रूप/शब्द संरचना और वाक्य संरचना का परिसीमन (रिडक्शन)** अर्थात **व्याकरणिक संरचना का स्तर, ध्वन्यात्मक विकल्पनों के प्रयोग के प्रति सहनशीलता** अर्थात **उच्चारण के स्तर प्रयोग की सीमा** (सामान्यतः पिजिन रूप में उपन्यास लिखने का प्रयत्न नहीं किया जाता) अर्थात् **प्रयोग का स्तर** तथा अधिकाधिक **स्थानीय मातृभाषा की शब्दावली का आगम** (बॉरोइंग)। इसके विपरीत क्रियोलीकरण की प्रक्रिया में रूप/शब्द रचना और वाक्य रचना का विस्तार होता है, ध्वन्यात्मक व्यवस्था का नियमन होता है, प्रयोग-प्रकार्य का विस्तार होता है, ध्वन्यात्मक व्यवस्था का नियमन होता है तथा शब्दावली व्यापक और स्थिर होती है।

डॉयग्लासिया : डॉयग्लासिया की स्थिति किसी भाषा-समाज में तब उत्पन्न होती है जब उसकी **एक भाषा के दो कोड** प्रचलित होते हैं और दोनों के व्यावहारिक प्रकार्यात्मक आधार स्पष्ट और भिन्न होते हैं। अर्थात एक कोड का प्रयोग एक प्रकार की स्थिति और सन्दर्भ में किया जाता है और दूसरे कोड का नितांत भिन्न स्थिति और सन्दर्भों में। फ़र्ग्यूसन (1959) ने डॉयग्लासिया की परिभाषा देते हुए स्पष्ट किया था कि **भाषाद्वैत की स्थिति एक स्थिर भाषा स्थिति है।** भाषा की प्रमुख बोलियों के अतिरिक्त भी एक उच्च कोड (व्याकरणिक दृष्टि से अधिक जटिल) होता है जिसे 'सपुरपोज़्ड वेरायटी' कहा जा सकता है जिसका

प्रयोग साहित्य में होता है और जो शिक्षा का माध्यम भाषा होती है। इसी कोड का प्रयोग लिखित और औपचारिक वार्तालाप में होता है। यह कोड समुदाय के किसी भी वर्ग द्वारा सामान्य वार्तालाप के लिए प्रयुक्त नहीं किया जाता।

आधुनिक भाषाविज्ञान की ऊपर विवेचित अवधारणाओं तथा ऐसी अनेक संकल्पनाओं और भाषाप्रयोग एवं विकल्प से जुड़े उसके दृष्टिकोण ने उसे व्यावहारिकता प्रदान की है और यह प्रमाणित किया है कि **भाषा व्यक्तिगत होने के साथ-साथ सामाजिक भी है** अतः **आदर्श भाषा-समुदाय,** जिसे चॉम्स्की पूर्णतः एकरूपी (होमोजेनस) भाषा-समुदाय कहते हैं की संकल्पना इस दृष्टि से निरर्थक सिद्ध होती है क्योंकि एकरूपी भाषा-समुदाय एक सैद्धान्तिक परिकल्पना है जो एक सीमित उद्देश्य की पूर्ति के लिए सामने लायी गयी। एक सामान्य और जीवन्त भाषा-समुदाय की परिकल्पना आधुनिक भाषाविज्ञान में व्यावहारिक दृष्टि के पोषक लायंस (1970) द्वारा दी गयी--**सभी व्यक्ति जो भाषा (या बोली) का प्रयोग करते हैं** और इसीलिए गंपर्ज़ (1971) **भाषा-समुदाय** के स्थान पर **वाक्-समुदाय** शब्द के प्रयोग को अधिक सार्थक मानते हैं। सामाजिक समुदाय चाहे वह एकभाषी हो या बहुभाषी, सामाजिक क्रिया-कलाप और परस्पर वार्तालाप में सम्प्रेषण की आवश्यकता, स्थिति और परिवेश के अनुरूप भाषा रूप चुनता है। हाइम्स (1974) इसीलिए **भाषा-समुदाय में प्रतिभागिता करना** और **पूरी तरह उसका सदस्य होना** में भेद करते हैं क्योंकि ये दोनों स्थितियाँ भाषा व्यवहार को परिवर्तित कर विशिष्ट बना देती हैं। प्रतिभागिता द्वारा हम भाषा समुदाय की व्याकरणिक/व्यवहारगत अभिरचनाओं की जानकारी प्राप्त कर, एक सीमा तक उनसे अपने को जोड़ पाने में समर्थ भी होते हैं और एक सीमा तक क्रिया-प्रतिक्रिया भी कर पाते हैं पर कभी हमारा उच्चारण, कभी सन्दर्भहीन भाषा-प्रयोग हमें अपनी सीमाओं के प्रति सचेत भी करता रहता है।

भाषा-समुदाय की इस विशिष्ट प्रकृति का अध्ययन करते हुए लेबॉव (1970) ने यह देखने का प्रयत्न किया कि विभिन्न भाषा-समुदायों में भाषा कैसे विविध रूपी हो जाती है। भाषा की यह विविधरूपता भाषावैज्ञानिक को अनेक निष्कर्षों तक पहुँचाने में सहायक होती है। भाषा विकल्प की इस विचारधारा ने भाषा-अध्ययन को एक व्यापक व्यावहारिक आयाम प्रदान किया और भाषावैज्ञानिक सिद्धान्तों को एक नया मोड़ दिया। सपीर (1931) ने इस दिशा में व्यवहारजनित भाषा-अध्ययन को भाषा और संस्कृति तक विस्तृत किया था तथा भाषा और संस्कृति के सम्बन्धों को अति महत्त्वपूर्ण सिद्ध करते हुए यह विचार व्यक्त किया था कि **हम किसी व्यक्ति को उसकी पुस्तकालीय भाषा के प्रयोग द्वारा नहीं पहचान सकते इसके लिए व्यक्ति की संस्कृतनिष्ठ भाषा ही नहीं उसका संस्कृगत भाषेतर व्यवहार भी महत्त्वपूर्ण है।**

आज यह बात स्थापित हो चुकी है कि **भाषा, व्यावहारिक अर्थ (फंक्शनल मीनिंग) को अभिव्यक्त करने का माध्यम है।** अतः द्वितीय और विदेशी भाषा शिक्षण में भी भाषा की इस व्यावहारिक दृष्टि ने पूरी मदद की और सम्पूर्ण विश्व में भाषाशिक्षण की परम्परागत अवधारणा पूरी तरह बदल गयी। अब **व्याकरणिक तत्त्वों-इकाइयों को** नहीं, भाषा के **सम्प्रेषणपरक आयामों** को महत्त्व दिया जाने लगा है। अब भाषा शिक्षण की पाठचर्या में व्याकरणिक तत्त्वों और कोशीय तत्त्वों का ही नहीं बल्कि उन अभिप्रायों (नोशन्स) और संकल्पनाओं (कॉन्सेप्ट्स) का भी समावेश किया जाने लगा है (याल्डेन, 1983) जो अध्येता की सम्प्रेषणपरक आवश्यकताएँ पूरी करते हैं। हेलिडे (1970) ने अपने आलेख **लैंग्वेज स्ट्रक्चर एण्ड लैंग्वेज फंक्शन** में भाषा के व्यावहारिक पक्ष का सम्यक् विवेचन किया जिसे आगे चलकर हाइम्स (1972) ने सम्प्रेषणपरक क्षमता (कम्युनिकेटिव कांपिटेंस) से जोड़ा। हैलिडे (1973) ने भाषा के निम्नलिखित व्यवहार निर्देशित-निर्धारित किये–

1. **निदेशात्मक व्यवहार (इंसट्रक्शनल फंक्शन)** : भाषा का प्रयोग किसी चीज़ या लक्ष्य को प्राप्त करने के लिए करना।
2. **नियामक व्यवहार (रेगुलेटरी फंक्शन)** : भाषा का प्रयोग दूसररों के व्यवहार को नियन्त्रित करने के लिए करना।
3. **क्रिया-प्रतिक्रिया व्यवहार (इंटरैक्शनल फंक्शन)** : भाषा का प्रयोग दूसरों से विचार-विनिमय करने के लिए करना।
4. **व्यक्तिगत व्यवहार (पर्सनल फंक्शन)** : भाषा का प्रयोग व्यक्तिगत अनुभूतियों और अर्थों को व्यक्त करने के लिए करना।
5. **अन्वेषणात्मक व्यवहार (ह्यूरिस्टिक फंक्शन)** : भाषा का प्रयोग कुछ सीखने और खोजने के लिए करना।
6. **काल्पनिक व्यवहार (इमेजिनेटिव फंक्शन)** : भाषा का प्रयोग कल्पनालोक की सृष्टि के लिए करना।
7. **विषयबोधक व्यवहार (रिप्रेज़ेण्टेशनल फंक्शन)** : भाषा का प्रयोग सूचनाएँ संप्रेषित करने के लिए करना।

भाषा के व्यावहारिक पक्ष या संप्रेषणपरक दृष्टि की भाषा सम्बन्धी मान्यताओं को इस प्रकार व्यक्त किया जा सकता है–

1. भाषा, अर्थ को अभिव्यक्त करने वाली व्यवस्था है।
2. भाषा का मूलभूत प्रकार्य सम्प्रेषण और विचार-विनिमय से सम्बद्ध है।

3. भाषा की संरचना उसके सम्प्रेषणपरक और प्रकार्यपरक प्रयोगों को उद्घाटित करती है।
4. भाषा की मूलभूत इकाइयाँ इसकी संरचनात्मक या व्याकरणिक इकाइयाँ नहीं होतीं बल्कि प्रकार्यात्मक और सम्प्रेषणपरक अर्थ की कोटियाँ होती हैं जो प्रोक्ति में अन्तर्भुक्त रहती हैं।

आधुनिक भाषाविज्ञान की व्यावहारिक दृष्टि ने भाषा अध्ययन को समाज संदर्भित करते हुए उसके प्रयोगगत और सन्दर्भगत रूपों को हमारे सामने रखा। ये रूप भाषा को एक व्यापक और जीवन्त आधार देते हैं। इस दृष्टिकोण ने भाषा अध्ययन के धरातल पर ऐसी अनेक संकल्पनाएँ प्रदान कीं जिन्होंने भाषावैज्ञानिकों को भाषा विश्लेषण, विवेचन और वर्गीकरण की दिशा दिखायी और भाषा के आदर्श, मानक, व्याकरणिक दृष्टिकोण से सम्बद्ध उन भ्रमों को तोड़ा जो भाषा को सीमित और सैद्धान्तिक दायरों में जकड़े हुए थे। तभी लेबाव (1970) ने स्पष्ट शब्दों में कहा था कि **व्याकरणिकता या आदर्श रूप-रचना की चर्चा तब तक निरर्थक है जब तक हम सामाजिक विचार विनिमय से सम्बद्ध उन सूक्ष्म ब्योरों से अपनी दृष्टि को सम्बद्ध नहीं करते जो वास्तव में भाषा के माध्यम से ही सम्पन्न होते हैं।**

आज जब हम **प्रयोजनमूलक भाषा, प्रयुक्ति,** उप-प्रयुक्ति के सन्दर्भ को भाषा-विकास (लैंग्वेज डेवलपमेंट) से जोड़ कर देख पा रहे हैं अथवा **शैली** की संकल्पना पर **व्यक्ति, समाज** और **व्यवहार-क्षेत्र** (डोमेन) के सन्दर्भ में विचार कर पा रहे हैं तो निश्चित ही इनकी पृष्ठभूमि में भाषा-अध्ययन की वह **व्यावहारिक** अथवा **प्रकार्य केन्द्रित** दृष्टि ही है जिसे आधुनिक भाषाविज्ञान ने **भाषा क्या है** जैसे प्रश्न की केन्द्रीयता से निकाल कर इस प्रश्न से रूबरू कराया कि **भाषा काम कैसे करती है।** मोटूरि सत्यनारायण जी हिन्दी तथा भारतीय भाषाओं को इसी व्यावहारिक धरातल पर विकसित करने तथा उनकी प्रयोजनीयता से बँधी विविधता को भाषा-अध्ययन की धुरी से जोड़ने के पक्षधर थे।

सन्दर्भ

Chomsky. N., (1957) *Syntactic structures*. The Hague : Mouton.

Dittman, N., (1976) *Socialinguistics*. London : Edward Arnold.

Ferguson, C.A., (1964) 'Diglossia' In Dell Hymes (ed.) *Language in Culture and Society : A Reader in Linguistics and Anthropology*. New York: Harper & Row.

Gumperz, J.J. and D. Hymes (ed.) (1971) *Directions in Sociolinguistics : The Ethnography of Communication*. New York Holt, Renehart and Winston.

Hudson, R.A., (1980) *Socolinguistics*. Cambridge : C.U.P.

—(1986). Some issues on which linguistics can agree. *Journal of Linguistics* : 17.

Halliday, M.A.K., (1970) Language Structure and Language Function. IN John Lyons (ed) *New Horizones in Linguistics*. London : Penguin.

—(1973). *Exploration in the Functions of Language.* London : Edward Arnold.

Hymes, Dell., (1972). On Communicative Competence IN pride J.B. Holmes J. (eds.). *Sociolinguictis*. London : Penguin.

Labov, W., (1986). *The Social stratification of English in New York City.* Washington D.C. :Centre for Applied Linguistics.

—(1970). *The Study of Language in its social setting*. Stadium General 23, 1 : 30–87.

—(1977). *Foundation in Sociolinguistics : Athnographic Approach*. London : OUP.

Lyons, John., (1970). *New Horizons in Linguistics*, London. Penguin.

Trudgill, P., (1974). *Sociolinguistics : An Introduction*. New York Penguin.

Yalden, J., (1983). *The Communicative Syllabus : Evolution Design and Implementation*. Oxford : Pergamon.

मानस की समाजभाषिकी : नाते रिश्ते की शब्दावली

–पियूष कुमार श्रीवास्तव

नाते रिश्ते का महत्त्व

समाज की सबसे महत्त्वपूर्ण इकाई है व्यक्ति के सामाजीकरण का पहला सोपान है परिवार। इस परिवार के सदस्यों को परस्पर बाँध रखने वाली शील और स्निग्धता की दृढ़ रज्जु का ही दूसरा नाम है रिश्ता नाता। कहावत है कि रिश्ते खून से बनते हैं पानी से नहीं किन्तु यह भी एक सत्य है कि इन्हें बनाए रखने के लिए खून नहीं पानी (शील-स्निग्धता) की आवश्यकता होती है। अतः इन नातों रिश्तों के प्रति जो समाज जितना जागरूक होगा उसकी इन नातों-रिश्तों की शब्दावलियों का उतना ही अधिक विकास होने के साथ ही वह उतना ही अधिक शील और स्निग्धता की इन डोरियों से बँधा होने के कारण एक संयुक्त परिवार के रूप में पनप सकने में सफल होगा। इसी में जगत का कल्याण है।

विभिन्न नातों के प्रति समाज का आचरण या व्यवहार रिश्ते-नाते की शब्दावली को समाजिक अर्थ प्रदान करता है। मूल परिवार, माता-पिता के परिवार और वैवाहिक सम्बन्धों से निर्मित रिश्ते अनेक सामाजिक अर्थों को खोलने के साथ-साथ सामाजिक संरचना की परतों को भी खोलते चलते हैं।[1]

मनुष्य, चाहे पारिवारिक हो अथवा सामाजिक, जीवन को जीने की यदि कह सकें तो कला का पाठ परिवार से ही सीखता है। भारतीय परिवारों में बचपन से ही बालक को दिए जाने वाले संस्कार और सीख इसका सुन्दर उदाहरण हैं।

आज भी भारत के घर परिवारों में बच्चों को सिखलाया जाता है कि बेटा तुम्हारे नाना-नानी, दादा-दादी, मामा-मामी, चाचा या चाची आयी हैं जाकर उनके पाँव छुओ और उनका आशीर्वाद लो। इतना ही नहीं बड़ों के साथ कैसे बोला बतियाया जाता है, उनके सामने कैसे शब्दों का प्रयोग करना और कैसे शब्दों का प्रयोग नहीं करना चाहिए यह भी सिखलाया जाता है। इन आदर्शों के पालन से

1. हिन्दी का सामाजिक सन्दर्भ इकाई 23 प्रो. दिलीप सिंह, पृ. 23

हमारे नाते-रिश्ते अधिक सुदृढ़ बनते हैं। इसका प्रभाव इतना गहरा पड़ता है कि दूर-सुदूर विदेशों में रहकर भी मनुष्य अपने पारिवारिक आचरण को नहीं भूलता। समाज के प्रति हमारी जो धारणा सबसे पहले बनती है, वह परिवार में ही बनती है।[1]

अलग-अलग भाषाओं के समाज और संस्कृति में भिन्नता होने के कारण उनके रिश्ते-नाते के शब्दों का भी अलग-अलग मात्रा और रूपों में मिलना स्वाभाविक है। किन्तु संसार की किसी भी भाषा में रिश्ते-नाते की शब्दावलियों का संगठन (organisation) और विश्लेषण (analysis) लिंग, रक्त सम्बन्ध और विवाह सम्बन्धों के आधार पर ही किया जाता है। इसमें कोई सन्देह नहीं कि रिश्ते-नाते की शब्दावली भाषा और समाज को वर्गीकृत करने की मूलभूत व्यवस्था है जो पारिवारिक संरचना के साथ-साथ सामाजिक संरचना का परिचय भी हमें देती है।[2]

भारत की सारी सामाजिक संरचना का आधार परिवार है। तभी तो हम अपने रक्त सम्बन्धियों से अलग लोगों के लिए भी—

दादा या पिता के घर में आस पड़ोस के—

पिता के समवयस्क लोगों को	चाचाजी, ताऊजी
माँ के समवयस्क लोगों को	चाचीजी, ताईजी
दादा के समवयस्क पुरुषों को	दादाजी
दादी की समवयस्का स्त्री को	दादीजी कहकर पुकारते हैं

और नाना या माँ के घर में आस-पड़ोस के—

पिता के समवयस्क लोगों को	मामा
माँ के समवयस्क लोगों को	मौसी
नाना के समवयस्क पुरुषों को	नानाजी
नानी की समवयस्का स्त्री को	नानीजी कहकर पुकारते हैं

दोनों ही स्थानों पर समवयस्क को भइया/दीदी/भाई/बहन या कम आयु वालों को उनके नाम से पुकारते हैं।

अगर ध्यान दें तो इन नाते रिश्तों से दो चीजें सामने आती हैं—

1. हमारे समाज में बड़ों को आदर देने की प्रथा है भले हम उनसे अपरिचित हों क्योंकि हमारी संस्कृति वसुधैवकुटुम्बकम के सिद्धान्त पर विश्वास करती है।
2. हमारा समाज पुरुष प्रधान समाज है। इसका एक और प्रमाण पिता के घर उनके हर बड़े भाई के लिए ताऊजी और छोटे के लिए चाचा या

1. हिन्दी का सामाजिक सन्दर्भ इकाई 23 प्रो. दिलीप सिंह, पृ. 23
2. हिन्दी का सामाजिक सन्दर्भ इकाई 23 प्रो. दिलीप सिंह, पृ. 24

काका कहने और पति के छोटे भाई को **देवर**, बड़े को **जेठ**, पति के बड़े भाई की पत्नी के लिए **जेठानी** और छोटे भाई की पत्नी के लिए **देवरानी** शब्द का प्रचलन है। किन्तु स्त्री के छोटे और बड़े दोनों भाइयों के लिए साले शब्द का और उसकी बहनों के लिए **साली** शब्द का ही प्रचलन है। **यहाँ यह तथ्य भी विचारणीय है कि दोनों साले और साली के शब्दों का प्रयोग भारतीय हिन्दू समाज में अनादर और गालियों के रूप में भी होता है।**

इसी तरह वर-वधू दोनों पक्षों के माता-पिता के लिए अलग-अलग नाते रिश्ते के शब्द नहीं मिलते। बल्कि दोनों पक्षों के लिए **सारा-ससुर** शब्द का ही प्रयोग प्रचलित है **जो शायद इसलिए भी विचारणीय है कि दहेज प्रथा की समस्या का आज भी हमारे पास कोई समाधान नहीं है। हिन्दी-अंग्रेजी के नाते रिश्ते के शब्दों की तुलना से यह बात साबित की जा चुकी है कि हिन्दी की तुलना में अंग्रेजी के पास नाते रिश्ते के शब्दों की संख्या अत्यधिक कम है। माँ, बाप, भाई, बहन के लिए उनकी भाषा में प्रयुक्त क्रमशः Mother, Father, Brother, Sister शब्दों को छोड़कर उनकी शब्दावली को केवल aunty-uncle-inlaws & causines तक सीमित किया जा सकता है। इसका प्रधान कारण पाश्चात्य देशों में संयुक्त परिवार प्रथा के स्थान पर सीमित परिवार प्रथा का प्रचलन है और उनकी इस दशा के लिए उत्तरदाई है मशीनीकरण और औद्योगीकरण का अतिक्रमण।** इन पाश्चात्य देशों की दशा आज यह है कि यदि परिवार नाम की कोई चीज आपको एक साथ अपने सम्पूर्ण रूप में वहाँ देखने को मिल जाए तो अहोभाग्य। वहाँ तो जीवन, व्यापार, उद्योग, नौकरी, विवाह और परिवार सब कुछ एक कांट्रेक्ट (contract) है। भारत अब भी इससे बचा है और बचा रह सकता है किन्तु अंतर्राष्ट्रीयकरण (globalisation) की इस दौड़ में यदि कहीं भारत ने दाएँ-बाएँ सिर हिलाने के स्थान पर ऊपर-नीचे सिर हिला दिया तो भारत की संस्कृति की दीवार को एक जबरदस्त ठोकर खाकर सँभल सकने की शक्ति के संचयन का कार्य अभी ही से आरम्भ कर देना होगा।

संयुक्त परिवार की भाषाओं की नाते रिश्ते की शब्दावलियों का रूप और मात्रा सीमित परिवार की भाषाओं की नाते रिश्ते की शब्दावलियों की अपेक्षा भिन्न किन्तु अधिक होती है। इन नाते रिश्तों के प्रकाश में भारतीय पारिवारिक संरचना को समझ पाना पाश्चात्य समाजों की पारिवारिक संरचना की तुलना में कहीं अधिक सरल है।

नाते रिश्ते के बहुत से शब्दों का प्रयोग सम्बोधन के रूप में भी किया जाता है और इन शब्दों के चयन में दो बातों पर विशेष ध्यान रखा जाता है (क) आयु और (ख) सामाजिक स्थिति।

नाते रिश्ते की शब्दावली का सामाजिक सन्दर्भ–रिश्ते-नाते की शब्दावली के प्रयोग में भाषा संरचना पर जो प्रभाव पड़ता है। वह समाज संदर्भित है। हिन्दी की नाते रिश्ते की शब्दावली का समाज के साथ गहरा सम्बन्ध है। भारतीय समाज में अपने से बड़ों के लिए आदर और सम्मान की प्रथा है इसलिए (क) बड़ों को सम्बोधित करते समय हम उनके साथ सम्बन्ध बताने वाले शब्दों के साथ जी जैसे प्रत्यय का प्रयोग करते हैं और क्रिया शब्द का बहुवचन रूप लगाते हैं।

उ. नाना जी आए थे

माता जी आ रही हैं।

किन्तु अपने से नीचे की पीढ़ी (पद) वालों के लिए इसके विपरीत एक तो सामान्यतः **जी प्रत्यय** का प्रयोग (कुछ अपवादों को छोड़कर) नहीं होता और क्रिया का एकवचन रूप लगता है–

उ. राम आया और चला गया

इन नियमों का उल्लंघन भाषा रचना की दृष्टि से अशुद्ध माना जाता है। ठीक यही नियम पदों के लिए भी लागू होता है–

1. उच्च पदाधिकारियों (+ पद) वालों के साथ निम्न पद (-पद) वाले आदर सूचक शब्दों के साथ क्रिया शब्द के बहुवचन रूप का प्रयोग करते हैं–

उ. डॉक्टर साहब आए थे किन्तु रोगी जा चुका था।

राम ने कहा अध्यापक महोदय अच्छे हैं।

किसी भी समाज के संगठन में इन नाते रिश्ते की शब्दावलियों का विशेष योगदान होता है। भाषा और समाज के वर्गीकरण का आधार भी ये शब्दावलियाँ ही हैं। ये अपने समाज और उसकी भाषा विशेष के गुणों पर भी प्रकाश डालती हैं। नाते-रिश्ते के ये शब्द कोश भण्डार की श्रीवृद्धि करने वाले या सम्बोधन मात्र नहीं है, ये तो हमारे जीवन में रच बस उसका अभिन्न अंग बन गए हैं। जीवन के हर कदम पर हमें इनकी आवश्यकता अनिवार्य रूप से पड़ती है चाहे वह दैनिक जीवन में हो, जीवन में मिलने वाले संस्कार हों, पर्व त्योहार हों रीति-रस्म या रिवाज हों।

माता-पिता, दादा-दादी, नाना-नानी आदि के सामने आते ही हम उठकर खड़े हो जाते हैं उनके पाँव छूते हैं और हमारे बोलने का ढंग ही बदल जाता है। कहीं जाते-आते या किसी भी शुभ कार्य के आरम्भ से पहले उनका आशीर्वाद लेते हैं। इसी तरह से सारे रिश्तों को समाज-सांस्कृतिक भूमिका भी संस्कारों में समाज द्वारा तय है।

(*i*) भाई का बहन के विवाह में लावा परछना।

(*ii*) भाभियों का होने वाले वर-बधू को हल्दी लगाना।

(*iii*) शिशु जन्म के उपरान्त बुआ का छठवें दिन छठी पूजना।

(*iv*) बालक के मुंडन में बुआ का बाल उठाना और नेग पाना।
(*v*) पुत्री की घर से होने वाली हर विदाई के समय खोंइछा डालना।
(*vi*) विवाह में मामा का इमली घोटना।
(*vii*) बुआ का बधू को सिन्दूर दान देना।
(*viii*) विवाह में बहनोई का वर को पगड़ी बाँधना।
(*ix*) **पिता की शवयात्रा में पुत्र का काँधा देना, मुखाग्नि देना।**

ऐसे संस्कारों, रीति-रिवाजों पर्वो त्योहारों से हमारा भारतीय समाज जुड़ा है जिसमें इन नातों रिश्तों की विशेष भूमिका होती है। इस तरह हम देखते हैं कि इन नाते रिश्तों की दुनिया का हमारे समाज में बहुत ऊँचा स्थान है। इन शब्दों का जीवन मूल्यों से बहुत गहरा सम्बन्ध होता है। इन मूल्यों के रहते इन्हें तोड़ा नहीं जा सकता और इनके न रहने पर इन्हें जोड़ कर रखा भी नहीं जा सकता है। इन शब्दों में संवेदनाओं को जगाने की शक्ति होती है। **स्वामी विवेकानन्द** ने Brothers and Sisters of America कहकर समय को मुट्ठी में बाँध कर रखने वाले अमेरिका देश के निवासियों को भी ऐसा वश में कर लिया था कि उनके बोलने के लिए Parliament of Religions द्वारा निर्धारित तीन मिनट का समय तो केवल तालियों की गड़गड़ाहट में ही निकल गया और उसके बाद आरम्भ हुए उनके भाषण को वहाँ की उपस्थित जनता लगातार तीन घण्टों तक अवाक् हो सुनती रही।

भारत को स्वतन्त्र कराने में **गाँधी** जी ने **हिन्दू-मुस्लिम भाई-भाई** का ही सहारा लिया और भारत की अखण्डता को लम्बी अवधि तक कायम रखा। भले कुछ आन्तरिक कारणों और मतभेदों की वजह से उनका यह प्रयास स्थाई रूप न ले सका।

भारतीय समाज में नाते-रिश्तों का इतना महत्त्व है, और इतनी अधिक संख्या में हमारे पास ये शब्द धरोहर के रूप में आज भी विद्यमान हैं। इनमें से प्रत्येक के लिए अलग-अलग भूमिका और अभिवादन की प्रथा है क्योंकि सामूहिक की तुलना में व्यक्तिगत रूप से किया गया आदर-अभिवादन असर करता है।

मानस में भी नाते रिश्ते के शब्दों का प्रयोग हुआ है। इन्हें देखने पर मालूम पड़ता है कि इन शब्दों का प्रयोग सगे-सम्बन्धियों के मध्य तो अधिकांशतः सहज रूप में हुआ ही है किन्तु बहुत से स्थानों पर गैर सम्बन्धियों के साथ **आत्मीयता** का भाव जगाने के लिए भी इनका प्रयोग हुआ है। ऐसे स्थानों पर ये शब्द सम्बोधन का मुखौटा ओढ़कर आए हैं और इनके प्रयोग ने जिस आत्मीयता और विश्वास को जगाने में सफलता प्राप्त की है, कहने की आवश्यकता नहीं।

नात-रिश्ते का हर शब्द जिन दो के मध्य उस नाते-रिश्ते की जानकारी देता है, उनसे अलग विशेष भूमिका निर्वाह की माँग भी करता है और यह भूमिका

इतनी स्पष्ट होती है कि बिना अपना नाम बताए ही परिचय दे डालती है।

श्रीरामचरितमानस ऐसे नाते रिश्ते के शब्दों और ऐसी भूमिकाओं से भरा पड़ा है।

1. राम-सीता और शिव-पार्वती जैसे पात्रों के लिए बार-बार ऐसे नाते रिश्ते के शब्दों का प्रयोग करना जो हमारी उनके प्रति आस्था प्रगट करते हैं हमारी भारतीय संस्कृति और हमारे समाज में देवी-देवताओं के प्रति विशेष आस्था का परिचायक है। उदाहरण के लिए जगतपति, आदिदेव, महामाया, जगत जननी, लोक माता, जगदम्बा आदि।
2. इन आस्थाओं को व्यक्त करने के लिए माता-पिता, जननी-जनक जैसे नाते-रिश्ते जोड़ना हमारे समाज और संस्कृति में माता-पिता के देवतुल्य होने या माने जाने का सूचक भी है।
3. इस महाकाव्य का प्रायः हर युवा पात्र अपना परिचय देते समय अपना नाम बताने से पहले अपने पिता का नाम बताकर अपने आपको उनका पुत्र कहता है। उ. राम अपना परिचय देते हुए हनुमान से *कोसलेस दसरथ के जाए* कहते हैं। इसी तरह हनुमान भी अपना परिचय देते समय पिता का नाम अपने नाम से पहले जोड़ते हुए कहते हैं *मारुत सुत मैं कपि हनुमाना।* इसी परम्परा का पालन मुनि परशुराम को अपना परिचय देते समय स्वयंवर सभा में उपस्थित तमाम राजाओं ने भी किया है। कहने का तात्पर्य यह है कि माता-पिता को जीवन में सर्व प्रथम स्थान दिए जाने की आदर्श परम्परा हमारी भारतीय संस्कृति की अनादि काल से चली आ रही विशेषता है।
4. बड़े भाई को पिता तुल्य समझे जाने का इशारा भी हमें राम-लक्ष्मण से और कुम्भकरण के विभीषण को सुत कहकर पुकारने से मिलता है।
   राम लक्ष्मण से कहते हैं--
   अब अपलोकु सोक सुत तोरा। सहहि निठुर कठोर उर मोरा॥[1]
   कुंभकरण विभीषण से कहता है--
   सुनु सुत भयउ काल बस रावन। सो कि मान अब परम सिखावन॥[2]
   छोटे भी बड़ों से यही रिश्ता मानते थे। वन गमन के अवसर पर भी माता सुमित्रा पुत्र लक्ष्मण से कहती है--
   तात तुम्हार मातु बैदेही। पिता राम सब भाँति सनेही॥[3]
5. मानस में हर वर्ग का पात्र अपने वर्ग के किसी दूसरे पात्र से भाई का ही रिश्ता मानता है। साथ ही राम जैसे स्वामी भी अपने सेवकों के साथ

---

1. मानस 6-61-7
2. मानस 6-64-4
3. मानस 2-74-1

भाई और सखा का नाता जोड़ते पाए जाते हैं। अगद ने रावण से रावण ने अंगद से भाई का रिश्ता जोड़ना चाहा है।

अंगद रावण से कहता है–

मम जनकहि तोहि रही मिताई। तव हित कारन आयउ भाई॥[1]

प्रत्युत्तर में रावण अंगद से कहता है:

कहु निज नाम जनक कर भाई। केहि नाते मानिए मिताई॥[2]

राम ने सुग्रीव, जामवंत और निषाद आदि को भाई कहा है, सुग्रीव से वह कहते हैं:

तव रघुपति बोले मुसुकाई। तुम्ह प्रिय मोहि भरत सम भाई॥[3]

सुग्रीव वानरों से कहता है:

जनक सुता कहुँ खोजहु जाई। मास दिवस मह आएहु भाई॥[4]

सुग्रीव नील अंगद हनुमान से कहता है:

देह धरे कर यह फल भाई। भजिअ राम सब काम बिहाई॥[5]

हनुमान जामवंत से कहते हैं:

तब लगि मोहि परिखेहु तुम्ह भाई। सहि दुख कन्द मूल फल खाई॥[6]

हनुमान अजनबी विभीषण से कहते हैं:

तब हनुमंत कहा सुनु भ्राता। देखी चहउँ जानकी माता॥[7]

रावण के दरबार में उपस्थित राक्षस भी परस्पर इस भाई के नाते को स्वीकार करते पाए जाते हैं:

आन दण्ड कछु करिअ गोसाईं। सबही कहा मन्त्र भल भाई॥[8]

राम ने विभीषण से कहा:

तोर कोष गृह मोर सब सत्य बचन सुनु भ्राता॥[9]

6. नदियों पर्वतों सागर आदि के लिए भी नाते के शब्दों का प्रयोग प्रकृति के साथ तत्कालीन मानव समाज के सह अस्तित्व को सिद्ध करता है।
7. राम का जटायु से पिता का रिश्ता जोड़ना और जटायु जैसे उस अधम

1. मानस 6-20-1
2. मानस 6-22-1
3. मानस 4-22-1
4. मानस 4-21-4
5. मानस 4-23-3
6. मानस 5-1-1
7. मानस 5-8-2
8. मानस 5-24-4
9. मानस 6-116 क

गीध जाति वाले का सीता को पुत्री कहना तत्कालीन समाज में जाति नहीं आयु और गुण को विशेष महत्त्व दिए जाने का सूचक है।

8. मानस से भाई का रिश्ता अपना एक अलग विशेष स्थान रखता है। हमें कई ऐसे प्रसंग मिलते हैं जिनमें प्रायः असमंजस या किंकर्तव्यविमूढ़ता की स्थिति में हनुमान जैसे महाबली पात्रों ने भी अपने मन में प्रश्न उठते समय उससे भाई का रिश्ता जोड़ा है। यह इस बात को सिद्ध करता है कि जीवन की विषम से विषम परिस्थितियों में भी भाई से नाता टूटता नहीं; बल्कि भाई ही याद आते हैं। अंग्रेजी में भी कहावत है। blood is thicker than water.

9. मानस में हर पात्र का हर दूसरे पात्र से किसी न किसी प्रकार का नाता रिश्ता जोड़ने का प्रयत्न करना तत्कालीन समाज में इन नाते रिश्तों को दिए जाने वाले महत्त्व और संयुक्त परिवार की भावना का परिचायक है। राम और बसिष्ठ जैसे लोग अनुचरों से भाई और सखा का भाव रखते हैं और उन्हें गले लगाते हैं। किन्तु ये दास-अनुचर प्रत्युत्तर में अपने स्वामी के वात्सल्य पर पूरी श्रद्धा और विश्वास रखते हुए भी अपने स्वामी को सखा या भाई नहीं अपना स्वामी और माई बाप ही मानते हैं। यह है इन नाते रिश्तों की ताकत। जो हमारे समाज में आरम्भ से ही रही है।

10. मानस में एक दो अपवादों को छोड़कर कहीं किसी भी कन्या या विवाहित स्त्री का नाम उसे सम्बोधित करने के लिए नहीं लिया गया है और न ही कोई पर पुरुष किसी प्रकार का बराबरी का सीधा सम्बन्ध उससे जोड़ने का प्रयास करता है। हर कहीं उसका परिचय, उसका नाता उसके पिता या पति से जोड़कर ही दिया गया है। यह हमारे भारतीय समाज और हमारी भारतीय संस्कृति की अपनी विशेषता है जो अन्यत्र देखने या सुनने को नहीं मिलती—

    तात जनक तनया यह सोई धनुष जग्य जेहिं कारण होई।[1]
    बोले मुनि सुनु सैलकुमारी करहु कवर कारन तप भारी॥[2]

11. शिव के लिए प्रयुक्त नाते रिश्ते का प्रायः हर शब्द किसी प्राणी वस्तु या स्थान के साथ पिता या पति लगाकर ही बना है जो भारतीय विचारधारा के अनुसार उनके आदि देव होने एवं हर क्षेत्र में उनके स्वामित्व की स्थापना करता है।

12. हनुमान के लिए सबसे अधिक पवनसुत या मारुतसुत जैसे शब्द आए हैं जो उनके वंश बल उनके कार्य की गति आदि के सूचक हैं।

इस तरह से हम देखते हैं कि मानस में नाते रिश्ते के शब्दों का बहुत सफल प्रयोग हुआ है जो हमारे भारतीय समाज में स्वजनों के साथ ही साथ परिजनों और

अजनबियों यहाँ तक कि शत्रुओं के साथ भी भाईचारे की भावना रखे जाने की सूचना और सीख देता है। विभिन्न प्रसंगों के माध्यम से इस तथ्य को भी प्रमाणित कर दिया गया है कि समाज, परिवार यहाँ तक कि व्यक्तिगत जीवन में भी आने वाले अनेकानेक कष्टों और कठिनाइयों का सामना कर सुचारु रूप से शान्ति पूर्वक जीवन जी सकने के लिए इन नाते रिश्तों को जीवित बनाए रखना अत्यन्त आवश्यक है। क्योंकि जीवन की सफलता उसे समाज में रहकर जीने में है उससे पलायन- में नहीं।

रंग शब्दावली का समाजशास्त्र

–कविता वाचक्नवी

भाषा एवं समाज के ही मध्य व्यवहार सम्पन्न होते हैं। ये पारस्परिक प्रतिक्रिया से आगे बढ़ते हैं। "बेसिल बर्नस्टीन ने अपने कुछ अध्ययनों में एक नवीन संकल्पना प्रतिपादित की है, जिसमें उन्होंने सामाजिक वर्ग की भिन्नता के अनुसार सम्प्रेषण में भिन्नता दर्शाई है और वर्गों की सामाजिक भिन्नता के कारण बालकों की प्रत्ययात्मक चिन्तन की क्षमताओं में भी अन्तर बताया है। बर्नस्टीन ने यह भी मत व्यक्त किया है कि श्रमिक वर्ग के वक्ता और उनके बच्चे मुख्य रूप से संकुचित कोड का प्रयोग करते हैं अर्थात वे आमतौर पर अपने भाषण आदि में संसार के उन्हीं शब्दों या शब्दावली का प्रयोग नहीं करते जो अधिक सही और मानक है, न ही बहुत-सी चीजों को वे सांकेतिक अर्थ प्रदान करते हैं, जैसा कि मध्यवर्गीय लोग करते हैं और इस प्रकार कालान्तर में वे प्रत्ययात्मक चिन्तन की क्षमता में कम दक्षता प्राप्त कर पाते हैं।[1] इसी प्रक्रिया में सरलीकरण प्रवृत्ति की भूमिका समाज में सहज रूप से होती है–"सीमित कोड का प्रयोग करने वाले व्यक्तियों की भाषा में कथन सरल होते हैं, शैली वर्णनात्मक होती है, अधिकतर स्थूल या मूर्त वस्तुओं के विषय में वर्णन होता है और तार्किक दृष्टि से सरलता दिखाई देता है।"[2]

समाज अपनी अभिव्यक्ति को अधिक सम्प्रेषणशील बनाने के लिए सरल रूपों का प्रयोग करता है, परिचय-क्षेत्र की वस्तुओं से जोड़कर करता है। ऐसा करने से अभिव्यक्ति में अधिक सहजता एवं सरलता आ जाती है। व्याकरणिक एवं मानक रूपों से वह अपनी अभिव्यक्ति को प्रतिक्रिया को उतने सटीक रूप में अभिव्यक्ति नहीं कर पाता। सिर्फ आधार भूत रंगों के सहारे किसी भाषा-समाज का काम नहीं चल पाता क्योंकि उसके इर्द-गिर्द फैली बाह्य जगत की वस्तुएँ एक रंग नाम से व्यक्त नहीं हो पातीं सो 'हल्का', 'गहरा', 'गाढ़ा', 'झक' जैसे विशेषण

1. प्रो. दिलीप सिंह- संपादकीय, पूर्णकुम्भ – जुलाई, 1998-पृ.सं. 2
2. डॉ. पुष्पा श्रीवास्तवः भाषा का सामाजिक परिप्रेक्ष्य, हिन्दी का सामाजिक?

जोड़कर मूल रंग शब्दों की तीव्रता या 'हीनता' को संप्रेषित किया जाता है। यदि फिर भी काम नहीं चलता तो भाषा-समाज सादृश्य-विधान का सहारा लेते हुए दूध जैसा सफेद, हल्दी जैसा पीला, खून-सा लाल, कोई-सा हरा जैसे रंग सम्बन्ध बनाता चलता है। अब "सफेद" के अनेक सादृश्य हो सकते हैं—चांदनी, मोती या पानी। इसी तरह अन्य रंग-शब्दों के भी यह रंगों के "शेड" निर्मित करने की समाज-भाषिक प्रणाली है।[1]

"सोना" व "रूपा" ये दोनों शब्द बोलियों में रंग-शब्द हैं। व्याकरण के नियमानुसार भले ही इन्हें संज्ञा-शब्द कहा जाए किन्तु समाज इनका प्रयोग उसी तार्किक नियम से नहीं करता। कथन की सरलता, सहजता एवं सम्प्रेषण की सुविधा समाज के भाषा-प्रयोग का रूप निर्धारित करती है। समाज का अनुभव उसके परिवेश से जुड़ा होता है। उसके प्रयोग क्षेत्र में शब्दों का कई बार भाषा के मानकरूप में कोई विकल्प शब्द नहीं है। अभाव की इस प्रतिक्रिया-स्वरूप बने भाषारूपों का विवेचन, विश्लेषण, अध्ययन समाज भाषा विज्ञान के आधार पर किया जाता है तो प्रकट होता है कि अनुभव से सिद्ध होने वाली अपनी भाषा की भाँति समाज अपनी प्रतिक्रिया स्वरूप रंग-शब्दों के साथ भी वही प्रयोग करता है और यह प्रतिक्रिया उच्चस्तर पर करता है। ध्वन्यात्मक स्तर पर प्रतिक्रिया करने के साथ रंग के शब्दों को लिंग तथा वचन की नई व्यवस्था में भी ढाल देता है, नए शब्द गढ़ लेता है। समाज द्वारा गढ़े गए ये शब्द धीरे-धीरे मानक भाषा में स्थान पा लेते हैं, यही उनकी सफलता का प्रमाण है, मानक भाषा में स्थान पा लेने से उन क्षेत्रीय और परिवेशगत रंग शब्दों का प्रयोग-विस्तार होता है, समाज में वे स्वीकार्य प्राप्त होते हैं और साहित्य में स्थान पाकर वे पुनः लोगों तक आ जाते हैं। सुरमई, रतनार, खाकी, स्लेटी, चितकबरा, सिन्दूर, कत्थई जैसे अनेक रंग शब्द समाज के परिवेश से जन्मे एवं साहित्य व मानकीकृत रूप में स्थान पाए शब्द हैं, जो इस रूप में समाज द्वारा स्वीकृत भी हो गए हैं।

"हिन्दी भाषा के शैलीयभेद का सन्दर्भ भाषा के सांस्कृतिक सम्पर्क से भी आ जुड़ता है, तब हमें लाल-रक्तिम-सुर्ख, पीला-पीत-जर्द, हरा-हरित-सब्ज, काला-श्याम-स्याह जैसे युग्म मिलने लगते हैं। यदि इनके प्रयोग-सन्दर्भों की सूची बनाई जाए तो हिन्दी भाषा की प्रयोजनीयता के कई पक्ष उघाड़े जा सकते हैं।"[2]

संरचना के नियमबद्ध रूप को व्याकरण में अपनाया जाता है किन्तु समाज में उसका (विकल्प का) विचलित रूप प्रयोग किया जाता है। यह उन शब्दों पर सामाजिक प्रतिक्रिया के परिणाम-स्वरुप होता है और अनुभव से जोड़कर होता है। अनुभव के कारण ही समाज "रिएक्टेड" (Reacted) भाषा रूप का प्रयोग करने

1. प्रो. दिलीप सिंह - संपादकीय, पूर्णकुम्भ — मार्च 2000
2. वही।

लगता है। "लालिमा" के स्थान पर "ललाई", "ललौहीं", "ललछउँओ" आदि रूप प्रयुक्त होने लगते हैं, निर्मित हो जाते हैं। रंग के सामाजिक अनुभव को विस्तार देने का कार्य समाज सम्पन्न करता है अतः "परोल" सदा विस्तृत कोड होता है। "भाषा में आधारभूत रंगों के शब्दों का विकास पहले और उनके रंग-भेदों के शब्दों का बाद में होगा। भिन्न-भिन्न भाषाओं में उनके बोलने वालों की आवश्यकता और समुदाय में महत्त्व के अनुसार भिन्न-भिन्न भेदों का विकास होता है। भाषा में सार्वभौमिक तत्त्व रंग सम्बन्धी शब्दावली नहीं, बल्कि अर्थ की दृष्टि से रंग है।"[1]

बनेस्टीन ने भाषा के दो कोड़ माने हैं–1. सीमित, 2. विस्तृत। "लांग" "सीमित" रूप है। उससे सारे भाषा समाज का कार्य नहीं सम्पन्न होता, प्रयोजन नहीं सधता, अतः समाज "परोल" का निर्माण करता है, अपने अनुभव, आसपास की चीजों व सम्बन्धों से सम्बद्ध करता है। इसीलिए एक मूल रंग के अनेक सामाजिक विकल्प प्रचलित होते हैं। वासंती, जोगिया, केसरिया, भगवा, गेरुआ, नारंगी, संतरी–ये विकल्प "लांग" को "परोल" में परिवर्तित कर रहे हैं और यह "परोल" समाज-स्वीकृत है। यह प्रयोग व रूप इतना सशक्त एवं अनुभूति सिद्ध होता है कि उसका प्रयोग–विस्तार बढ़ता चला जाता है। कहीं-कहीं तो मूलशब्द की ओर जाते ही नहीं, अनुभव के रंग से जोड़कर रंग-शब्द प्रयोग करते हैं, जैसे–"काही" शब्द का प्रयोग ही सदा हो जाता है क्योंकि "गाढ़ा–हरा" शब्द कहकर भी रंग की वह अवधारणा स्पष्टतः नहीं प्रस्तुत हो पाती, अभिव्यक्ति में स्पष्टता नहीं आ पाती, "लाल वाला" की "अपेक्षा" "ललछौंहा" ही समाज को उचित लगता है। इस प्रकार के प्रयोगों से भाषा सम्पन्न हाती है, उसकी शब्द-सम्पदा बढ़ती है और नए-नए अनुभव उससे जुड़ते हैं। इससे यह भी पता चलता है कि अमुक भाषा समुदाय किस प्रकार सोचता है, कैसे परस्पर वस्तुओं को सम्बद्ध करता है–इत्यादि। इस दृष्टि से रंग–शब्द सर्वाधिक विवेच्य संकल्पना है–सम्बद्धता की सोच का उद्घाटन करने के सन्दर्भ में। "जब लाल" "अनुराग" से, पीला "कृश" से, सफेद "शान्ति या उदासी" से, हरा "जीवन या ताज़गी" से, केसरिया "त्याग और बलिदान" से और काला दुष्कृत्य से जुड़कर कुछ नए अर्थ सन्दर्भ देने लगते हैं तो हमें रंगों की मनोवैज्ञानिक तथा समाज शास्त्रीय व्याख्या की ओर मुड़ने की ज़रूरत महसूस होती है।

समाज शब्दों को अपने आसपास के परिवेश से जोड़कर, अनुभवों से सम्बन्ध स्थापित करता है। कभी संज्ञा शब्द के रूप में, कभी विशेषण के रूप में भी प्रयुक्त करने की सामर्थ्य व क्षमता रखता है। समाज में ही यह शक्ति भी होती है कि वह आवश्यकता अनुभव होने पर भाषा के नियमों को तोड़ भी देता है। "लाल" शब्द व्याकरणिक नियम से लिंग एवं वचन बदल कर प्रयोग नहीं होता "पूर्व उल्लिखित"

1. शारदा भतीन - रंग की आधारभूत शब्दावली, हिन्दी का सामाजिक सन्दर्भ पृ.सं. 212

किन्तु समाज व्याकरण के इस नियम को तोड़कर प्रयोग करता है—"ललकी साड़ी" क्योंकि समाज के अनुभव से "साड़ी" स्त्री से जुड़ी है अतः वह रंग शब्द का भी स्त्रीलिंग कर देता है यद्यपि मूल रंग-शब्दों में लाल तथा सफेद के लिए इसके विपरीत विधान है। इसी अन्तःसम्बन्ध के साथ ही भाषा चलती एवं विकसित होती है। समाज के अनुभवों का पूरा संसार मूल रंगों के लिए नियत शब्दों के माध्यम से अभिव्यक्त नहीं हो पाता। समाज भाषा के साथ जीता है अतः वह व्याकरण के उतने ही बँधे-बँधाए रूप भर से व्यक्त नहीं हो पाता, न ही वह व्याकरण में बँध कर चलता है। समाज, भाषा को जीवन से जोड़ता है, जीवनानुभव से जोड़ता है अर्थात् "परोल" निर्माण की प्रक्रिया सतत चलती है और समाज अपने अनुभवों से व्यवहार की भाषा बनाता चलता है। समाज का सामान्य जन, इस भाषा को गढ़ता है, इस भाषा में निजी अनुभव करता है, बिखरी हुई चीजों को संपृक्त करता है। इसलिए सूक्ष्म से सूक्ष्मतर भेद को भी भाषा में व्यक्त नहीं कर पाता तो "काही" का प्रयोग करता है, फिर इससे भी किसी अनुभव को व्यक्त नहीं कर पाता तो "दूबई" का भी। "दूब" अलग रंग-ढंग की होने के कारण पहचान ली जाती है। "हरे" से इस रंग के अन्तर को व्यक्त करने के लिए "दुबई" का कोई विकल्प "हरे" से नहीं बना सकते क्योंकि यों तो वह "हरे" रंग का ही एक "शेड" है। इसी प्रकार "तोतई" या "तोतिया" का प्रयोग एक अलग "शेड" को अभिव्यक्त करता है। "मोरपंखी" भी, "नीला" कहने मात्र से व्यक्त नहीं होता, क्योंकि "नीला", "मोरपंखी नीला" का विकल्प नहीं है।

अतः सदा समाज ही भाषा को सम्पन्न करता है, व्याकरण नहीं। व्याकरण भाषा को प्रयोग के नियमों में बाँधकर रख देता है। भाषा सम्पन्न बनती है—समाज के निरन्तर प्रयास से, प्रतिक्रिया से। इस दृष्टि से रंग—शब्द इसके सर्वाधिक उपयुक्त उदाहरण हैं।

1. प्रो. दिलीप सिंह - संपादकीय, पूर्णकुम्भ – मार्च 2000 पृ. सं. 2

क्रिया : रूपावली एवं प्रयोग

--चतुर्भुज सहाय

क्रिया अपने कृदन्त रूप में कभी विशेषण, कभी संज्ञा तथा कभी क्रिया विशेषण के रूप में प्रयुक्त होती है। कृदन्त रूपों में क्रिया के अलावा विशेषण आदि के धर्म भी निहित होते हैं। क्रिया जब क्रिया के रूप में प्रयुक्त होती है तब वह वाक्य में साध्य या विधेय के स्थान पर आती है। क्रिया का जो रूप साध्य या विधेय के रूप में प्रयुक्त होता है उसे हम क्रिया का विकारी, तिङन्त या समापक रूप कह सकते हैं। क्रिया के तिङन्त रूप का प्रयोग होने पर वाक्य पूर्ण और निराकांक्ष होता है। उसे क्रियान्तर की आकांक्षा नहीं होती। जबकि कृदन्त रूपों का प्रयोग होने पर वाक्य में पूर्णता नहीं आती, बल्कि अन्य क्रिया की आकांक्षा बनी रहती है।

क्रिया का विकारी रूप रूपसाधक प्रत्ययों के योग से प्राप्त होता है। इन्हें धातु से जुड़नेवाले विभक्ति प्रत्ययों के रूप में भी जाना जाता है। इन प्रत्ययों के योग से धातु में किसी नये अर्थ की वृद्धि नहीं होती, अपितु धातु में निहित विभिन्न अर्थतत्वों की अभिव्यक्ति मात्र होती है। काल, पक्ष, वृत्ति तथा वाच्य धातु की ही विशेषताएँ हैं। 'कालसामान्यं धात्वर्थः', 'कालो न व्यापारसंतानातिरिक्तः' इन उक्तियों से स्पष्ट है कि काल धातु के अर्थ से अलग नहीं है। पक्ष भी व्यापार की विभिन्न अवस्थाओं—पूर्ण, अपूर्ण तथा अभ्यास--से भिन्न नहीं है। वृत्ति घटना या व्यापार के प्रति वक्ता की विभिन्न मानसिक परिस्थितियों का सूचक है। इसी प्रकार वाच्य का सम्बन्ध धातु के अर्थ, व्यापार तथा फल से है। व्यापाराश्रय कर्ता की वाचक क्रिया कर्तृवाच्य में होती है तथा फलाश्रय कर्म की वाचक क्रिया कर्मवाच्य में होती है। जहाँ स्वतन्त्र रूप से क्रिया या भाव का कथन होता है वहाँ क्रिया का भाववाच्य रूप होता है।

इस प्रकार स्पष्ट है कि काल, पक्ष, वृत्ति तथा वाच्य क्रिया के अर्थ में ही निहित है। विभक्ति प्रत्यय कालसामान्य, पक्षसामान्य आदि के सूचक न होकर काल, पक्ष आदि में प्राप्त विभिन्न विकल्पों के सूचक होते हैं। कालसामान्य में मोटेतौर पर भूत, भविष्य तथा वर्तमान के विकल्प प्राप्त हैं, पक्ष सामान्य में पूर्ण,

अपूर्ण तथा अभ्यास के विकल्प प्राप्त हैं। इसी प्रकार वृत्ति में निश्चय, सम्भावना, सन्देह आदि तथा वाच्य में कर्तृवाच्य, कर्मवाच्य एवं भाववाच्य के विकल्प प्राप्त हैं। क्रिया का प्रयोग करते समय विशेष काल, विशेष पक्ष, विशेष वृत्ति एवं विशेष वाच्य का चयन करना पड़ता है और उनकी अभिव्यक्ति के लिए क्रिया के विशेष विकारी रूप का उच्चारण करना पड़ता है। इस तरह स्पष्ट है कि धातु या क्रिया के सामान्य अर्थ को विशेषित करने के लिए ही विभक्ति प्रत्ययों का व्यवहार किया जाता है। ये प्रत्यय धातु में कोई नया अर्थ नहीं पैदा करते, बल्कि धातु में पहले से निहित अर्थों का द्योतन मात्र करते हैं।

क्रिया के विभिन्न विकारी रूपों की तालिका प्रस्तुत करने से पहले यह उपयुक्त होगा कि हिन्दी के सन्दर्भ में काल, पक्ष आदि की अलग-अलग चर्चा कर ली जाए।

काल

वाक्योच्चारण के क्षण को सन्दर्भ बिन्दु मानते हुए अलग-अलग तीन कालों की परिकल्पना बनती है। वाक्योच्चारण के समय जो क्रिया आरम्भ है किन्तु परिसमाप्त नहीं हुई है, वह वर्तमान काल में है। वाक्योच्चारण से पूर्व जो क्रिया परिसमाप्त हो चुकी है वह भूतकाल में है और जो क्रिया वाक्योच्चारण के पश्चात आरम्भ होनेवाली है वह भविष्यत काल में है।

वाक्योच्चारण का बिंदु (सन्दर्भ बिन्दु)

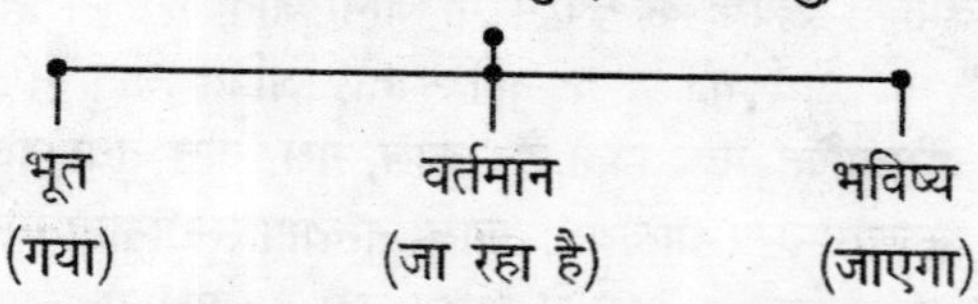

कुछ तिङन्त क्रियाएँ एक समय में दो कालों का स्पर्श करती हैं। गया है, इस रूप में घटना भूतकाल की है तथा घटना की प्रासंगिकता वर्तमान काल की है अर्थात् इस रूप में भूत और वर्तमान का संयोग है तथा दोनों के लिए वाक्योच्चारण का क्षण सन्दर्भ बिन्दु है। गया था, इस रूप में घटना तथा घटना की प्रासंगिकता दोनों भूतकाल की हैं। इन दोनों के लिए भूतकाल में एक अलग सन्दर्भ बिन्दु की परिकल्पना करनी पड़ती है, जो स्वयं वाक्योच्चारण के सन्दर्भ बिन्दु पर निर्भर होता है। उदाहरणार्थ इस वाक्य पर विचार करें—

(1) वह मार्च में बंबई गया था।

यदि बम्बई जाने की घटना मार्च से पूर्व की है तो घटना की प्रासंगिकता का समय मार्च है और यदि घटना का समय मार्च है तो प्रासंगिकता का समय मार्च के

पश्चात किन्तु वाक्योच्चारण के क्षण से पूर्व है। यदि प्रासंगिकता वाक्योच्चारण के क्षण भी होगी तो 'गया था' की जगह 'गया है' का प्रयोग होगा। पहले अर्थ को और अधिक स्पष्ट करने के लिए उक्त वाक्य को इस रूप में रखा जा सकता है–

(2) वह मार्च में बम्बई गया हुआ था।

दूसरे अर्थ को स्पष्ट करने के लिए उस वाक्य को इस रूप में रखा जा सकता है–

(3) वह पहली मार्च में बम्बई गया था।

यहाँ बीते हुए मार्च की बात हो रही है, क्योंकि वह वाक्योच्चारण के सन्दर्भ बिन्दु से पूर्व का है। भूतकाल में एक अतिरिक्त सन्दर्भ बिन्दु को स्थान देते हुए परिवर्धित काल व्यवस्था को इस रूप में दर्शाया जा सकता है–

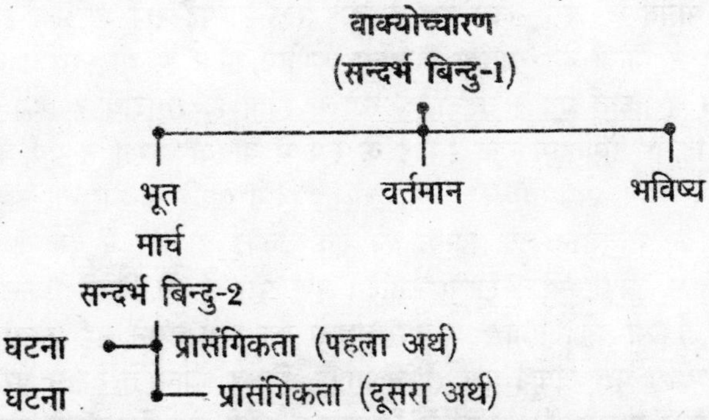

पूर्ण भूतकाल में सन्दर्भ बिन्दु के रूप में उपवाक्य का भी सहारा लिया जा सकता है–

1. जब मैं वहाँ पहुँचा तब वह घर गया था।

इस वाक्य की भी व्याख्या को दो रूपों में हो सकती है, 1. मेरे वहाँ पहुँचने से पहले वह घर जा चुका था, अर्थात् जब मैं वहाँ पहुँचा तब वह घर गया हुआ था, 2. मेरे वहाँ पहुँचने पर उसके घर जाने की घटना घटित हुई। दोनों व्याख्याओं में सन्दर्भ बिन्दु 'मेरा वहाँ पहुँचने का समय' है और मेरे वहाँ पहुँचने के समय का सन्दर्भ बिन्दु वाक्योच्चारण का क्षण है। यह आवश्यक नहीं है कि वाक्योच्चारण से पूर्व के सन्दर्भ बिन्दु का वाक्य में सदैव उल्लेख किया जाए। सन्दर्भ से उसे समझा जा सकता है।

जैसे भूतकाल के दो रूप हैं, सामान्य भूत (गया) तथा पूर्णभूत (गया था), वैसे भविष्य काल के दो रूप नहीं है। भविष्य में सन्दर्भ बिन्दु की कल्पना की जा सकती है किन्तु वहाँ भी क्रिया का सामान्य भविष्यत काल का रूप ही प्रयोग में आता है।

पक्ष

क्रिया को तीन अवस्थाओं में देखा जा सकता है, अभ्यास, अपूर्ण तथा पूर्ण। ये क्रिया के तीन पक्ष हैं। जहाँ क्रिया को बारम्बार घटित होते हुए दिखाना इष्ट होता है वहाँ उसे **अभ्यास पक्ष** में रखा जाता है, जैसे—खेलता है, दौड़ता है, पढ़ता था, खाता था, इत्यादि। यहाँ यह आवश्यक नहीं होता कि वाक्योच्चारण के पक्ष में वह क्रिया घटित हो रही हो। 'लड़का फुटबाल खेलता है' इस वाक्य के उच्चारण काल में लड़के का फुटबाल खेलते होगा आवश्यक नहीं है। अभ्यास पक्ष की क्रिया आदत या किसी नियमित प्राकृतिक घटना की सूचक होती है।

1. वह रोज़ सुबह टहलता है।
2. सूरज पूरब में उगता है। आदि।

जहाँ क्रिया आरम्भ हो किन्तु उसकी परिसमाप्ति न हुई हो, वहाँ उसे अपूर्ण पक्ष में मानते हैं, जैसे—खेल रहा है, दौड़ रहा है, पढ़ रहा था, खा रहा था आदि। इस पक्ष में क्रिया का सातत्य दिखाना अभीष्ट होता है, बारम्बारता नहीं। इसलिए इस पक्ष में क्रिया एकल घटना के रूप में होती है, समुदाय के रूप में नहीं। पूर्ण पक्ष में क्रिया सांगोपांग एक इकाई के रूप में वाक्योच्चारण से पूर्व घटित हो चुकी होती है। उसके अवयवों को बिना लक्षित किये आदि अवयव के आरम्भ से अन्त अवयव के पर्यवसान तक क्रिया को एक इकाई के रूप में देखना इष्ट होता है, जैसे—खेला, दौड़ा, पढ़ा, खाया आदि। पूर्ण पक्ष में भी क्रिया एकल घटना वाली होती है, क्रिया की आवृत्ति या बारम्बारता का अर्थ उसमें नहीं होता।

अभ्यास पक्ष अपूर्ण पक्ष से अलग है, किन्तु ध्यान से देखने पर अभ्यास पक्ष में भी एक प्रकार की अपूर्णता विद्यमान रहती है। क्रिया की बारम्बारता कब आरम्भ हुई और कब समाप्त होगी, इसका संकेत क्रियारूप से नहीं मिलता। दूसरी तरफ अभ्यासबोधक—'ता' प्रत्यय अनेक बार अपूर्णताबोधक 'रहा' से विनिमय का सम्बन्ध रखता है, जैसे—अभी आता हूँ, अभी आ रहा हूँ। दोनों भविष्यार्थक हैं। इस प्रयोग में —'ता' अभ्यासबोधक नहीं है। इसी प्रकार पूर्ण और अपूर्ण पक्ष में भेद होते हुए भी एक समानता दिखायी पड़ती है। दोनों एकल क्रिया के सूचक होने से समानरूप से भावी क्रिया के भी सूचक होते हैं, जैसे, अभी आया, अभी आ रहा हूँ (दोनों भविष्यार्थक)।

पक्ष में क्रिया की बारम्बारता तथा एकलता का भेद बहुत महत्त्वपूर्ण है। अलग-अलग क्रियारूपों के अर्थों एवं प्रयोगों का वर्णन करते समय यह तथ्य बहुत स्पष्टता से देखा जा सकेगा।

काल और पक्ष को समन्वित करते हुए क्रिया के विभिन्न रूपों की एक तालिका नीचे प्रस्तुत है। तीनों पक्षों से अलग एक **सामान्य पक्ष** है। इस पक्ष में क्रिया के तीन अलग-अलग रूप हैं—

काल	सामान्य	अभ्यास	अपूर्ण	पूर्ण
वर्तमान	जाता है	जाता है	जा रहा है	गया है
भूत	गया	जाता था	जा रहा था	गया था
भविष्यत	जाएगा	–	–	–

सामान्य के खाने में जो रूप दर्ज हैं उनकी कुछ साधारण विशेषताएँ हैं। सभी रूप क्रिया की एकल घटना की सूचना देते हैं। क्रिया के बारम्बार घटित होने का अर्थ इनसे नहीं निकलता। समाचार देने में या घटनाक्रम का विकास दिखाने में इन रूपों का उपयोग सहजता से किया जाता है। दूसरे शब्दों में, ये अभ्यास, अपूर्ण और पूर्ण पक्ष की क्रियाओं की भाँति **स्थिति के वाचक** नहीं होते, बल्कि **गति के वाचक** होते हैं, उदाहरणार्थ–

सामान्य भूत	दरवाजा खुला। वह अन्दर घुसा और धम्म से चारपाई पर गिर पड़ा।
सामान्य वर्तमान	दरवाजा खुलता है। वह अन्दर घुसता है और धम्म से चारपाई पर गिर पड़ता है।
भविष्य	दरवाजा खुलेगा। वह अन्दर घुसेगा और धम्म से चारपाई पर गिर पड़ेगा।

घटनाओं का क्रमवार वर्णन तो नीचे भी है, किन्तु इस वर्णन में ठहराव है, परिदृश्य, दिनचर्या या स्थिति का अंकन है–

1. वह रोज़ सुबह 5 बजे उठता है, टहलने जाता है, लौटकर चाय पीता है और अख़बार पढ़ता है।
2. वह रोज सुबह 5 बजे उठता था, टहलने जाता था...इत्यादि।
3. बादल घुमड़ रहे हैं। हल्की बूँदें पड़ रही हैं तथा ठण्डी हवा बह रही है।
4. बादल घुमड़ रहे थे। हल्की बूँदें पड़ रही थीं...इत्यादि।
5. चोर खिड़की से भीतर आया है और आलमारी खोलने की कोशिश की है। किन्तु जगार होने पर दरवाजे का साँकल खोलकर बाहर निकल गया है।
6. चोर खिड़की से भीतर आया था... इत्यादि।

सामान्य पक्ष की भविष्यकाल की क्रिया तो भावी घटना का वाचक होती ही है, इस पक्ष की वर्तमान एवं भूतकाल की क्रियाएँ भी भावी घटना का वाचक हो सकती हैं। निम्नलिखित प्रयोग देखिए–

1. यदि पानी बरसा   तो फसल अच्छी होगी।
            बरसता है
            बरसेगा

यहाँ एक अन्य बात ध्यान देने योग्य यह है कि वर्तमान काल में अभ्यास और सामान्य पक्ष में क्रिया के भिन्न रूप नहीं हैं। आगे हम दिखेंगे कि सामान्य

पक्ष की क्रियाएँ अर्थ की दृष्टि से सर्वाधिक **उदासीन हैं।**

वृत्ति

अर्थ या प्रयोग की दृष्टि से वाक्य मुख्यतः दो प्रकार के होते हैं, सूचनात्मक तथा प्रवर्तनात्मक। सूचना देनें के लिए जिन वाक्यों का प्रयोग होता है उनमें विशेष रूप के क्रियारूप प्रयुक्त होते हैं और किसी व्यक्ति को किसी क्रिया में प्रवृत्त करने के लिए या उसे किसी क्रिया से निवृत्त करने के लिए जो वाक्य प्रयुक्त होते हैं उनमें अलग विशेष रूप के क्रियारूप प्रयुक्त होते हैं। दोनों प्रकार के क्रियारूपों से वक्ता की अलग-अलग मनःस्थितियाँ अभिव्यक्त होती हैं। सूचनात्मक वाक्य कभी निश्चयवाचक होते हैं तो कभी अनिश्चयवाचक। अनिश्चयवाचक वाक्यों के भी संभावना तथा शर्त के आधार पर दो विभाग होते हैं। सम्भावना दुर्बल है या दृढ़ है, इसे लेकर सम्भावना के पुनः दो रूप होते है। निश्चयात्मक वृत्ति में वर्तमान और भूत का भेद होता है। वर्तमान तथा भूत का भेद वस्तुतः निकट और दूर का भेद, वास्तविक और काल्पनिक का भेद या प्रासंगिक और अप्रासंगिक का भेद है। यह भेद भी मुख्यतः वृत्ति से जुड़ा है। इस प्रकार हिन्दी में निम्नलिखित 5 वृत्तियाँ स्थिर की जा सकती हैं–

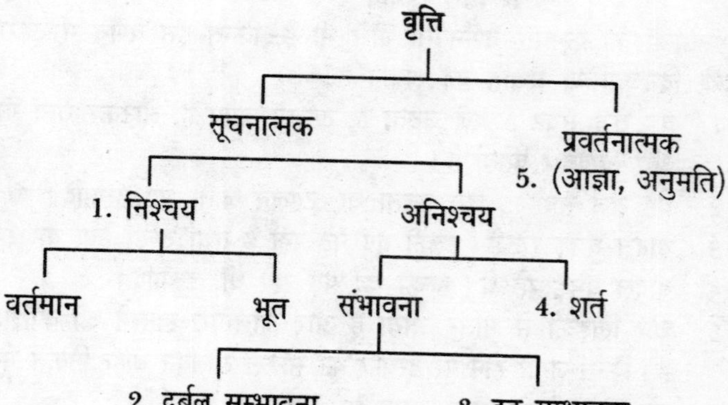

इन पाँचों वृत्तियों की अभिव्यक्ति के लिए क्रिया के अलग-अलग विकारी रूप हैं।

कर्तृवाच्य तथा कर्मवाच्य में क्रिया के अलग-अलग रूप होते हैं। पक्षसूचक–ता प्रत्यय, जिसे वर्तमानकालिक कृदन्त प्रत्यय भी कहा गया है, कर्तृवाचक है। क्रिया के अभ्यास या अपूर्ण पक्ष में व्यापार की प्रधानता होती है, इसलिए क्रिया का यह रूप सहज ही कर्तृवाचक होता है। पक्षसूचक–या प्रत्यय, जिसे भूतकालिक कृदन्त प्रत्यय भी कहा गया है, कर्मवाचक है। सकर्मक क्रिया के पूर्ण पक्ष में व्यापार की

तुलना में फल प्रधान होता है, इसलिए क्रिया का यह रूप अर्थ की दृष्टि से कर्मवाचक होता है। किन्तु क्रिया के कर्मवाच्य रूप को विशेष रूप से चिन्हित करने के लिए धातु के साथ–या प्रत्यय जोड़कर सहायक क्रिया के रूप में 'जाना' को रखते हैं। क्रिया के दोनों रूपों के उदाहरण इस प्रकार हैं–

कर्तृवाच्य	**कर्मवाच्य**
खाता है	खाया जाता है
पढ़ता है	पढ़ा जाता है
धोता है	धोया जाता है, आदि।

भाषा व्यवहार में कर्तृवाच्य का रूप कभी-कभी कर्मवाच्य के अर्थ में प्रयुक्त होता दिखायी देता है, जैसे–कहते हैं (कहा जाता है), सुनते हैं (सुना जाता है), मिलते हैं (मला जाता है) इत्यादि। किन्तु कर्मवाच्य का रूप कर्तृवाच्य के अर्थ में प्रयुक्त होता नहीं दिखायी देता। दूसरे शब्दों में, कर्तृवाच्य का रूप कर्मवाच्य के रूप की तुलना में अधिक सामान्य है। यह भी कहा जा सकता है कि क्रिया का जो रूप कर्मवाच्य के लिए चिन्हित नहीं है, वह कर्तृवाच्य में है, उदाहरणार्थ–

खाए	खाया जाए
गाएगा	गाया जाएगा
(यदि) खाता	(यदि) खाया जाता
देख रहा है	देखा जा रहा है इत्यादि।

बायीं तरफ के रूप कर्तृवाचक हैं तथा दाहिनी तरफ के रूप कर्मवाचक हैं।

अकर्मक धातु से–'या जाना' के संयोग से क्रिया का **भाववाच्य** रूप निष्पन्न होता है। भाववाच्य में भाव यानी क्रिया स्वयं प्रधान होती है। यदि कर्ता की असमर्थता सूचित करना इष्ट नहीं है तो वाक्य में उसका उल्लेख भी नहीं किया जाता–

1. गर्मियों में धूप में नहीं जाया जाता।
2. सर्दियों में गरम पानी से नहाया जाता है।
3. सुबह जल्दी उठा जाता है। इत्यादि।

उपर्युक्त वाक्यों में भाववाच्य रूपों के बदले कर्तृवाच्य के रूप भी रखे जा सकते हैं; जैसे, गर्मियों में धूप में नहीं जाते, इत्यादि।

कर्मवाच्य में केवल सकर्मक क्रियाओं का प्रयोग होता है, भाववाच्य में केवल अकर्मक, क्रियाओं का प्रयोग होता है और कर्तृवाच्य में सकर्मक और अकर्मक दोनों प्रकार की क्रियाओं का प्रयोग होता है।

ऊपर क्रिया में होनेवाले रूपविकार द्वारा अभिव्यक्त चार व्याकरणिक कोटियों का वर्णन किया गया; काल, पक्ष, वृत्ति तथा वाच्य। ये चारों व्याकरणिक कोटियाँ क्रिया के अर्थ में ही निहित हैं। इनके अलावा तीन अन्य व्याकरणिक कोटियाँ हैं,

जिनकी अभिव्यक्ति क्रिया के विकारी रूपों से होती है। ये व्याकरणिक कोटियाँ हैं, **लिंग, वचन** तथा **पुरुष**। किन्तु ये क्रिया की निजी विशेषताएँ नहीं हैं, बल्कि अन्विति के द्वारा उस पर आरोपित होती हैं। कर्ता या कर्म के लिंग, वचन तथा पुरुष के अनुसार क्रिया अपना रूप बदलती है।

लिंग

लिंग के आधार पर संज्ञाएँ दो प्रकार की होती है, पुल्लिंग तथा स्त्रीलिंग। लिंग संज्ञा का स्थिर गुण है, अर्थात् जो संज्ञा पुल्लिंग है वह अपने सभी प्रयोगों में सदैव पुल्लिंग रहती है और जो संज्ञा स्त्रीलिंग है वह अपने सभी प्रयोगों में सदैव स्त्रीलिंग रहती है। वचन परिवर्तनशील है। यही संज्ञा कभी एकवचन में प्रयुक्त होती है तो कभी बहुवचन में।

वचन

वचन दो हैं, एकवचन तथा बहुवचन।

रूसी स्वनिमविज्ञान परम्परा

–जगदीश प्रसाद डिमरी

रूसी भाषा विज्ञान में स्वनिमविज्ञान के दो मुख्य सम्प्रदाय हैं: पीटर्सबर्ग (लेनिनग्राद) स्वनिमविज्ञान और मास्को स्वनिमविज्ञान। इन दोनों सम्प्रदायों ने अपने स्वनिम सिद्धान्त की स्थापना प्रसिद्ध रूसी-पोलिश भाषाविद बोदुएन दे कुरतेने (1845-1929) के स्वनिम सिद्धान्त पर की। बोदुएन एक बहुमुखी प्रतिभा के भाषाविद थे। उन्होंने पोलिश, रूसी, चेख, जर्मन, फ्रेन्च, इटेलियन व लिथुआनियन भाषाओं में लेखन किया है। बोदुएन को रूस में भाषाविज्ञान के काज़ान स्कूल का संस्थापक माना जाता है। बोदुएन ने काज़ान, तार्तु, क्राकोव, पीटर्सबर्ग तथा वार्सा विश्वविद्यालयों में अध्यापन एवं शोध कार्य किया। बोदुएन ने 1877 में भाषा अध्ययन के दो पक्षों स्थैतिक (स्टेटिक) एवं गत्यात्मक (डायनेमिक) की बात की। भाषा के ये दो पक्ष, सस्यूर के एककालिक और कालक्रमिक धारणाओं से मिलते हैं। बोदुएन के अनुसार प्रकृति की तरह भाषा भी गतिशील, परिवर्तनशील एवं जीवन्त है।

बोदुएन का महत्त्वपूर्ण योगदान ध्वनिविज्ञान में है। बोदुएन विश्व के सर्वप्रथम भाषाविद थे जिन्होंने ध्वनिविज्ञान को भाषाविज्ञान में एक विशेष स्थान दिया। बोदुएन को स्वनिम शास्त्र का संस्थापक माना जाता है। वे स्वनिम सिद्धान्त एवं भाषा में ध्वनिगत परिवर्तनों के प्रवर्तक थे।

बोदुएन के अनुसार स्वनिमों का महत्त्व तभी है जब वे भाषा के अन्य रूपिमों का हिस्सा बनते हैं। बोदुएन ने वाग्ध्वनियों के उच्चारण एवं भौतिक दृष्टि के अध्ययन में तथा रूप प्रक्रिया (मॉरफोलॉजिकल) दृष्टि के अध्ययन में अन्तर करने पर बल दिया।

बोदुएन की मान्यता थी कि स्वनिम के प्रकार्यों का विश्लेषण रूपिम के भीतर होना चाहिए। इस सिद्धान्त को विकसित किया मास्को स्वनिमविज्ञान सम्प्रदाय ने और बोदुएन के इस सिद्धान्त को कि स्वनिम स्वनों का प्रतिनिधित्व करता है। इसको विकसित किया पीटर्सबर्ग सम्प्रदाय ने।

इन दोनों सम्प्रदायों में मुख्य सैद्धान्तिक भेद यह है कि पीटर्सबर्ग सम्प्रदाय

स्वनिम और स्वनविज्ञान को एक स्वायत्त दर्जा देता है और इसे रूपिम व रूपविज्ञान से नहीं जोड़ता है। मास्को सम्प्रदाय स्वनिम के प्रकार्यों को रूपिम व रूपविज्ञान से जोड़ता है। अब इन दोनों सम्प्रदायों के स्वनिम सिद्धान्त के मुख्य बिन्दुओं पर चर्चा की जाएगी।

पीटर्सबर्ग सम्प्रदाय के संस्थापक हैं प्रसिद्ध रूसी भाषाविद ले.वे.श्रेर्बा। श्रेर्बा प्रयोगात्मक ध्वनिविज्ञान (एक्सपेरिमेन्टल फोनेटिक्स) के जाने माने विद्वान थे और वे प्रयोगात्मक ध्वनिविज्ञान को यन्त्रीय ध्वनिविज्ञान (इन्स्ट्रुमेन्टल फोनेटिक्स) कहे जाने के विरुद्ध थे। श्रेर्वा के अनुसार स्वनिम भाषा की न्यूनतम इकाई है जो कि शब्दों और शब्दों के रूपों में अन्तर करने का सामर्थ्य रखती है और निश्चित वागध्वनियों में अभिव्यक्त होती है। श्रेर्बा के लिए स्वनिम एक ध्वनिप्रकार (साउन्ड टाइप) प्रभेदी विशिष्टताओं (डिस्टिंक्टिव फीचर्स) का गुच्छ है जो अर्थ निध ारण की क्षमता रखता है।

पीटर्सबर्ग सम्प्रदाय के अनुसार स्वनिम केवल एक शब्द विशेष का घटक होता है तथा उच्चारण एवं भौतिक विशिष्टताओं की दृष्टि से समान उच्चारित ध्वनियाँ एक ही स्वनिम की अभिव्यक्तियाँ होती हैं। पीटर्सबर्ग सम्प्रदाय के अनुसार रूसी भाषा के शब्दों रोत (रोत) मुंह और रोद (रोत) (लिंग, प्रकार) के अन्त में एक ही स्वनिम /त/ उच्चारित होता है। (रुसी भाषा में शब्द के अन्त में घोष ध्वनियों का अघोषीकरण होता है।) लेकिन शब्दरूपों रता (र् ता) (मुँह षष्ठी एक वचन का रूप) और रोदा (रोदा) (लिंग षष्ठी एक वचन का रूप) में दो भिन्न-भिन्न स्वनिम हैं स्वनिम/त/और /द/.

श्रेर्वा स्वनिमविज्ञान को स्वनविज्ञान के अन्तर्गत ही मानते हैं। एम.इ.मतुस्येविच, एल.एर. जीन्देर, अ.अ. द्रगूनोव, एल.एल.बुलानिन और एल.वे. बोन्दार्का पीटर्सबर्ग सम्प्रदाय के प्रमुख ध्वनिशास्त्री हैं।

एन.एफ.याकोव्लेव, वे.एन.सिदोरोव, अ.अ. रेफोरमात्सकी, एर.ई.अवान्येसोव, पे.एस.कुजनेत्सोव, और एम.वे. पानोव मास्को स्वनिमविज्ञान सम्प्रदाय के प्रमुख सदस्य हैं। मास्को सम्प्रदाय स्वनिम और उसके प्रकार्यों को रूपिम विशेष के माध्यम से परिभाषित करता है। उदाहरण के लिए मास्को सम्प्रदाय के अनुसार स्वन (त) रूसी शब्दों रोद रोत (लिंग), साद सात (बगीचा) और गोरद गोरत (शहर) में स्वनिम /द/ का परिवर्त (वेरियन्ट) है जोकि इन रूपिमों के सबल परिवेश (स्ट्रॉग पोजीशन) में आता है। जैसे रोदा (रोदा), सादा (सादा), गोरदा (गोरदा) (ये इन शब्दों के षष्ठी एक वचन का शब्द रूप है)। रूसी भाषा में व्यंजनों के लिए स्वर के पूर्व का परिवेश सबल परिवेश है। स्वनिमों के वेरियन्ट निर्बल परिवेश (वीक पोजीशन) में आते हैं। घोष व्यंजनों के लिए शब्द के अन्त की स्थिति निर्बल परिवेश है। इस स्थिति में घोष व्यंजन अघोषवत् उच्चारित होते हैं।

मास्को सम्प्रदाय स्वनिमों के लिए सबल और निर्बल दो परिवेशों (स्थितियों) को निर्धारित करता है। स्वनिम सबल परिवेश में व्यतिरेकी होते हैं। इसका यह अर्थ हुआ कि सबल परिवेश में स्वनिमों के प्रभेदी घटक (तत्त्व) अभिव्यक्ति होते है। सबल परिवेश स्वनिमों का अर्थपरक प्रकार्य होता है। याने इस परिवेश में स्वनिम व्यतिरेकी प्रकार्य नहीं कर पाते हैं। उनका निर्विभेदीकरण (न्युट्रलाइजेशन) हो जाता है। निर्विभेदीकरण के परिणामस्वरूप स्वनिमों के वेरियेन्ट उत्पन्न हो जाते हैं। निर्विभेदीकरण की इस स्थिति से उत्पन्न प्रवर्तकों को मास्को सम्प्रदाय ने 'हाइपरस्वनिम' (हाइपरफोनीम) की संज्ञा दी है। यह 'हाइपरस्वनिम', एक साथ दो या दो से अधिक स्वनिमों का प्रतिनिधित्व करता है। उपरोक्त उदाहरणों– रोद और रोत में 'हाइपरस्वनिम' /त/ एक साथ दो स्वनिमों /त/ और /द/ का प्रतिनिधित्व करता है। 'हाइपरस्वनिम' को 'आर्कीफोनीम' के नाम से भी जाना जाता है।

मास्को सम्प्रदाय 'वेरियेन्ट' और 'वेरियेशन्स' (स्वनिम रूपान्तरों) में अन्तर करता है। स्वनिम के 'वेरियेशन्स' सबल परिवेश में आते हैं जबकि वेरियेन्ट्स निर्बल परिवेश में। वेरियेन्ट्स दो या दो से अधिक स्वनिमों का प्रतिनिधित्व करते हैं। वेरियेन्ट्स के उदाहरण उपर दिए जा चुके हैं। अब हम उदाहरण के लिए स्वनिम /a/ के वेरियेशन्स दिखाएँगे। जैसा कि बताया जा चुका है कि 'वेरियेशन्स' सबल परिवेश में आते हैं। स्वनिम /a/ के चार 'वेरियेशन्स' सबल परिवेश में निम्न दशाओं में आते हैं :

1. दो कठोर व्यंजनों के बीच में
   (आ): मात (मात) (शहमात)
2. कठोर व्यंजन से परे, लेकिन मृदु व्यंजन से पूर्व
   [आ]; मात्य् [मात्य्] (माता)
3. मृदु व्यंजन से परे, लेकिन कठोर व्यंजन से पूर्व
   [आ]: म्यात [म्यात] (सिकुड़ा हुआ)
4. दो मृदु व्यंजनों के बीच में
   [आ]: म्यात्य [म्यांत्य्] (सिकुड़ना)

यहाँ [आ][1] [आ][2], [आ][3], और [आ][4] ये सब सबल स्वनिम/आ/ के वेरियेशन्स हैं।

मास्को सम्प्रदाय में एर.इ.अवान्येसोव का एक विशेष स्थान है। अवान्येसोव सबल, निर्बल स्वनिमों और स्वनिम पंक्ति के संस्थापक हैं।

अवान्येसोव के अनुसार सबल स्वनिम न केवल शब्दरूपों में अन्तर लाने का प्रकार्य करते हैं, बल्कि रूपिमों में भी, सबल स्वनिम स्वनिम पंक्ति निर्मित करते हैं। स्वनिम पंक्ति सबल स्वनिम की प्रमुखता में सबल स्वनिम के सभी निर्बल स्वनिमों का प्रतिनिधित्व करती है। निर्बल स्वनिम केवल शब्दरूपों में अन्तर ला

सकते हैं पर वे रूपिमों में अन्तर लाने का प्रकार्य नहीं करते हैं।

अवान्येसोव समानान्तर (पेरलल) व प्रतिच्छेदी (इन्टरसेक्टिंग) दो प्रकार के ध्वनि परिवर्तनों को मानते हैं। सबल तथा निर्बल स्वनिमों की अभिव्यक्ति इन्हीं दो परिवर्तनों के आधार पर जानी जाती है। सबल स्वनिमों की अभिव्यक्ति समानान्तर ध्वनिपरिवर्तनों के परिवेश में होती है। निर्बल स्वनिमों की अभिव्यक्ति प्रतिच्छेदी ध्वनि परिवर्तनों के परिवेश में होती है। जैसा कि ऊपर दिखाया जा चुका है सबल स्वनिम /आ/ के समानान्तर परिवेश में चार 'वेरियेशन्स' हैं। निर्बल स्वनिम /त/ रोद और रोत में दो स्वनिमों /त/ और /द/ का प्रतिनिधित्व करता है और प्रतिच्छेदी धवनिपरिवर्तनों के परिवेश ने अभिव्यक्त होता है। अवान्येसोव ने इस सिद्धान्त का बड़ी बारीक व विशद ढंग से अपने लेख "द मिनिमल साउन्ड यूनिट विदिन ए वर्ड एन्ड विदिन ए मॉरफीम" में विश्लेषण किया है। अवान्येसोव का रूसी ध्वनि विज्ञान के क्षेत्र में यह एक महान योगदान है।

इस छोटे से लेख में हमने इन दो सम्प्रदायों के ध्वनिविज्ञान से सम्बन्धित कुछ बिन्दुओं पर प्रकाश डालने का प्रयास किया है। अन्त में हम यह बताना चाहेंगे कि आज भी रूस में इन दोनों सम्प्रदायों के बहुत से अनुयायी हैं। 2008 में मॉस्को के नजदीक ज्विनीगोरद में सम्पन्न ध्वनि विज्ञान पर हुई संगोष्ठी इस बात का प्रमाण है। आज भी रूसी भाषाविदों में स्वनिम के स्वरूप के विषय में चर्चा जारी है। 2009 में रूसी भाषा-विज्ञान की पत्रिका "वोप्रोसी यजिकोज्नानिया" के दूसरे नम्बर में प्रकाशित एल.एल. कसात्किन का लेख "अ प्रिरोदे फनेमि" (ऑन द नेचर ऑफ फोनिम) इसका साक्षी है। कसात्किन अपने इस लेख में यह सिद्ध करना चाहते हैं कि स्वनिम भाषा-विज्ञान की एक द्विपक्षीय (टु डिमेन्शनल) इकाई है। अर्थात स्वनिम के दो पक्ष हैं—ध्वनि पक्ष एवं अर्थ पक्ष। स्वनिम में कुछ सूचक (सिग्निफयर) है, तो कुछ सूचित (सिग्निफाइड) भी है। पत्रिका "वोप्रोसी यजिकोज्नानिया" के सम्पादक मण्डल ने अपनी टिप्पणी में यह स्पष्ट किया है कि सम्पादक मण्डल कसात्किन के इस विचार से असहमति रखने का अधिकार रखता है।

सन्दर्भ

Dimri, J.P. (2009). "Russian Linguistic Tradition with Special Reference to Phonology". J. Prabhaka Rao (Ed.) *Papers on systematic linguistico. Hyderabad:* Allied Publishers.

Akella, R.D. (1992). Russian Phonological Schools. In R.D. Akella and J.P. Dimri. (Ed.) *Readings in second language pedagogy.* New Delhi: Ajanta Publications.

Avanesov, R.I. (1956). The minimal sound unit within a word and within a morpheme (Moscow, 1956) Translated by R.D. Akella. *Russian Philology, Occasional Papers*, CiCFL No. 26. 2007

Reformatski, A.A. (1970). *Iz istorii otechestvennoi fonologii*. Moscow.

Timofeev, V.V. (2008) *Mezhdunarodnaya Konferentsiya: Fonetika Segodnya Voprosy Jazykoznanija*, Moscow, No 3.

Kasatkin L.L. (2009) On the nature of the phoneme "Voprosy Jazykoznanija" (issues in Linguistics) No. 2.2009. Translated by R.D. Akella. *Russian Philology, Occasional Papers*, EFL-University, No 28, 2009

प्रयोजनमूलक हिन्दी : वर्तमान और भविष्य

—भरत सिंह

मैं अपनी बात एक मूल प्रश्न से शुरू करना चाहता हूँ। आज जब अमेरिका का राष्ट्रपति अपने देश के नौजवानों को उद्‌बोधित करते हुए कहता है कि विज्ञान पढ़ो। ज्यादा से ज्यादा लोग विज्ञान पढ़ो नहीं तो अमेरिका अपना पहला स्थान खो देगा। प्रश्न यह है कि क्या यही बात हम अपने देश में कहते हैं? या कह सकते हैं? और यदि हाँ तो क्या हम विज्ञान पढ़ने वालों की चुनौतियों के निराकरण के लिए तैयार हैं? या आप उनकी चुनौतियों को पहचानते हैं? ओबामा क्यों निधड़क होकर कह सकता है? क्यों हम नहीं कह सकते? एक बेतुका सा उत्तर हो सकता है कि विज्ञान उनकी भाषा में है। यदि यह सत्य है तो वह दिन दूर नहीं जब खाना भी उनकी भाषा में होगा, राजनीति तो उनकी भाषा में है ही। जीवन शैली पर कब्जा हो ही चुका है। प्रश्न यहाँ यह भी है कि क्या ज्ञान भाषा सापेक्ष है या भाषा निरपेक्ष? जब हम ज्ञान को व्यक्ति निरपेक्ष पूर्ण सत्य के रूप में स्वीकार करते रहे हैं तो क्या कारण है कि केवल पिछले 300 वर्षों में वह भाषा सापेक्ष हो गया। ब्रह्मा के मुख से निकली भाषा और उस भाषा से विकसित आधुनिक भारतीय भाषाएँ ज्ञान को अभिव्यक्त करने में अक्षम हो गयीं और 400 वर्ष पूर्व तक विज्ञान के क्षेत्र में श्रीहीन भाषा सक्षम हो गयी।

एक और प्रश्न उठता है कि क्या यूरोप, अमेरिका या भारतीय अंग्रेजों के दैनिक जीवन में वही भाषा प्रयुक्त होती है जो विज्ञान, वाणिज्य, प्रौद्योगिकी या अर्थशास्त्र की प्रयुक्तियों में प्रयुक्त होती है? निश्चित ही ऐसा नहीं होगा। सामान्य जीवन की भाषा और वैज्ञानिक प्रयुक्ति की भाषा स्वभावतः अलग होगी लेकिन यहाँ मूल प्रश्न यह भी है कि क्या प्रयोजनमूलक भाषा का व्याकरण सामान्य भाषा के व्याकरण से भिन्न व्याकरण है? यदि नहीं तो वे कौन-सी विशेषताएँ हैं जिनके आधार पर भाषा का यह रूप सामान्य भाषा से अलग होता है? वास्तव में किसी भी प्रयोजनमूलक भाषा का व्याकरण उस भाषा के सामान्य व्याकरण से भिन्न नहीं हो सकता। वह उसी व्याकरण का एक हिस्सा होता है

और प्रयुक्ति विशेष के सन्दर्भ में उसकी आवश्यकताओं के अनुरूप संरचनाओं का प्रयोग करता है। धीरे-धीरे ये शब्द, रूप या संरचना विशेष उस प्रयुक्ति विशेष में, उसकी काया में स्थिर तथा रूढ़ हो जाते हैं। रूढ़ीकरण का यह गुण ही उस प्रयुक्ति विशेष को अन्य प्रयुक्तियों से भिन्न कर देता है। लेकिन यह इतना भिन्न नहीं होता कि सामान्य व्यवहार की भाषा को व्यवहार में लाने वाले लोग थोड़े से अभ्यास के बाद प्रयोग में ना ला सकें। वैसे भी भाषा के सभी रूप प्रयोजनमूलक ही हैं। ठीक इसके विपरीत यह भी कहा जा सकता है कि यदि सामान्य भाषा का प्रयोग करने वाले के लिए ये रूप सहज प्राप्य नहीं हैं तो केवल इन मानक प्रयुक्ति रूपों को जानने वाले के लिए भी सामान्य व्यवहार के भाषा रूप उतने ही कठिन हो सकते हैं। जब तक भाषा के इन दोनों रूपों में सामंजस्य नहीं होगा ज्ञान का सम्प्रेषण सम्भव ही नहीं होगा। यहाँ दो उदाहरणों से अपनी बात को स्पष्ट करने का प्रयास करूँगा। पहला आइन्सटाइन ने 'विशेष—ज्ञान से ओत-प्रोत विज्ञान' के उन छात्रों को जो जीवन मूल्यों, सौन्दर्य और नैतिकता की समझ नहीं रखते एक अच्छी तरह से सिखाए गए पालतू कुत्ते की संज्ञा दी है।

दूसरा पंतजलि के महाभाष्य का एक रोचक प्रसंग है। संयोग से एक विद्वान वैयाकरण किसी साधारण से सूत के साथ वाद-विवाद में उलझ गए। सूत के प्रयोग को लेकर।" वैयाकरण बिगड़कर बोले "यह तो अशुद्ध है। बस बहस छिड़ गयी। सूत बोला—"आप प्राप्तिज्ञ देवानांप्रिय हैं, इष्टिज्ञ नहीं। इष्टि में यह रूप स्वीकृत है।" साफ शब्दों में कहे तो सूत ने कहा महोदय आप पढ़े लिखे मूर्ख हैं। आपने व्याकरण के सूत्र तो रट लिए हैं लेकिन प्रयोग का पता आपको नहीं है। व्यवहार में यही रूप स्वीकृत है। यह बात पंतजलि युग की ही हो ऐसा नहीं है आज भी कितनी बार आप सुनते होंगे बाबूजी पढ़े तो हो पर गुने नहीं। यह गुनना ही लोक व्यवहार है। क्या कारण है हम सूत्रों के रटने के पीछे दौड़ रहे हैं उसके मोह को नहीं छोड़ पा रहे हैं और लोक के साथ सामंजस्य नहीं बैठा पा रहे हैं।

महाभाष्यकार पंतजलि स्पष्ट शब्दों में कहते हैं कि 'लोक एव प्रमाणम्'। लेकिन ऐसा लगता है आज हम लोक को भूल गए हैं।

एक प्रश्न और हमारे सामने आता है कि जिस भाषा में हम रोते हैं, हँसते हैं, गाते हैं, जीते हैं, मरते हैं और तो और सूक्ष्म से सूक्ष्म विषय ब्रह्माण्ड की गति और दशा तथा दर्शन और आध्यात्म की सूक्ष्मतम बारीकियों को समझ और समझा सकते हैं। सदियों से विश्व में उन्नत कृषि और उद्योगों के लिए प्रसिद्ध समाज की भाषा अचानक मूक कैसे हो गयी। मुझे लगता है हम समय के साथ नहीं चले। जब समय बदल रहा था विश्व औद्योगिक क्रान्ति के लिए करवट बदल रहा था, उस समय हम रंगरेलियों में मस्त रीतिकाव्य की रीतिबद्ध रचनाओं (व्यवहार में भी और शास्त्र में भी) मशगूल थे। उस समय समाज नहीं बदला तो भाषा कैसे

बदलती। वही 300 वर्ष का अन्तराल हमारी भाषाओं की अभिव्यक्ति क्षमता के लिए एक महासागर बन गया। लेकिन भाषा और ज्ञान के इस अन्तराल को क्या हम पाट नहीं सकते? और यदि पाट नहीं सकते तो क्या हम दूसरी भाषा के माध्यम से ही ज्ञान को आम आदमी तक पहुँचा सकते हैं। मेरे विचार से यह और कठिन होगा। इसके लिए दो स्तरीय प्रक्रिया का पालन करना नितान्त आवश्यक होगा। यह कहना कि हम तो खुद कुआँ खोदेंगे और पानी पिएँगे तो यह भी मूर्खता ही होगी। जो ज्ञान विश्व में उपलब्ध है वह चाहे किसी भाषा में उपलब्ध क्यों न हो प्राप्त करना हमारा पहला लक्ष्य हो। उसके लिए उन भाषाओं को गहराई से सीखें, उस ज्ञान को प्राप्त करें फिर आत्मसात करें और अपनी भाषा में अभिव्यक्त करें। इससे हमें अपनी ही भाषा में ज्ञान के विकास और प्रसार के विचार अंकुरित होंगे। हम अपने दरवाजे और खिड़कियाँ खुले रखें शुद्ध हवा बाहर से, चारों ओर से आने दें लेकिन उस सब को ग्रहण करके जीयें अपनी तरह, उसे आत्मसात करें और आगे बढ़ाएँ। प्रयास यह होना चाहिए कि प्रयोग में आने वाली प्रयोजनमूलक भाषा करीब-करीब सभी को समझ में आ जाए। भाषा किसी वर्ग विशेष की सम्पत्ति बनकर न रह जाए। यह बात ठीक है कि विज्ञान और अर्थशास्त्र के गूढ़ नियमों के शास्त्रीय विवेचन हर सामान्य व्यक्ति के बौद्धिक धरातल के अनुसार नहीं बनते लेकिन भारतीय परम्परा में एक शास्त्रार्थ करने की परम्परा लोक व्यवहार में भी रही है। इतना ही नहीं लोक प्रसिद्ध कबीर, दादू, तुलसी आदि प्रतीकात्मकता के माध्यम से सूक्ष्मतम तत्वों को भी आम आदमी को समझा देते हैं चाणक्य का राजनीति शास्त्र आम आदमी के जीवन का अंग बन सकता है। उत्कृष्ट कोटि का आयुर्वेदशास्त्र परम्परागत रूप से हजारों वर्ष तक लोक में व्यवहृत रह सकता है और विश्व के सबसे बड़े गणतन्त्र की नींव पंचायत-व्यवस्था पर स्थिर रह सकती है तो यह कहना तार्किक नहीं लगता कि प्रयुक्तिपरक भाषा रूपों में जटिल संरचनाओं का होना अनिवार्य है।

प्रयोजनमूलक हिन्दी से अभिप्राय

प्रयोजनमूलक हिन्दी के सन्दर्भ में 'प्रयोजन' में मूलक प्रत्यय लगने से 'प्रयोजनमूलक' पद बना है। प्रयोजन से अभिप्राय है उद्देश्य (Purpose of use) 'प्रयोजन' का सम्बन्ध भाषा में उसकी प्रयोजनीयता (Applicability) से जुड़ा हुआ है तथा मूलक प्रत्यय का अर्थ है 'आधारित' (depending on)। अतः प्रयोजनमूलक हिन्दी से तात्पर्य हुआ किसी विशिष्ट उद्देश्य के अनुसार प्रयुक्त भाषा। दूसरे शब्दों में कहें तो ऐसी विशिष्ट हिन्दी जिसका प्रयोग किसी विशिष्ट रूप जो विषयगत, भूमिकागत तथा सन्दर्भगत प्रयोजन के लिए विशिष्ट भाषिक संरचना

तथा शब्दावली द्वारा प्रयुक्त किया जाता है और जो जीवन के विभिन्न सन्दर्भों–सरकारी काम-काज व्यवसाय व्यापार-वाणिज्य, जनसंचार, विभिन्न शास्त्र, शिक्षा, विज्ञान और प्रौद्योगिकी, विधि आदि विशिष्ट क्षेत्रों में अभिव्यक्ति प्रदान करने में सक्षम होती है। यह भी दुर्भाग्य की ही बात है कि हम बात करते हैं आत्मनिर्भरता की और राह चलते हैं परनिर्भरता की। जब हम प्रयोजनमूलक हिन्दी की बात करते हैं तब भी पुस्तक खोलकर रखते हैं अंग्रेजी की। हम ढूँढ़ते हैं कि प्रयोजनमूलक भाषा के बारे में 'पॉटर' ने क्या कहा, हागेन और हैलीडे के विचार क्या हैं? यहाँ मैं यह कतई नहीं कहना चाहता कि आज से अंग्रेजी की पुस्तकें पढ़ना छोड़ दीजिए। जरूर पढ़िए और जितना ज्ञान प्राप्त हो सके प्राप्त कीजिए। लेकिन मेरा निवेदन केवल इतना है कि उन भाषाओं की परिस्थितियाँ और सन्दर्भ भिन्न हैं और हिन्दी भाषा की परिस्थितियाँ और सन्दर्भ अलग हैं। अतः हूबहू सिद्धान्तों को आरोपित नहीं किया जा सकता। भाषा एक जीवाणु (आर्गनिज्म) की तरह होती है। उसे विकास के लिए अनुकूल पर्यावरण, वातावरण और संवेदना की आवश्यकता होती है। यदि आरम्भ से ही उस 'आर्गनिज्म' में जीवन विरोधी तत्वों को आरोपित कर दिया जाएगा तो निश्चित ही उसका विकास सम्भव नहीं होगा। हिन्दी अपनी संरचनात्मक विशिष्टता और सामाजिक सांस्कृतिक, पारम्परिक समृद्धि के कारण इस स्थिति में है कि यदि उसे विकसित होने का अवसर मिलेगा तो वह उन सभी संकल्पनाओं की अभिव्यक्ति में सक्षम होगी जिनकी हमें अपेक्षा है।

जब हम प्रयोजनों की बात करते हैं तो हमें यह भी देखना है कि प्रयोजनों और मानव समाज में परस्पर क्या सम्बन्ध है? भूमण्डलीकरण के इस दौर में विश्व समाज की व्यवस्था में बहुत तेजी से परिवर्तन आये हैं। इस स्थिति में प्रयोजनों की परिभाषा भी बदली है। प्रयोजन मूलतः व्यापक समाज की आवश्यकताओं के आधार पर तय होते थे लेकिन आज कुछ विशिष्ट समुदायों के प्रयोजनों को पूरा करने के लिए आवश्यकताओं को जन्म दिया जा रहा है। अधिकांशतः प्रयोजनमूलक हिन्दी के निम्नलिखित प्रकारों पर ही चर्चा अधिक होती रही है।

कार्यालयीन हिन्दी

इसमें भी अधिकांशतः सामान्य प्रशासनिक भाषा–प्रयुक्ति तक ही चर्चा सीमित रही है विधि, पुलिस प्रशासन, संसद एवं राज्य विधान सभाओं में होने वाली चर्चा और पास होने वाले बिल जल्दबाजी और शब्द से शब्द अनुवाद के कारण सम्प्रेषण से कोसों दूर रहते हैं। यही कारण है कि हिन्दी को सुनना पड़ता है कि 'ये सब हिन्दी के बस का नहीं।' रैवन्यु विशेषकर कृषि, बैनामा, बिल, पावर ऑफ अटार्नी, यातायात विभाग, रेल विभाग, बीमा आदि के क्षेत्र में बहुत कम काम हुआ है।

जनसंचार

में अधिकांशत चर्चा प्रेस (प्रिंट मीडिया) समाचार-पत्र रेडियो और टी.वी. तक ही सीमित रही, इंटरनेट पर वेबसाइट, ई-मेल, ब्लॉग आदि तथा टेलीफोन पर एस.एम.एस. की भाषा पर भी विचार कम ही हुआ है।

वैज्ञानिक एवं तकनीकी हिन्दी

इस क्षेत्र में भी प्रौद्योगिकी की कुछ शाखाओं पर अधिक ध्यान केन्द्रित रहा लेकिन इसका क्षेत्र बहुत व्यापक है। सिविल इंजीनियरिंग से लेकर विद्युत और ऑटोमिक इंजीनियरिंग से माइक्रोइंजीनियरिंग तक बहुत सारे क्षेत्र हैं जिन पर काम करने की आवश्यकता विज्ञान के क्षेत्र में है। अकेले चिकित्सा के क्षेत्र में ही सैकड़ों क्षेत्र विकसित हो रहे हैं जिनमें हिन्दी को एक विशेष भूमिका अदा करनी है। विज्ञान के क्षेत्र में जीव विज्ञान, वनस्पति विज्ञान, रसायन शास्त्र, गणित आदि ऐसे क्षेत्र हैं जिनमें हमें महारथ प्राप्त थी ऐसे प्रयुक्ति क्षेत्रों में हमें अपनी भाषा के विकास के लिए दूसरी भाषाओं का ज्यादा मुखापेक्षी नहीं होना चाहिए क्योंकि इन क्षेत्रों में शब्दावली से लेकर संरचना तक सभी शास्त्र और लोक दोनों में उपलब्ध हैं। अतः लोक से भी संकल्पनाओं के सही अर्थ को अभिव्यक्त करने वाले प्रतिमानों को निःसंकोच उठा लेना चाहिए क्योंकि ये शास्त्र भी तो उस लोक के लिए ही हैं। उस शास्त्र का कोई औचित्य नहीं जो ऐसा ज्ञान न दे सके जिसे प्राप्त कर लोक तक न पहुँचाया जा सके। वास्तव में ज्ञान एक बार प्राप्त हो जाए तो उसे बाँटने में कोई कठिनाई हो ही नहीं सकती लेकिन हमारे साथ बार-बार वही कठिनाई आ रही है। इसका अर्थ है कि वास्तव में ज्ञान प्राप्त हुआ ही नहीं। आज से तीस वर्ष पूर्व मेरा एक मित्र पूसा संस्थान में कृषि वैज्ञानिक था। एक दिन वह मेरे घर आया था। मेरे साथ मेरे खेत भी गया था। मेरे नौकर ने उनसे पूछा साहब टमाटर में कीड़ा बहुत लग रहा है, कुछ उपाय बताइये। उन्होंने एक कागज पर एक दवाई लिख दी। नौकर ने फिर पूछा साहब कैसे डालनी है। उसने बताया 10 मि.ग्रा. × 10000 ग्रा. पानी में घोल बनाना है और फिर पौधों पर डालना है। दूसरे दिन मैं शाम को जब खेत में पहुँचा तो नौकर भागकर मेरे पास आया साहब मैं तो पागल हो जाऊँगा। कल जो साहब आए थे वे जो दवाई लिखवाकर गये थे वो भी मैं ले आया पर सुबह से सोच-सोच कर पागल हो गया कि कितने पानी में कितनी दवाई मिलानी है। घोल कैसे बनेगा हम तो पहले दवाई लाते थे तो दुकान वाले से पूछ लेते थे कितने पानी में कितने ढक्कन डालनी है। अब आप बड़े विज्ञानी ले आये हम तो पागल हो गये। मैंने कहा तो क्या परेशानी है। कागज दिखाओ? और दवाई की बोतल लाओ। मैंने कागज पढ़ा और बोतल के साथ लगा नापने वाला

ढक्कन देखा वह 10 मि.ग्रा. का था। मैंने कहा वह 10 लीटर वाली बाल्टी पानी से पूरी भरो और उसमें यह एक ढक्कन भर कर डाल दो और एक डंडी से उसे अच्छी तरह मिला दो बन गया घोल और इसे मशीन में डाल कर छिड़क दो। नौकर ने कहा "इतनी सीधी बात को ये पढ़े लिखे उल्टा उलझाते क्यों हैं अरे सीधे कह देते 10 लीटर पानी में मिक्स करके स्प्रे कर देना। अंग्रेज चले गये बच्चों को यहीं छोड़ गये।"

यह उदाहरण मैने इसलिए दिया कि हमें यह भी समझना है कि जिस प्रयुक्ति का हम विकास कर रहे हैं वह कितनी सम्प्रेषणीय है। बात केवल पारिभाषिक शब्दावली और उसकी संरचना की ही नहीं है बल्कि बात अभिव्यक्ति की भी है और अभिव्यक्ति ग्रहण पर आधारित है। यदि हम किसी चीज को पूरी तरह समझ ही नहीं पाएँगे तो आत्मसात नहीं कर पाएँगे और यदि आत्मसात नहीं कर पाएँगे तो कह कैसे पाएँगे। इसलिए प्रयुक्ति ऐसी होनी चाहिए जिसमें लेखक या वक्ता इस प्रकार अभिव्यक्त कर सके कि ग्रहण करने वाला उसे आसानी से ग्रहण कर सके। शुद्ध विज्ञान के विषयों के साथ-साथ और कोई ऐसे क्षेत्र हैं जहाँ नई प्रयुक्तियाँ विकसित करने की आवश्यकता है। जैसे--प्रबन्धन का क्षेत्र, मानव विकास, पर्यावरण, ग्राम विकास या कृषि विकास व इसके साथ ही कुटीर या पारम्परिक उद्योगों के क्षेत्र पर विशेष ध्यान देने की आवश्यकता है। कृषि आधारित अर्थतन्त्र वाले देश जिसकी 90% जनता किसी न किसी रूप में कृषि पर निर्भर है का सबसे कम ध्यान इसी क्षेत्र पर है चाहे सरकार हो या शिक्षित वर्ग इस क्षेत्र को दूहना तो चाहते हैं लेकिन दूर से ही। यह ऐसा क्षेत्र है जिसमें पहले से ही हमारे पास हमारी अपनी भाषाओं में पूरी पारिभाषिक शब्दावली व संरचनाएँ और संकल्पनाएँ हैं जहाँ कुछ भी बाहर से नहीं लेना है केवल जो है उसी को कार्यान्वित करना है लेकिन हम वहाँ भी जो कुछ कर रहे हैं वह ऐसा कर रहे हैं जो इस क्षेत्र के लिए उपयोगी न होकर घातक होगा। कृषि के लिए ए.सी. में बैठकर वैसे लोग शब्द बना रहे हैं जिन्हें ये नहीं मालूम की आलू जमीन के अन्दर उगता है या पौधे में ऊपर लगता है। जब तक विज्ञान सामाजिक संवेदना का अंग नहीं बन जाएगा तब तक वह ऊपरी सतह तक के ज्ञान का स्रोत तो हो सकता है लेकिन वह सामाजिक विकास या ज्ञान के अथाह भण्डार तक पहुँचने का माध्यम नहीं बन सकता। अतः प्रयोजनमूलक हिन्दी के विविध रूपों की संख्या के लिए कोई लक्ष्मण--रेखा नहीं खींचनी चाहिए बढ़ने दें जैसे-जैसे समाज का विकास और विस्तार होगा उसमें उतने ही नए सन्दर्भ उपजेंगे भाषा को वहाँ जाना ही होगा। वर्तमान उपलब्ध रूपों को कुछ इस प्रकार देख सकते हैं।

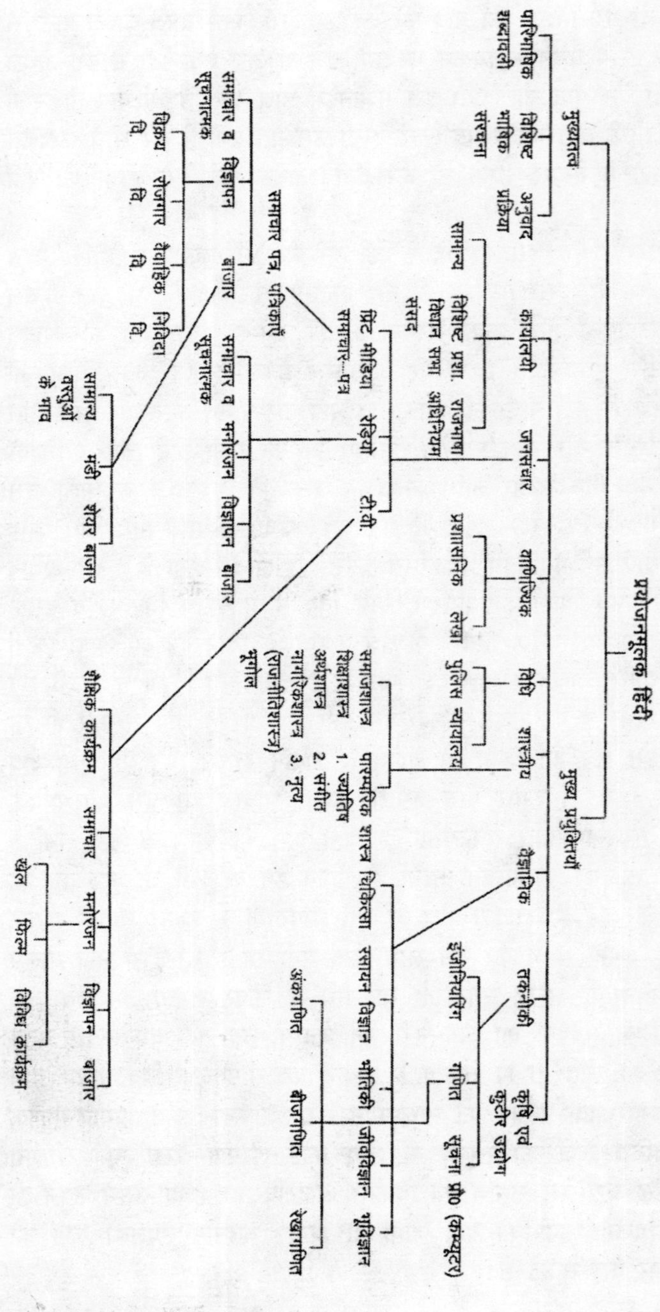
प्रयोजनमूलक हिंदी
मुख्यतत्व
मुख्य प्रवृत्तियाँ
पारिभाषिक शब्दावली
विशिष्ट भाषिक संरचना
अनुवाद प्रक्रिया
कार्यालयी
जनसंचार
वाणिज्यिक
विधि
शास्त्रीय
वैज्ञानिक
तकनीकी
कृषि एवं कुटीर उद्योग
सामान्य
विशिष्ट प्रशा.
राजभाषा
विधान सभा
अधिनियम
संसद
प्रशासनिक
लेखा
पुलिस
न्यायालय
इंजीनियरिंग
गणित
सूचना प्रौ० (कंप्यूटर)
प्रिंट मीडिया
रेडियो
टी.वी.
समाचार-पत्र
समाचार पत्र, पत्रिकाएँ
समाचार व सूचनात्मक
मनोरंजन
विज्ञापन
बाजार
समाचार व सूचनात्मक
विज्ञापन
बाजार
विक्रय वि.
रोजगार वि.
वैवाहिक वि.
निविदा वि.
सामान्य वस्तुओं के भाव
मंडी
शेयर बाजार
शैक्षिक कार्यक्रम
समाचार
मनोरंजन
विज्ञापन
बाजार
खेल
फिल्म
विविध कार्यक्रम
समाजशास्त्र
शिक्षाशास्त्र
अर्थशास्त्र
नागरिकशास्त्र (राजनीतिशास्त्र)
भूगोल
पारम्परिक शास्त्र
1. ज्योतिष
2. संगीत
3. नृत्य
चिकित्सा
रसायन विज्ञान
भौतिकी
जीवविज्ञान
भूविज्ञान
अंकगणित
बीजगणित
रेखागणित

प्रयोजनमूलक हिन्दी के विकास में चुनौतियाँ

तेजी से बदल रहे वैश्विक परिदृश्य के अनुसार जिस गति से विभिन्न प्रयुक्तियों का जन्म हो रहा है तथा वर्तमान में मौजूद प्रयुक्तियों के स्वरूप में परिवर्तन हो रहा है उसी के अनुसार भाषा की व्यवस्था भी चाहे शब्दावली हो या संरचनागत विकास, आवश्यक है। लेकिन यह विकास स्वाभाविक रूप से होना चाहिए ऊपर से थोपा नहीं जाना चाहिए। हमने पारिभाषिक शब्दकोश तो बना दिए लेकिन वे भण्डारों से ही बाहर नहीं निकल पाए।

वैयाकरणों को सावधान करते हुए पंतजलि कहते हैं जैसे–घड़े से काम होने पर लोग कुम्हार के यहाँ जाते हैं–कि हमें घड़ा बना दे वैसे 'शब्द' की आवश्यकता होने पर कोई वैयाकरणों के यहाँ नहीं जाता कि भाई हमारे लिए शब्द गढ़ दो। पहले कम से कम बच्चे के नामकरण के समय तो पण्डित से नाम पूछने जाते थे आज तो उनके पारिभाषिक नाम भी स्वयं बना लेते हैं जो अधिक स्वाभाविक होते हैं। मैंने अपने पुत्र का नाम रख दिया नलिनाक्षु। मेरी माताजी कई महीने तक मुझसे लड़ती रहीं यह भी कोई नाम है, कोई बोल ही नहीं सकता और अन्त में उन्होंने 'आखु' नाम रख दिया वही नाम उनके संसार में लोक प्रचलित हो गया। एक दिन में उसके स्कूल गया तो बच्चों से पूछा नलिनाक्षु है, बच्चों ने दूसरे बच्चों से पूछा तो एक बच्चे ने कहा अरे वही तो है 'नलि' वहाँ वह 'नलि' के रूप में प्रसिद्ध हो गया। आज बार-बार जो बात उठायी जाती है कि पहले पारिभाषिक शब्दावली तो तैयार हो तब पुस्तक लेखन शुरू होगा। यह प्रवृत्ति कुछ-कुछ वैसी ही है जैसी रीतिकाल में पहले लक्षण ग्रन्थ लिखे गये और फिर काव्य रचना और आप हस्र जानते ही हैं। मैं सोचता हूँ यदि उस समय लक्षण ग्रन्थ न लिखे गये होते तो काव्य व अन्य विधाओं का स्वरूप कुछ और ही होता। उस समय संसार के बहुत सारे देश औद्योगिक क्रान्ति की धारा में शरीक हो रहे थे और हम लक्षण ग्रन्थों में उलझे हुए थे। स्वाभाविकता नहीं थी, बल्कि साहित्य और जीवन में आडम्बर सा थोपा जा रहा था। क्यों न जीवन्त समाज से शब्दों का भंडारण और फिर प्रसंस्करण कर उनके मानकीकरण की प्रक्रिया हो? प्रयोजनमूलक हिन्दी के लिए मानकीकरण की सतत प्रक्रिया चलती रहनी चाहिए। सब कुछ जीवन्त संसार से आना चाहिए और वह छनकर सबके लिए मानक हो जाए बस यही हमारा काम होना चाहिए। यह भी कोई सभा समितियों के द्वारा नहीं बल्कि निरन्तर स्वाभाविक रूप से लेखक, शिक्षण-प्रशिक्षण एवं प्रयोग से होता रहे। हम दूसरी लोक भाषाओं से, भारतीय भाषाओं से, संस्कृत से अरबी-फारसी से अंग्रेजी से सभी भाषाओं से शब्द और संरचनाएँ ग्रहण करें लेकिन उनसे आतंकित होकर नहीं। हम यदि अन्य भाषाओं से आतंकित होकर विद्यालय या पाठशाला जाएँगे, दूरदर्शन या चलचित्र देखेंगे, रोटी खाएँगे तो वह अशिक्षित भाषा-प्रयोक्ता भी अपनी परवाह किये बिना

अपने बच्चे को स्कूल भेजेगा, टी.वी. या सिनेमा देखेगा और दुकान पर जाकर ब्रेड माँगेगा। कुछ दिन पूर्व मैं इन्दिरा गाँधी विश्वविद्यालय में वहीं पर कार्यरत एक निदेशक महोदय को बता रहा था कि मैं किसी काम से 'दूरस्थ शिक्षा परिषद' में आया था उन्होंने मुझसे पूछा यह कहाँ है। मैंने बताया कि यह आपके विश्वविद्यालय में ही है और आपके रास्ते में है। मैंने कहा 'डैक' (DEC) आया था। तब उन्होंने अपना सिरा पीटा अरे यार क्या हो रहा है हम लोगों को।

पारिभाषिक और वैज्ञानिक शब्दावली के सम्बन्ध में एक और विशेष बात ध्यान देने की है वह है संक्षिप्तीकरण के लिए विशेष शब्दावली बनाने की आवश्यकता। साथ ही उसे अधिक व्यावहारिक और प्रचलित करने की भी आवश्यकता होगी। इसके साथ ही पारिभाषिक शब्दावली के सन्दर्भ में एक बात और उठाई जाती है कि पारिभाषिक शब्दावली के रूप में अन्तर्राष्ट्रीय शब्दावली को स्वीकार कर लेना चाहिए। इन सम्बन्ध में हमें यह ध्यान रखने की आवश्यकता है कि अत्यन्त प्रचलित शब्दों से तो हमें परहेज नहीं करना चाहिए लेकिन यह भी न हो कि सभी शब्द अंग्रेजी से ले लिए जाएँ। वास्तव में अन्तर्राष्ट्रीय वैज्ञानिक शब्दावली भी ऐसी नहीं है कि पूरी की पूरी अंग्रेजी से ही ली गयी हो। जब कि सामान्यतः अंग्रेजी की शब्दावली को ही हम अन्तर्राष्ट्रीय मान लेते हैं।

प्रयोजनमूलक हिन्दी के विकास में अनुवाद का योगदान

प्रयोजनमूलक हिन्दी के प्रयोग का प्रश्न अनुवाद से अवश्य जुड़ा रहेगा। इसका बड़ा कारण यह है कि आधुनिक विज्ञान का विकास पश्चिम में हुआ और अंग्रेजी भाषा के माध्यम से व्यापक रूप से विश्व में फैला।

उसे यदि हम महत्त्व देंगे और उसे भी हम विद्वता का कार्य समझेंगे जो कि है तो इस क्षेत्र में अच्छी प्रतिभाएँ आकर्षित होंगी। वर्तमान संसार में विज्ञान एवं प्रौद्योगिकी के क्षेत्र में जिस पैमाने पर अंतर्राष्ट्रीय सम्पर्क एवं सहयोग हो रहा है वह इस क्षेत्र में अनुवाद की प्रासंगिकता एवं अनिवार्यता प्रमाणित कर रहा है। सहयोग के समान प्रतिद्वन्द्विता भी अनुवाद की प्रेरणा देती है। इस क्षेत्र में कुछ देशों में ऐसी परिषद बनी हुई है जो विश्वभर में प्रकाशित होने वाली रचनाओं पर हमेशा नजर गड़ाए रखती हैं और जो भी स्तरीय रचना प्रकाशित होती है बहुत कम समय के भीतर ही उसका अनुवाद अपनी भाषा में कर लिया जाता है। आज जो प्रौद्योगिकी का विकास संसार में दिखाई दे रहा है ऐसा नहीं है वह पूरा का पूरा अंग्रेजी में ही विकसित हुआ है। उसमें विश्व की बहुत सारी भाषाओं अथवा समुदायों का योगदान रहा है। चीन ने कागज निर्माण, मुद्रण और बारूद निर्माण की तकनीक संसार को दी तो भारत को दशमलव प्रणाली का आविष्कारक माना जाता है। वेदों ने सोना जैसी धातुओं की चर्चा में रसायन विज्ञान के बुनियादी

तत्त्व बताये थे। कहा जाता है जब कोई अरब राजा दूसरे देश पर विजय प्राप्त करता था तब सन्धि की पहली शर्त यह होती थी कि हारे हुए देश के सारे वैज्ञानिक ग्रन्थों को विजेता की सेवा में प्रस्तुत करना होगा।

यूरोप के विज्ञान और प्रौद्योगिकी के विकास में विभिन्न देशों का योगदान है। इटली, फ्रांस, पौलेंड आदि देशों में विभिन्न क्षेत्रों के महान आविष्कारकों ने अपने ग्रन्थों में तकनीकी भाषा के लिए ग्रीक एवं लैटिन शब्दों को बुनियादी तौर पर चुना, अंग्रेजी के 'अलोपैथी' शब्द की व्युत्पत्ति ग्रीक के अलोस+पाथेस से मानी जाती है। यह सब कहने का मतलब यह है कि अंग्रेजी की शब्दावली भी सिर्फ अंग्रेजी शब्दावली नहीं है। ज्ञान और विज्ञान के अनुवाद क्षेत्र में एक विशेष समस्या यह रही है कि हमारे यहाँ अनुवाद रोजगार के उद्देश्य से शुरू हुआ। इस प्रक्रिया में अनुवाद के क्षेत्र में जो लोग आये वे विषय विशेषज्ञ नहीं थे। अंग्रेजी, जापानी, फ्रैंच, चीनी भाषाओं में ऐसा नहीं है। इन भाषाओं में आज भी अनुवाद विशेषज्ञों की परिषदों में विषय विशेषज्ञ, भाषा वैज्ञानिक, समाजशास्त्री तथा अन्य विषय का ज्ञान रखने वाले विद्वान एक साथ काम करते हैं। भारत जैसे विकासशील देशों में विज्ञान हो, चाहे प्रौद्योगिकी अथवा वाणिज्य का क्षेत्र हो या प्रबन्धन का सभी क्षेत्रों में जो अनुवाद हुआ वह या तो व्यक्तिगत रूप से शौकिया हुआ है अथवा पाठ्यसामग्री उपलब्ध करवाने के उद्देश्य से किंचित अर्थलाभ अथवा नाम लाभ के लिए किया गया। दूसरा अनुवाद वह है जो रोजगार के उद्देश्य से सरकारी व्यवस्था के अन्तर्गत संवैधानिक अनिवार्यता की दृष्टि से कार्यालयों में किया जाता है। इसका मुख्य उद्देश्य अंग्रेजी के मूल रूप के साथ खाना-पूर्ती के लिए लगाया जाना होता है। मेरा अनुरोध यह है कि यह स्थिति न केवल हिन्दी के साथ है बल्कि सभी भारतीय भाषाओं के साथ है। हमें इस स्थिति को बदलने का प्रयास करना होगा। यह दोनों ही स्तरों पर करना होगा, सरकार के स्तर पर भी और विद्वानों के स्तर पर भी। दूसरी बात यह है कि हमें अनुवाद को दोयम दर्जे का कार्य नहीं समझना चाहिए। क्षेत्र में बिना संकोच के सम्प्रेषण की धर्मिता को ध्यान में रखते हुए लोक से, समाज से सम्पूर्ण भारतीय-भाषाओं के समाज के साथ अंग्रेजी तथा विश्व की भाषाओं और अन्तर्राष्ट्रीय प्रतीकों और पारिभाषिक शब्दों व चिह्नों के रूप में मान्य सभी घटकों को स्वीकार कर आत्मसात करें और फिर इस प्रकार अभिव्यक्त करें कि भारत की 90% जनसंख्या तक सीढ़ी दर सीढ़ी इस ज्ञान को पहुँचा सकें।

भाषा की प्रयोजनमूलकता और हिन्दी विज्ञापन

–बलविंदर कौर

प्रो. रवीन्द्रनाथ श्रीवास्तव जैसे भाषा वैज्ञानिकों ने सैद्धान्तिक एवं व्यावहारिक धरातल पर हिन्दी के प्रयोजनमूलक रूप को एक निश्चित पहचान दी। वैसे प्रयोजनमूलक का अर्थ है ज्ञानविज्ञान के किसी आधुनिक और विशिष्ट क्षेत्र में प्रयुक्त होने वाली भाषा जिसके माध्यम से हम आधुनिक समाज की आवश्यकताओं को पूरा कर सकते हैं। इस सन्दर्भ में प्रयोजनमूलक भाषा के कई क्षेत्र देखे जा सकते हैं। इन क्षेत्रों की हिन्दी का अपना स्वरूप है, अपनी भंगिमा है और अपनी पारिभाषिक शब्दावली है। इनके अपने-अपने भाग-उपभाग हैं, जैसे पत्रकारिता की हिन्दी में 'खेलकूद की हिन्दी तथा फिल्मों और विज्ञापनों की हिन्दी आदि। इनमें बहुत अन्तर है और यह अन्तर अपने-अपने विशिष्ट प्रयोजनों के कारण है।

भाषा को मानव-समाज की जटिल सम्प्रेषणपरक आवश्यकताओं की पूर्ति करनी होती है अतः उनके लिए प्रजनक, सन्दर्भ-सापेक्ष और सर्जनात्मक होना अनिवार्य है। उसका यह वैशिष्ट्य ही भाषा के प्रयोजनमूलक स्वरूप को जन्म देता है (हिन्दी भाषा चिन्तन, प्रो. दिलीप सिंह, पृ. 180)। अब प्रयोजनमूलक भाषा प्रशासनिक भाषा, व्यावसायिक भाषा या वैज्ञानिक भाषा तक ही सीमित नहीं है। आधुनिक भाषाविज्ञान में प्रयोजनमूलक भाषा प्रकारों को उनके प्रयोग (यूज़) और विषय (टॉपिक) के आधार पर देखने की व्यापक चर्चा मिलती है (हिन्दी भाषा चिन्तन, प्रो. दिलीप सिंह, पृ. 182)। इसी सन्दर्भ में प्रयोजनमूलक हिन्दी को भी अब मात्र भाषा के प्रकार या भेद के रूप में नहीं देखना चाहिए, बल्कि उसे भाषा के सामाजिक व्यवहार के पूर्ण परिप्रेक्ष्य में देखा जा रहा है।

अन्य सामाजिक बोलियों की तरह ही भाषा की प्रयुक्तियाँ हैं लेकिन दोनों के प्रयोग में भेद इतना है कि जहाँ अन्य बोलियों के रूप भेद का कारण 'प्रयोक्ता' होता है वहीं प्रयुक्ति के भेद का आधार 'प्रयोग' अर्थात् विषय होता है। प्रयोजनमूलक हिन्दी की अन्य प्रयुक्तियों में विज्ञापन की भी एक विशिष्ट प्रयुक्ति है। विज्ञापन की हिन्दी संक्षेपीकरण (कम खर्च-अधिक लाभ) और तुकबन्दी (खाओ गगन, रहो

मगन) आदि के आधार पर अपना विशिष्ट स्वरूप निर्मित करती है। अर्थात् जिन विषय क्षेत्रों के आधार पर भाषा-रूप बदल जाए उन भाषा रूपों को उस विषय सम्बन्धीं वार्ता क्षेत्र की प्रयुक्ति कहा जाता है। और आगे बढ़कर इन्हें हिन्दी के प्रयोजन सिद्ध परिवर्त या उपरूप की संज्ञा दी जाती है। वास्तव में प्रयोजनमूलकता इन्हीं के समूह का नाम है। अतः इस प्रकार प्रयोजनमूलक भाषा, विशिष्ट ज्ञान की भाषा के रूप में स्वीकृत की जाती है जिसे 'लैंग्वेज़ फॉर स्पेशल परपज़ेस' कहा गया है।

यहाँ प्रयोजनमूलक हिन्दी के सन्दर्भ में विज्ञापन की प्रयुक्तिपरक भाषा के कुछ रूपों का विश्लेषण प्रस्तुत किया जा रहा है–

विज्ञापन का लक्ष्य उपभोक्ता (कंज्यूमर) होता है इसीलिए उपभोक्ता को प्रेरित करने, उसे विश्वास में लेने और उसे लुभाने-रिझाने वाली भाषा विज्ञापन के लिए चुनी जाती है। पहले अधिकतर विज्ञापन मूल रूप से अंग्रेजी में तैयार किए जाते थे और फिर उन्हें हिन्दी सहित अन्य भारतीय भाषाओं में अनूदित किया जाता था। परन्तु अब बहुत से विज्ञापन मूलतः हिन्दी में भी बनाए जा रहे हैं। जो हिन्दी की अपनी प्रयोजनमूलकता का विकसित होता रूप कहा जा सकता है। विज्ञापन कर्ता या अनुवादक के लिए भाषाई दृष्टि से दो बातों का महत्त्व है। एक तो विज्ञापन का सम्बोधन प्रकार (Mode of address) कैसा है–प्रत्यक्ष या परोक्ष; और दूसरा विज्ञापन किस वस्तु का है– खाने-पीने की चीजों का, सौन्दर्य प्रसाधनों का, पुरुषों के इस्तेमाल की चीजों का, खिलौने, फ्रिज, टीवी आदि-आदि पारिवारिक इस्तेमाल की चीजों का। प्रत्यक्ष विज्ञापन का भाषिक विधान अलग होता है जिसमें उपभोक्ता से सीधी बातचीत की जाती है, जैसे-सेरिडॉन लीजिए, "पहले इस्तेमाल करें, फिर विश्वास करें;" और दूसरी ओर अप्रत्यक्ष रूप में वस्तु की गुणवत्ता केन्द्रीय बनती है जैसे "केवल मारगो में ही नीम तेल मिला होता है," "रंग-रूप में आज भी वही बालापन," "परिवार के लिए माँ की पसन्द (डालडा)" आदि।

यदि विज्ञापन के सन्दर्भ में शीर्ष पंक्तियों की चर्चा करें तो ये पूर्ण अनुवाद न होकर हिन्दी प्रवृत्ति के अनुरूप होती हैं। जिन्हें निम्नलिखित रूप से अंग्रेजी और हिन्दी में दिया जा रहा है :

1. The Superfighter.
   मिलिए सुपरफाइटर्स से।
2. Everybody's body needs milk.
   हर तन की माँग है दूध।
3. If you truly love your wife, How can you refuse to get her a prestiage.
   जो बीबी से सचमुच करते प्यार वह प्रेस्टीज़ से कैसे करें इनकार।

4. Looking great and filling good with Lakme.
खिले रूप-रंग, दिल में उमंग लक्में के संग।
5. Lakme maximum moisturing lotion, for soft, beautiful skin.
लक्में मैक्ज़ीमम मॉइस्चराइजिंग लोशन नर्म, मुलायम और खुबसूरत त्वचा के लिए..
6. Cerelac care : Nutritionally complete simply delecious.
सेरेलेक का वादा : स्वादभरा सम्पूर्ण पोषाहार
7. Rich brue-The tea with the wake up taste.
रिचब्रू...जगमगाता स्वाद।
8. The freshness soap with the exciting freshness of limes.
ताज़गी का साबुन नीबुओं की सनसनाती ताज़गी वाला।
9. Only johnson's prickly heat powder stops the burning relieves the itching, really fast.
केवल जान्सेनस प्रिकली हीट पाउडर जलन और चुभन से जल्दी आराम दिलाता है।

इन शीर्ष पंक्तियों में अनुवाद की स्थिति को कई दृष्टियों से देखा जा सकता है। उदाहरण के लिए–'The Superfighters' को हिन्दी में 'मिलिए सुपरफाइटर्स से' के रूप में दिया गया है, जो निश्चित ही अंग्रेजी का अनुवाद न होकर प्रकारान्तर से हिन्दी के सर्जनात्मक प्रयोजनमूलक रूप की ओर ही संकेत करता है। इसके अतिरिक्त अन्य विज्ञापनों में अंग्रेजी की सामान्य गद्यात्मक शीर्ष पंक्तियों को हिन्दी में काव्यात्मक ढंग से प्रस्तुत करने का प्रयास विज्ञापनों में दिखाई देता है।

विज्ञापनों में प्रयुक्त होने वाले संस्कृत, देशज, उर्दू, अंग्रेजी शब्दों का सुन्दर प्रयोग उसकी प्रयोजनमूलकता को एक विशिष्ट रूप प्रदान कर रहा है–

Unique-असाधारण, अपूर्व, अद्भुत, अद्वितीय, अनुपम, अनूठा, लाजवाब
Charming-सुहाना, लुभावना, आकर्षक
Attractive-मनमोहक, मनोरम, मनोहारी
Pleasant-खुशनुमा, सुखद, आनन्ददायक, मजेदार
Soft-कोमल, मुलायम, मखमली
Tasty-मजेदार, स्वादिष्ट, जायकेदार, लज्ज़तदार
Fresh-उमंगभरा, ताज़गी दायक, ताज़ा
Burning-जलन
Itching-चुभन

Fat-चिकनाई
Balanced-सन्तुलित
Dry-रूखी
Cavities-सड़न
Crisp-कुरकुरापन
Relief-राहत

अतः विज्ञापन की हिन्दी में तत्सम, तद्भव, देशज और विदेशी स्रोतों से शब्द ग्रहण कर उसे अधिक सम्प्रेषणीय, सर्जनात्मक व प्रयोजनमूलक बनाने का प्रयास किया जाता है। इस आधार पर कहा जा सकता है कि विज्ञापन की प्रयुक्ति किसी भी प्रकार जड़ या नीरस नहीं होती बल्कि भाषा की लक्षणा तथा व्यंजना जैसी शक्तियों और शैली का चयन समानान्तरता, विचलन और विपथन जैसे प्रतिमानों के प्रयोग से उसमें विशेष आकर्षण शक्ति, स्मरणीयता अधिक उत्पन्न हो जाती है। इसके अतिरिक्त 'और', 'क्योंकि', 'लीजिए', 'माँगिए', 'दीजिए', 'अपनाइए' आदि हिन्दी के विशिष्ट प्रयोग द्वारा विज्ञापन का अधिक मौलिक और सर्जनात्मक रूप मिलता है। विज्ञापनों में विस्मयादिबोधक रूपों द्वारा शीर्ष पंक्तियाँ निर्मित की जाती हैं—

वाह! ताज़
नया! एरियल
नया! प्रेस्टीज़

इन उपर्युक्त भिन्न व्यावसायिक, परिवार उपयोगी विज्ञापनों के अतिरिक्त सरकारी विज्ञापनों की प्रयोजनमूलक भाषा की अपनी भिन्न विशिष्ट शैली रूप होते हैं। सरकारी विज्ञापनों की भाषा के अन्तर्गत निम्नलिखित विज्ञापनों को सम्मिलित किया जा सकता है—नियोजन और भर्ती सम्बन्धी विज्ञापन, निविदा सूचनाएँ, अदालती सूचनाएँ, परिवार-नियोजन सम्बन्धी, लौटरी सम्बन्धी, नीलामी सूचनाएँ अन्य। इसके अलावा गैर सरकारी विज्ञापनों के अन्तर्गत समाहित होने वाले विज्ञापनों का क्षेत्र अत्यन्त व्यापक है जैसे-सेवा नियोजन सम्बन्धी, विक्रेय वस्तुओं के प्रचार-प्रसार सम्बन्धी, वैवाहिक, चिकित्सा-सम्बन्धी, शुभकामनाएँ, आमन्त्रण सम्बन्धी, मृत्यु, श्रद्धांजलि सम्बन्धी अन्य आते हैं।

सरकारी विज्ञापन लेखन वस्तुतः राजभाषा क्रियान्वयन का एक अंग है। इन विज्ञापनों की शब्दावली और अभिव्यक्तियाँ राजभाषा अथवा कार्यालयीन भाषा की भाँति एक रूपी और रूढ़ होती है। ऐसे विज्ञापनों में उसी शब्दावली का प्रयोग किया जाता है, जिसे शब्दावली आयोग द्वारा तैयार और स्वीकार किया गया है। विभिन्न पत्र-पत्रिकाओं में प्रकाशित होने वाले विभागीय भर्ती सम्बन्धी विज्ञापनों और निविदाओं को उदाहरण के रूप में देखा जा सकता है—

भर्ती विज्ञापन

'उत्तर प्रदेश पुलिस में उपनिरीक्षक ना.पु. के पद पर सीधी भर्ती हेतु अभ्यर्थी को प्रशिक्षण कराए जाने के सम्बन्ध में शारीरिक दक्षता परीक्षा एवं मुख्य लिखित परीक्षा को सम्पन्न कराए जाने का कार्यक्रम'।

उपर्युक्त विज्ञापन में राजभाषा शब्दावली के प्रयोग को रेखांकित किया जा सकता है। जैसे भर्ती, अभ्यर्थी, प्रशिक्षण, दक्षता, लिखित परीक्षा आदि।

निविदा में राजभाषा शब्दावली में मुहरबन्द, विवरण आदि शब्दों का प्रयोग होता है। इसी प्रकार सरकारी प्रेस विज्ञप्तियों की भाषा में जनपद, फुटकर, नीलाम, आबकारी, सर्किल, कलेक्ट्रेट, गैरिजों, टेंडर, पण्डाल आदि का विशिष्ट प्रयोग होता है। सरकारी विज्ञापनों में उर्दू शब्दावली की बहुलता देखी जाती है। उर्दू-नालिश, लिहाजा, दायर, वाकिफ, हाजिर, इज़हार, मक्करर, गवाह, इंतिला, दस्तख्त आदि।

हिन्दी विज्ञापनों में अंग्रेजी इकाइयाँ

1. व्हाइट हो तो Tide हो (Tide)
2. एलेक्शन के दिन अगर आप वोट नहीं कर रहे तो आप सो रहे हो। (Tata tea)
3. आपका चेहरा मेरे लिए लक्की है। (पियर्स)
4. इमामी फेयर एण्ड हैंडसम दुनिया की नम्बर वन फेयरनेस क्रीम फॉर मैन। (इमामी फेयर एण्ड हैंडसम)
5. मेलोडी इतनी चॉकलेटी क्यूँ हैं? (मेलोडी)
6. सड़न वहीं होती है जहाँ ब्रश नहीं पहुँच पाता। (कॉलगेट)
7. अभी मेरी कॉलर ट्यून सेट करो वरना गेम ओवर। (एयरटेल) आदि।

बोली इकाइयाँ

1. इक ठौं ठण्डा देना। (कोका कोला)
2. धत इ तो हमार पुराना बुशर्ट है। (टाइड)
3. अरे! वह एक दम लल्लटन टाप टन टन। (कोका कोला) आदि।

उर्दू इकाइयाँ

1. मैं रिटायर नहीं होऊँगा अपने ख्वाबों से (आई.सी.आई.सी.आई)
2. क्या आपके मसूड़ों में तकलीफ है। (कॉलगेट एक्टिव सॉल्ट)
3. अच्छी सेहत पर सबका हक है। (प्रिय गोल्ड बिस्किट)
4. अब बनेंगी भारत में भी विश्वस्तरीय इमारतें। (बांगर सिमेंट) आदि।

हिन्दी-अंग्रेजी कोड परिवर्तन

1. Wake up time, Wake up time, चाय पिलाओ, टाटा टी चाय पिलाओ, सबको चाय पिलाओ।

2. Come on yaar लोग हर दिन फेशियल क्यों करते हैं। (फेशिया)
3. What are you doing? मना करो इसे।
4. Offcourse Love marriage बहू। (ब्रूक बॉड रेड लेबल)
5. मेहनती नौजवान Diserve a break. (किट कैट) आदि।

हिन्दी में अन्य भारतीय भाषाओं की इकाइयाँ

1. (पंजाबी)–ओय रावण तुने सीता देनी की नइ देणी! ओय नई देणी तो एक छुट्टी दे दे यार! (मीरिंडा)
2. (पंजाबी)–हमारे मोंट्टू आपकी पिंकि की जोडि कुरकुरे किन्नी चंगी लगेगी जी।
3. (गुजराती)–डिकरा भूलतो नई ईसीई बल्ब लाउजो। (ईसीई बल्ब)
4. (गुजराती)–म्हारें अंगना ना भूलो ना (अमूल) आदि।

अंग्रेज़ी हिन्दी लिप्यंतरण

1. वर्जिन मोबाइल Think Hatke (वर्जिन मोबाइल)
2. What an Idea Sirji (Idea)
3. Taste bhi Health bhi (अमूल)
4. Limca Fresh ho jao (लिमका)
5. Sar Uthake jiyo (एच.डी.एफ.सी)
6. Jo chaho Ho jaaye coca cola Enjoy। (कोका कोला)
7. Dimag ki batti jalade? (मेनटॉस) आदि।

अतः इन विज्ञापनों में भाषा विकास अधुनातन प्रवृत्तियों को ध्यान में रखते हुए विविध स्तरों पर हिन्दी में अंग्रेजी, उर्दू, बोलियों और अन्य भारतीय भाषाओं की इकाइयों का मिश्रण किया गया है। साथ ही भाषा परिवर्तन और लिप्यंतरण की प्रवृत्तियों को भी सम्प्रेषणीयता और लोकप्रियता में वृद्धि के प्रयोजन से व्यापक स्तर पर चयनित किया गया है।

हिन्दी के अपने सर्जनात्मक विज्ञापन

1. गले की ख़राश का फस्ट एड-(स्ट्रेप्सिल)
2. फास्ट फॉरवर्ड कूल जहाँ, खुशियाँ वहाँ–(वर्लपूल)
3. आपकी खुशियों की चाबी–(टाटा नैनो)
4. पैसों से खिलौने खरीदे जाते हैं दोस्त नहीं क्योंकि आपके पैसों से बढ़कर है 'आप'–(आई.डी.बी.आई.बैंक)
5. बुलन्द भारत की बुलन्द तस्वीर हमारा बजाज...(बजाज स्कूटर)
6. कुछ बन्धन अटूट होते हैं जैसे एयरटेल का नेटवर्क आपके साथ हमेशा चलता है।
7. क्योंकि आपके सपने सिर्फ आपके नहीं (यूनियन बैंक ऑफ इण्डिया)

8. कैडबरीज़ की नयी पर्क! थोड़ी सी पेट पूजा! कभी भी, कहीं भी! आदि।

यहाँ टाटा स्काई के एक उदाहरण देकर विज्ञापन के सूक्ष्म उद्देश्य उत्पाद को बेचने की कलकारी का नमूना पेश किया जा रहा है–

1. टाटा स्काई

आमिर ख़ान-सरदार जी वाला विज्ञापन

आमिर ख़ान–ये जो टाटा स्काई वाले हैं, ना इन पर तो मैं केश ठोक दूँगा। आई मेक देयर लाईफ़ लिविंग ब्लैडी हेल! हद कर दी यार, क्रिकेट का बुख़ार कोई कम था, जो ले आए अपना पिक्चर क्वॉलिटी वाला डिब्बा। मेच के एक्सपिरियंस को इतना बढ़िया बना दिया है कि लत लगा रखी है सबको। मैय्या किय्या पूत्तर बिजली का बिल भर आ। वन ओल्ड मेन बिज़ली की लाइन में भूटे की तरह सिख रहा है और बेटा 'टाटा स्काई' पर क्रिकेट के मज़े लूट रहा है। ब्लैडी पिक्चर क्वॉलिटी। आज दिखाता हूँ कि बाप है कौन? **आमिर ख़ा**–ए ले (रास्ते में चलते हुए किसी अनजान व्यक्ति के हाथ में अपना टाटा स्काई थमा देता है।) **नेपथ्य**–पापा जी सॉरी लाइफ-लाइक पिक्चर क्लियरिटी, जो आपको दे क्रिकेट देखने का असली मज़ा। टाटा स्काई! इसे लगा डाला तो क्रिकेट झिंगालाला! बेटा-पापा जी अपना टाटा स्काई चोरी हो गया। अरे वह तो होना ही था, आमिर ख़ान-वो तो ए ई इतनी कमाल की चीज़!

विज्ञापनों के माध्यम से हिन्दी भाषा का विकास हुआ है। इन विज्ञापनों में हिन्दी के शैलीगत वैविध्य का सौन्दर्य उभरा है और हिन्दी की सम्प्रेषणीयता उसकी प्रवाहमय प्रकृति के साथ प्रकट हुई है। हर प्रयुक्ति का अपना भाषिक संसार है, असल में अपने निजी भाषिक स्वरूप से ही किसी प्रयुक्ति की पहचान बनती है। लीच (1966) ने इसी पहचान को अंग्रेज़ी विज्ञापनों के प्रयुक्तिपरक विश्लेषण द्वारा स्थापित किया था और सुरेश कुमार (1978) ने हिन्दी विज्ञापनों के विश्लेषण द्वारा। और आज विज्ञापन की प्रयुक्ति के कई शैलीगत रूप विकसित होते जा रहे हैं जो एक तरह से हिन्दी के विकास को ही दर्शाते हैं। इसके साथ-साथ कई ऑनलाइन रेडियो, व प्रादेशिक पत्र-पत्रिकाओं, टीवी चैनलों और इंटरनेट ने प्रादेशिक भाषाओं के बोलिगत स्वरूप को भी हिन्दी के साथ विकसित करना प्रारम्भ कर दिया है। जिससे हिन्दी और भारतीय भाषाएँ आगे की ओर तीव्र गति से बढ़ेंगी।

सही प्रयोग सँवारता है, बिगाड़ता नहीं

—देव शंकर नवीन

प्रयोजनमूलक शब्द ने विगत तीन-चार दशकों में हमारे स्वदेशी नागरिकों को अत्यधिक सुविधा दे दी है। विदित है कि शब्द का केवल कोशीय अर्थ नहीं होता। अर्थ-ग्रहण की प्रक्रिया बहुत हद तक ग्रहणकर्ता के विवेक पर भर निर्भर करती है। विवेक समाप्त कर लिया जाए, तो ग्रहणकर्ता को शब्दों का अर्थ लगाने में बड़ी सुविधा हो जाती है। **प्रयोजनमूलक** शब्द का अर्थ लगाने में हमारे यहाँ इस प्रविधि का अच्छा खासा उपयोग हुआ है।

कहा जाता है, और सच भी है कि भाषा, हर जनपद की संस्कृति की वाहिका होती है। प्रथम स्वाधीनता संग्राम में मुँह की खाने के बाद हमारे पूर्वज भारतेन्दु ने भाषाई उन्नति का नारा बुलन्द कर ही इतने बड़े देश के बलिदानी सिपाहियों को एक सूत्र में जोड़ा था। सच यह भी है कि हर जनपद की निजता और उसकी पहचान उसकी भाषा और संस्कृति से ही होती है। पर बीते दिनों में हमारे देश के नागरिकों ने अपनी भाषा और संस्कृति की कैसी गत बनाई, वह हम सब देख रहे हैं। सैकड़ों वर्षों तक और कई-कई खेप में लूटपाट एवं तहस-नहस का शिकार, बनी यहाँ की भाषा-संस्कृति और जीवन पद्धतियाँ जन-जन की चित्त-वृत्ति में बसती रहीं। विधर्मी और क्रूर सत्ता के अधीन रहने के बावजूद उसकी अस्मिता अक्षुण्ण रही। पर, केवल बासठ वर्षों में हम सबने मिलकर उसकी सौदागिरी कर ली। सारी बातें आप बुद्धिजीवियों के समक्ष हैं, कुछ उदाहरण पेशेखिदमत हैं।

थोड़ा पीछे चलते हैं। आचार्य महावीर प्रसाद द्विवेदी ने हिन्दी भाषा के स्वरूप की स्थिरता की बात की थी। इसका एक सुस्थिर स्वरूप बना भी, है भी। यह भी सच है कि भाषा को मानवीय जीवन पद्धति के साथ विकासमान होना चाहिए। समयानुसार विकास होता भी रहा है। व्यावहारिक सचाई है कि कामगारों और वणिकों के आदान-प्रदान के क्रम में भाषा का स्वरूप विकसित होता है। पर बीते दिनों में **प्रयोजनमूलक** शब्द ने हमारे देश के पूँजीपतियों और वणिकों को इतनी अधिक आजादी दे दी कि सुविधा और प्रयोजन के नाम पर देवनागरी की ध्वनियों

को कुतरना शुरू कर दिया।

आजादी के बाद हिन्दी पट्टी में जितने भी व्यापारिक समूह उतरे, उन्होंने अपने प्रूफ रीडरों, कम्पोजीटरों की मेहनत कम करने अथवा अपनी पूँजी बचाने, अथवा पत्र-पत्रिका में अधिक बात देने के लिए जगह बनाने के चक्कर में स्वर रहित अनुनासिक वर्णों की ध्वनियाँ मिटा दीं। **हंस** और **हँस**, **बँटी** और **बंटी**, **बण्टी**, का फर्क मिटा दिया। बाजार और पूँजीपति किसी जनपद की भाषा और संस्कृति को किस तरह प्रभावित करता है, इसका इससे बड़ा उदाहरण और कुछ नहीं हो सकता। वे पत्रिकाएँ अब बन्द हो चुकी हैं, टाइप फेंस और हैण्ड कम्पोजिंग वाली मुद्रण व्यवस्था भी खत्म हो चुकी है, पर अब भी हिन्दी के प्रकाशन संस्थानों, पत्र-पत्रिकाओं, लेखकों सम्पादकों द्वारा वही व्यवस्था लागू है। बल्कि अधिकांश स्थितियों में वही मान्य है। तर्क सिर्फ एक है—**प्रयोजनीयता** की सिद्धि।

मानक हिन्दी लिखी जाए, इसके लिए हिन्दी निदेशालय द्वारा विद्वानों की समिति बनाई गयी। लम्बी चर्चा और विचार-विमर्श के बाद वर्तनी बनाई गयी, पर निजी प्रकाशन गृहों की बात तो दूर, सरकारी संस्थाओं द्वारा प्रकाशित पत्रकों और पुस्तक-पुस्तिकाओं में भी उसका अनुपालन नहीं होता। आश्चर्य नहीं कि देखते-देखते जिस तरह चार-छह वर्ण हमारी भाषा से लुप्त हो गए, आगे के पाँच दशक में कुछ और लुप्त हो जाएँ।

हिन्दी के लिए **हिन्दी** लिखने वालों और विराम की जगह फुलस्टॉप लिखने वालों का वह कौन-सा दुराग्रह है, कि वे दुनिया की किसी भाषा के नकल के बूते अपने को काबिल मान रहे हैं, वही जानते होंगे।

उनका तर्क है कि चन्द्रबिन्दु लगाने के लिए कम्प्यूटर पर पाँच स्ट्रोक देने होते हैं और विराम अथवा स्वर रहित अनुनासिक वर्ण के लिए दो स्ट्रोक, जबकि अनुस्वार और फुलस्टॉप एक स्ट्रोक में बन जाते हैं। और, प्रयोजन की सिद्धि तो हो ही जाती है, फिर भाषा को थोड़ी सहजता की ओर ले जाने में क्या बुराई है? समझ नहीं आता कि टंकक की सुविधा बहाल करने की कीमत पर हमारे बुद्धिजीवी भाषा के स्वरूप जैसे गम्भीर मसले पर क्यों इतने अधिक समझौतापरस्त हैं।

कहना कठिन है कि जिस देश का नागरिक अपने अथवा अपने देश, यहाँ तक कि संसार भर के इतिहास और परम्परा की जानकारी रखना चाहता है, उनका तुलनात्मक विश्लेषण करना चाहता है, मृत्यूपरान्त अपने पितरों की लाश जलाकर उन्हें भूल नहीं जाता, साल दर साल उनके नाम पिण्डदान करता है, पितरों की कसमें खाता है, पूजा करता है, पितरों के बारे में, अपने खानदान, आचार-विचार के बारे में अभद्र बातें सुनकर मर-मिटने पर आमादा हो जाता है; उस देश का नागरिक ऐसा तर्क किस विवेक के आधार पर देता है? और इन्हे स्वीकार भी करता है।

भाषा की प्रयोजनीयता का अर्थ केवल सम्प्रेषण नहीं है, यह बात वे अच्छी तरह जानते हैं। हिन्दी में भाषा को लेकर काम करने वाले आज भी ऐसे कम लोग हैं जो सीधे कम्प्यूटर पर ही काम करते हों। अक्सर लोग बोलते हैं, आशुलिपिक लिखता है, और टंकण के बाद उनके सामने आता है, या फिर लोग हाथ से लिखकर टंकक को देते हैं, फिर उसका टंकण होता है। अब जिस पट्टी के विद्वान सुविधावादी आशुलिपिक द्वारा निर्धारित हिन्दी वर्तनी स्वीकार कर लें, अथवा टंकक की सुविधा बनाने के पचड़े में राजभाषा हिन्दी का अंग-भंग करने लगें, वहाँ किसके विवेक पर भरोसा रखा जाए।

लुप्त विवेक के साथ भाषा के **प्रयोजनमूलक** स्वरूप का अर्थ ग्रहण करने वाले ऐसे विद्वानों के शिष्य अब हिन्दी में इतने हो गए हैं कि **दादुर सब वक्ता भए।** हिन्दी के साथ एक अलग समस्या भी है। महापण्डित राहुल सांकृत्यायन ने कहीं कह दिया कि मातृभाषा वह है जिसमें हम अशुद्ध बोलते हैं और वह शुद्ध होता है। हिन्दी किसी खास जनपद की मातृभाषा तो नहीं है, पर इस भाषा की व्यवस्थित वर्तनी, सुगठित व्याकरण है। मौखिक वार्तालाप में मनुष्य चाहे जो छूट ले ले, जब लिखित रूप में कोई बात सामने आए तो उसमें भाषा की गरिमा का खयाल रखा जाना चाहिए। जब भाषा मुद्रित होकर आए, कहानी-कविता-उपन्यास-आलोचना में आए, रेडियो, टेलीविजन में कही जाए, तब उसके अनुशासन का मान रखा जाना चाहिए। वहाँ उसे मातृभाषा की दादागिरी नहीं दिखानी चाहिए—क्योंकि हिन्दी किसी जनपद की मातृभाषा नहीं है। और ऐसा इसलिए भी आवश्यक है कि इन तमाम उपक्रमों का असर समाज और आगे की पीढ़ियों की भाषा पर पड़ता है।

अपनी सुविधाओं के लिए भाषा के साथ अत्याचार करने वाले कर्णधारों को यह जानकारी बखूबी है कि वे अपनी भाषा और संस्कृति को किस गर्त में धकेल रहे हैं। फणीश्वरनाथ रेणु के कथा-साहित्य की लोकप्रियता देखकर नई फसल ने साहित्य में जिस पात्रोचित भाषा का प्रयोग शुरू किया, उसमें से अधिकांश ने हिन्दी कथा-साहित्य का मटियामेट कर दिया है। कोई ऐसा लेखक जो हिन्दी में कहानी लिखता है, सौभाग्य से यदि वह तेलुगु भी जानता है, और अपनी कहानी में कोई तेलुगु भाषी चरित्र खड़ा करता है, उस चरित्र के मुँह से लगातार तेलुगु के वाक्यांश कहवाता है या लगातार अंग्रेजी के वाक्य ठूँसता जाता है...आखिर उसकी मजबूरी क्या है कि वह हिन्दी में ही लिखे। पाठकीय दृष्टि से भी देखें तो यह आवश्यक नहीं कि हर पाठक दुनिया भर की भाषा जाने। विसंगतियों से भरपूर इस तरह की बातें आज किसी भी प्रबुद्ध जन से छिपी नहीं हैं।

प्रयोजनमूलक प्रविधियों के सहारे विभिन्न अनुशासन में प्रयोग की सुविधा रहे, पर उस सुविधा का दुष्प्रभाव हिन्दी की अस्मिता पर नहीं पड़ना चाहिए। भाषा के साथ स्वैराचरण करने वाले महारथियों की शह पाकर ही भूमण्डलीकृत बाजार के

विज्ञापनकर्ताओं ने सरदर्द की टिकिया के प्रचार में राम और दशरथ का दुरुपयोग शुरू कर दिया। कॉस्मेटिक क्रीम के प्रचार में सामवेद की ध्वनियाँ ले लीं। मुरमुरे के प्रचार में जटायु का विवेक नष्ट कर दिया। मोबाइल फोन के नेटवर्क कनेक्शन में अकबर और सलीम का उपयोग कर लिया। सिनेमा के गीत में स्त्रियों को चीज बना दिया, रेडियो चैनल में पता नहीं कौन-सी हिन्दी विकसित कर दी गयी। दूरदर्शन के धारावाहिकों में बिहार के लोगों की तर्ज पर बोली जाने वाली हिन्दी के नाम पर न मालूम कहाँ की हिन्दी, और किस संरचना की हिन्दी आने लगी। इन तमाम स्थितियों का समग्र प्रभाव यह पड़ा कि आज के स्कूली बच्चों को प्रेमचन्द की कहानी **कफन** सुनाकर पूछा जाता है कि इस कहानी से आपको क्या प्रेरणा मिलती है तो वे कहते हैं—यह कहानी अच्छी है, घीसू और माधव को आलू बहुत टेस्टी लगता था।

प्रयोजन और **प्रयोग** का दिशाहीन अर्थ निकालने की प्रथा चला देने वाले इस सम्प्रदाय के लोगों के कारण ही आज अधिकांश लोग भाषाई तौर पर दरिद्र होते जा रहे हैं। दुनिया की सबसे सम्पन्न भाषा भूखण्ड के लोग दरिद्र भाषा का पल्लू पकड़कर दरिद्र बनते जा रहे हैं। अंग्रेजी में सोचकर अपने मित्र से कहना चाहते हैं—हाउ आर यू? और उसका हिन्दी अनुवाद कर पूछते हैं—कैसे हैं आप? जबकि उन्हें पूछना है—क्या हाल-चाल हैं आपके?

विदित यथार्थ है कि मनुष्य अपने आस-पास के सभी अनुशासनों, ज्ञान और व्यवहार की विभिन्न शाखाओं से ताउम्र कुछ न कुछ सीखता रहता है। एक समय था जब समय, भाषा-संस्कार और उच्चारण के लिए आकाशवाणी प्रामाणिक स्रोत था। अख़बार पढ़कर लोग अपनी भाषा माँजते-सँवारते थे। रेडियो सुनकर, अखबार पढ़कर लोग जीवन यापन के तौर-तरीके सीखते थे। विषय वस्तु के विश्लेषण की क्षमता विकसित करते थे। अपने शब्द-प्रयोग की दक्षता बढ़ाते थे। आज कहा जाता है कि रेडियो-दूरदर्शन के चैनल अथवा अखबार का काम सम्प्रेषण है, यहाँ भाषा की जटिलता नहीं चलेगी, यहाँ ऐसी भाषा दी जाए जो बोधगम्य हो, जो तुरन्त समझ में आ जाए। आज लोगों के पास अधिक सिर खपाने का समय नहीं होता। उन्हें पता है कि मनुष्य की भाषा और उसका संस्कार, सामाजिक संरचना के समस्त संकायों का समन्वित उत्पाद होता है। भाषा की जटिलता उनके सम्प्रेषण को आहत करती है, तो सरल बनाएँ, भ्रष्ट तो न बनाएँ!

सच है कि साहित्य की विवरणात्मक भाषा, गणित एवं विज्ञान में काम नहीं आएगी; कथा, कविता, उपन्यास का भाषा—रूप आलोचना के लिए मुफीद नहीं होगा, प्रेम, वात्सल्य, प्रार्थना का भाषा-रूप किसी व्यक्ति को डाँटते समय काम नहीं आएगा, टेलीग्राम अथवा कूट भाषा का उपयोग किसी की जीवनी लिखने में उपयुक्त नहीं होगा, प्रयोजन के आधार पर भाषा में प्रयोग की छूट है, शायद इसी

छूट की बदौलत हमारी जीवन-पद्धति में कहावत, लोकोक्तियाँ, मुहावरे आदि के प्रयोग हुए होंगे और वे समाज में मान्य और सार्वत्रिक होते गए। साहित्य सृजन में बिम्ब-प्रतीक के सारे फलक भाव सम्प्रेषण के चरम लक्ष्य को देखते हुए, भाषा में प्रयोजनमूलक प्रयोग के बल पर ही खुले हैं, लेकिन लक्षणा, व्यंजना शक्ति के तार्किक उपयोग से उसके भाव और अर्थ गाम्भीर्य स्पष्ट होते हैं। सन्दर्भ से काटकर किसी भी पद, पदबन्ध, वाक्य, वाक्यांश का समुचित अर्थ नहीं निकाला जा सकता।

असल बात यह है कि **प्रयोजन मूलक प्रयोग** की छूट लिखने/बोलने वाले लोगों को जब दी गयी थी, उन दिनों लोग भाषाई अस्मिता, सांस्कृतिक पहचान का अर्थ समझते थे, और किसी हद तक उन नियामकों से खुद को जोड़े हुए थे। आजादी के बाद के कुछ वर्ष तो जश्न और पुनःरचना के गर्द-गुबार में बीत गए, फिर लोग सत्ता और शासन-व्यवस्था में अपनी जगह तलाशने में लग गए। लगे हाथ लेखक-शिक्षक-पत्रकार और भाषा के अन्य पुरोहित भी पहचान, प्रतिष्ठा, पुरस्कार और गद्दी की तलाश में हाथ-पाँव मारने लगे। वे भूल ही गए कि हमें जो आजादी मिली है उसका बिगुल हमारे पूर्वजों ने भाषा और संस्कृति की बुनियाद पर ही फूँका था। विस्मरण और उपेक्षा के इसी सोपान से वे आगे बढ़ते गए।

इस मुकाम पर आकर हम अब देख सकते हैं कि भाषा एवं भाषा-रूपों के प्रचार-प्रसार का आधार पूर्व में जो भी हो रहा हो, इस समय मनुष्य के भाषा संस्कार को सबसे अधिक प्रभावित-संचालित दूरदर्शन, सिनेमा, रेडियो, जनसंचार माध्यम और साहित्य कर रहा है। इसके साथ-साथ भूमण्डलीय बाजार भी कम प्रभावी नहीं है। अत्यधिक फलप्राप्ति की ओर उन्मुख आज के विशिष्ट जनों को इस बाजार में अपनी भाषा और संस्कृति का सौदा करने में संकोच नहीं हो रहा है। दूरदर्शन, सिनेमा, रेडियो और संचार माध्यमों ने अपना दायित्व मनोरंजन और खबर प्रस्तुत करने तक सीमित कर लिया। साहित्य ने कहना शुरू किया कि हम विचार बाँटेंगे। कार्यालयों के अधिकारियों ने राजभाषा अधिनियम का विवशतापूर्वक सम्मान करने के लिए अपनी टिप्पणियों का अंग्रेजी से हिन्दी अनुवाद करवाना शुरू कर दिया। प्राथमिक विद्यालयों में व्याकरण की पढ़ाई लगभग समाप्त है। ले-देकर सारा दारोमदार अब विश्वविद्यालयों में हिन्दी शिक्षण कर-करा रहे अध्यापकों पर आया। यहाँ तक आते-आते बोझ इतना बढ़ जाता है कि शुद्ध रूप से व्यवहार के बल पर, और संचार संसाधनों द्वारा परोसे गए भाषा-ज्ञान के आधार पर भाषा-संस्कार खराब कर आए नौजवानों की भाषा कहाँ तक सही की जा सकेगी? पके घड़े पर कौन-सा रंग चढ़ेगा?

हिन्दी में भाषा के प्रयोजनमूलक प्रयोग का हाल, मनुष्य के लुप्त विवेक के कारण वही हो रहा है, जो भारतीय कानून का है—महिलाओं और समाज के

कमजोर वर्ग के लोगों को कानून में थोड़ी सुविधा दी गयी, कि उनके साथ कोई अभद्रता न करे। वह अभद्रता तो नहीं रुकी, चुनाँचे कुछ शातिर लोगों ने उनका दुरुपयोग कर लोगों को सताना जरूर शुरू कर दिया।

प्रसंग बहुत हैं। पर समाज और बाजार के पूरे परिदृश्य ने प्रयोजनमूलक प्रयोग के नाम पर भाषा को इस अराजक स्थिति में पहुँचाने के इतने फ्रण्ट खोल दिए हैं, इसकी संरचना को इस तरह प्रदूषित, आहत और इसके अंग-भंग कर दिए हैं कि पूरा वातावरण दिशाहीन लगता है। दिशाहीनता का ही परिणाम है कि हिन्दी पट्टी के लोग अब फूल और पुष्प; गुस्सा, क्रोध और कोप; नमकीन और लावण्यमयी; मिठास और माधुर्य का फर्क भूलते जा रहे हैं। इस दिग्भ्रम के समय में समाज के भाषा संस्कार की उक्त नियामक शक्तियों का ज्ञान-चक्षु खोलना आवश्यक है। प्रयोजनमूलक प्रयोग की आजादी लोगों को अवश्य मिले पर प्रयोगकर्ता स्वैराचार से परहेज भी रखें।

वक्रोक्ति योजना मानस के सन्दर्भ में

—अंजू श्रीवास्तव

वक्रोक्ति रस निष्पत्ति में सहायक होती है। वक्रोक्ति से तात्पर्य है ऐसी उक्ति जिसमें वक्रता या टेढ़ापन, असमान्यता या विचित्रता हो। वक्रोक्ति सम्प्रदाय के प्रवर्तक आचार्य कुन्तक के अनुसार वक्रोक्ति का अर्थ है 'प्रसिद्ध अर्थ से भिन्न'। वक्रोक्ति को परिभाषित करते हुए उन्होंने लिखा है 'यह दोनों (शब्द और अर्थ) अलंकार्य होते हैं तथा विदग्धता पूर्ण कथन रूपी वक्रोक्ति ही उन दोनों की अलंकार होती है'। इस सम्प्रदाय को मानने वालों का मत है कि उक्ति की विशिष्टता या विचित्रता से ही काव्य में सौन्दर्य आता है। आचार्य भामह का कहना है कि 'वक्रोक्ति अलंकारों का मूल आधार है तथा वक्रोक्ति के अन्तर्गत शब्द तथा अर्थ दोनों की ही वक्रता सम्मिलित है। उन्होंने पहले अतिशयोक्ति अलंकार के लक्षण को स्पष्ट किया और फिर अन्त में यह कहकर कि यही वक्रोक्ति है दोनों की एकता स्पष्ट कर दी'। आगे चलकर आनन्दवर्धन नें वक्रोक्ति पर जोर देते हुए कहा 'इसके द्वारा अर्थ चमक उठता है। कवियों को इसमें विशेष प्रयत्न करना चाहिए। इसके बिना अलंकार है ही क्या'? आचार्य दण्डी भी वक्रोक्ति को काव्य का अनिवार्य तत्व मानते हैं। आचार्य कुन्तक ने इसे काव्य का आत्मतत्व माना है। आधुनिक युग में महावीर प्रसाद द्विवेदी ने चमत्कार को कविता का अनिवार्य तत्व कहा है। उनका कहना है कि चमत्कार के बिना कविता से आनन्द की प्राप्ति सम्भव नहीं है। द्विवेदी जी ने उक्ति चमत्कार (अभिव्यक्ति) को काव्य के लिए नितान्त अनिवार्य माध्यम माना है। आनन्द प्राप्ति या रस को ही वे काव्य का आत्मतत्व स्वीकार करते हैं और वक्र उक्ति या चमत्कारपूर्ण उक्ति को काव्य सौन्दर्यवर्धक अनिवार्य साधन मानते हैं। पण्डित पद्मसिंह शर्मा का कहना है कि चमत्कार के बिना कविता शोभा विहीन होती है। इसलिए वक्रोक्ति की आवश्यकता होती है। कविता में वक्रोक्ति के प्रयोग से सौन्दर्य आ जाता है। 'रसात्मक स्थलों में भी अतिशयोक्ति या वक्रोक्ति से अद्भुद सौन्दर्य का समावेश हो जाता है क्योंकि वक्रता या अतिशयोक्ति एक प्रकार से रस की जान और रस की खान है'। जगन्नाथदास रत्नाकर ने 'काव्य के किसी एक

तत्व' को काव्य में सौन्दर्य लाने में सहायक न मानकर सभी का पृथक्-पृथक् सम्मिलित रूप से योगदान माना है। इनके अभिमत में रमणीय वाक्य का नाम काव्य है और काव्य में रमणीयता लाने में अलंकार, रीति, रस, ध्वनि आदि काव्य तत्त्वों के समान वक्रोक्ति भी एक काव्य तत्त्व है'। जयशंकर प्रसाद नें वक्रोक्ति को केवल उक्ति चमत्कार रूप नहीं माना है वरन वक्रता या विच्छित्ति से काव्य में छाया या कान्ति को सृजन का समर्थन किया है और काव्य में इस वैचित्र्य सिद्धि को विद्ग्ध कवि का ही एक महत्त्वपूर्ण कार्य माना है'। पण्डित बलदेव उपाध्याय ने कुन्तक के मतों का भलीभाँति अध्ययन करके यह कहा है कि 'वक्रोक्ति सिद्धान्त कोरा चमत्कारवाद या वागवैदग्ध्य मात्र नहीं है। काव्य में वक्रता वहीं तक अपेक्षित है जहाँ तक वह सहृदय की किसी अनुभूति से सम्बन्ध रखती हो। वह केवल बोध मात्र नहीं कराती प्रत्युत भावानुभूति को जगाती है'। डॉ नगेन्द्र का मत है कि 'रस के सद्भाव में वक्रता का अभाव हो ही नहीं सकता...अतः काव्य में वक्रता की अनिवार्यता में सन्देह नहीं किया जा सकता, किन्तु वक्रता सदैव भाव प्रेरित ही रहेगी'। इस प्रकार से हम देखते हैं कि वक्रोक्ति का रस से अविछिन्न सम्बन्ध है।

आचार्य कुन्तक ने वक्रोक्ति के छः भेद और उनके कई उपभेद बताए हैं। मानस में हमें ये सभी भेद देखने को मिलते हैं।

1. *वर्णविन्यास वक्रता*–इससे तात्पर्य अनुप्रास से है

उ. सो राम बाम बिभाग राजति रुचिर अति सोभा भली।
नव नील नीरज निकट मानहुँ कनक पंकज की कली॥[1]

2. *पदपूर्वार्ध वक्रता*–यदि शब्दों के आरम्भ में ही वक्रोक्ति हो या मूल धातु से सम्बन्धित वक्रता हो तो उसे पदपूर्वार्ध वक्रता कहते हैं। इसके निम्नलिखित भेद होते हैं:

(i) *रुढ़ि वैचित्र्य वक्रता*–कभी किसी शब्द के रूढ़ि या वाच्य अर्थ को परिवर्तित कर देने से भी उक्ति में सौन्दर्य आ जाता है–

सीता हरन तात जनि कहहु पिता सन जाइ।
जौं मैं राम त कुल सहित कहहि दसानन आइ॥[2]

(ii) *पर्याय वक्रता*–एक ही शब्द के अनेक पर्यायों में से ऐसे शब्द का चयन जो उक्ति की सुन्दरता को बढ़ा दे पर्याय वक्रता कहलाता है।

जहिं जलनाथ बँधायउ हेला। उतरे प्रभु दल सहित सुबेला।
कारुनीक दिनकर कुलकेतू। दूत पठायउ तव हित हेतू॥[3]

---

1. मानस लं का 109-3
2. मानस अर का 31
3. मानस लं का 37-1

(iii) *उपचारवक्रता*—जहाँ पर ऐसी सादृश्यता बताई जाए जिसमें अत्यन्त भिन्नता हो अर्थात अमूर्त की मूर्त से, अचेतन की चेतन से सादृश्यता बताई जाए। इसके अन्तर्गत रूपक आदि अलंकार आते हैं।

अंगद तहीं बलि कर बालक। उपज्यो बंस अनल कुल घालक॥[1]

(iv) *विशेषण वक्रता*—इसके अन्तर्गत विशेषणों का विचित्र प्रयोग रस निष्पत्ति में सहायक होता है।

सुन्दरता कहुँ सुन्दर करई। छबि ग्रह दीपसिखा जनु बरई॥[2]

(v) *संवृत्ति वक्रता*—इसमें सर्वनाम के वैचित्र प्रयोग से रस निष्पत्ति में सहायता मिलती है जैसे—

अवध तहाँ जहँ राम निवासू। तहँइँ दिवसु जहँ भानु प्रकासू॥[3]

(vi) *वृत्ति वक्रता*—जहाँ समास तद्वित आदि की वक्रता से रस निष्पत्ति में सहायता मिलती है।

कुन्दकली दाड़िम दामिनी। कमल सरद ससि अहिभामिनी॥[4]

(vii) *लिंग वैचित्र वक्रता*—कभी-कभी लिंग परिवर्तन से भी उक्ति में सुन्दरता आ जाती है—

मरम बचन सीता जब बोला। हरि प्रेरित लछिमन मन डोला॥[5]

(viii) *क्रिया वैचित्र वक्रता*—कभी-कभी कवि क्रिया की इस प्रकार योजना करता है कि कर्ता उससे विलक्षण हो जाए या कभी क्रिया कर्ता से तथा कभी-कभी क्रिया विशेषण के प्रयोग से क्रिया में सौन्दर्य आ जाता है या कभी-कभी उपचार के कारण वैचित्रता आ जाती है। इसके निम्नलिखित भेद हैं।

(क) *क्रिया का कर्ता की अंतरंग होना*—जब कवि क्रिया का इस प्रकार से प्रयोग करे कि वह कर्ता की अंतरंग हो जाए—

कोमल चित अति दीन दयाला। कारन बिनु रघुनाथ कृपाला॥
गीध अधम खग आमिष भोगी। गति दीन्ही जो जातक जोही॥[6]

(ख) *कर्ता की अन्य कर्ताओं से विचित्रता*—क्रिया का इस प्रकार प्रयोग हो जिससे कर्ता की विचित्रता का प्रतिपादन हो।

श्रीहत भए भूप धनु टूटे। जैसे दिवस दीप छबि छूटे॥[7]

---

1. मानस लं का 21-3
2. मानस बां का 230-4
3. मानस अयो का 74-2
4. मानस अर का 30-6
5. मानस अर का 28-3
6. मानस अर का 33-1
7. मानस बा का 263-3

(ग) *क्रिया-विशेषण का वैचित्र्य*–जब क्रिया विशेषण का इस प्रकार योग होता है जिससे पद का सौन्दर्य उसी पर आश्रित हो जाता है तो वह क्रिया-विशेषण वैचित्र्य कहलाता है।

कोदण्ड कठिन चढ़ाई सिर जट जूट बाँधत सोह क्यों।
मरकत सयल पर लख दामिनि कोटि सों जुग भुजग ज्यों॥
कटि कसि निषंग बिसाल भुज चापि बिसिख सुधारि कै।
चितवत मनहुँ मृगराज प्रभु गजराज घटा निहारि कै॥[1]

(घ) *उपचार मनोज्ञता*–जहाँ किसी अन्य पदार्थ का धर्म कर्ता पर आरोपित किया जाता है वहाँ उपचार मनोज्ञता होती है।

साधु चरित सुभ चरित कपासू। निरस बिसद गुनमय फल जासू॥
जो सहि दुख परिछद्र दुरावा। बंदनीय जेहि जग जस पावा॥[2]

3. पद परार्ध बक्रता–कभी-कभी प्रत्यय आदि के प्रयोग से भी उक्ति में सौन्दर्य आ जाता है इसे पद परार्ध वक्रता कहते हैं। इसके निम्नलिखित भेद होते हैं–

(क) *कालवैचित्र्य वक्रता*–जहाँ पर क्रिया के साथ काल का सार्थक एवं परिस्थिति के अनुकूल इस प्रकार प्रयोग किया जाता है जिससे अर्थ में सौन्दर्य आ जाता है तो उसे काल वैचित्र वक्रता कहते हैं।

तब लगि बैठ अहउँ बट छाहीं। जब लगि तुम्ह ऐहहु मोहि पाहीं॥[3]

(ख) *कारक वैचित्र्य वक्रता*–सामान्य कारक का विशेष या मुख्य कारक का सामान्य कारक के रूप में प्रयोग करके या कारकों का विपर्यय में प्रयोग होने से भी उक्ति में चमत्कार उत्पन्न हो जाता है।

हम कुलघालक सत्य तुम्ह कुल पालक दससीस।[4]

(ग) *वचन वैचित्र्य वक्रता*–कहीं-कहीं एकवचन के स्थान पर बहुवचन या बहुवचन के स्थान पर एकवचन के प्रयोग से भी उक्ति में चमत्कार आ जाता है।

दीप दीप के भूपति नाना। आए सुनि हम जो पन ठाना॥[5]

(घ) *पुरुष वैचित्र्य वक्रता*–जहाँ पर उत्तम पुरुष या मध्यम पुरुष के स्थान पर अन्य पुरुष का प्रयोग होता है वहाँ पुरुष वैचित्र वक्रता होती है।

नाम प्रताप भानु अवनीसा। तासु सचिव मैं सुनहु मुनीस॥[6]

---

1. मानस अर का 263-3
2. मानस बा का 2-3
3. मानस बा का 52-1
4. मानस लं का 21
5. मानस बा का 351-4
6. मानस बा का 159-3

(च) *उपग्रह वक्रता*–जहाँ पर औचित्य के अनुसार पद धातु में से किसी एक का प्रयोग किया जाता है वहाँ पर उपग्रह वक्रता होती है।

अब मोहि भा भरोस हनुमंता। बिनु हरि कृपा मिलहिं नहिं संता॥[1]

(छ) *प्रत्यय वक्रता*–प्रत्यय के प्रयोग से भी काव्य के सौन्दर्य में अभिवृद्धि हो जाती है

हिमवंत जिमि गिरिजा महेसहि हरिहि श्री सागर दई
तिमि जनक रामहि सिय समरपी बिस्व कल कीरति नई॥[2]

(ज) *उपसर्ग वक्रता*–शब्दों के साथ लगे उपसर्ग ब्ही काव्य के सौन्दर्य की वृद्धि करते हैं।

सचिव सभीत सकई नहि पूँछी।[3]

4. वाक्य या वास्तु वक्रता–वस्तु का उत्कर्ष युक्त स्वभाव से सुन्दर रूप में केवल सुन्दर शब्दों द्वारा वर्णन अर्थ या वस्तु की वक्रता कहलाती है। इसके दो भेद हैं

(क) *सहज वस्तु या वाक्य वक्रता*–कभी किसी वस्तु या विषय का ऐसा स्वाभाविक वर्णन जिससे अर्थ में सौन्दर्य उत्पन्न हो जाए सहज वस्तु या वाक्य वक्रता कहलाती है।

हदय अनुग्रह इन्दु प्रकासा। सूचत किरन मनोहर हासा।
कबहुँ उछंग कबहुँ बर पलना। मातु दुलारइ कहि प्रिय ललना॥[4]

(ख) *आहार्य सहजोक्ति*– अपने कौशल से कवि अलंकारों की योजना करके उसमें सौन्दर्य का प्रादुर्भाव कर देता है।

चितवत चकित चहूँ दिसि सीता। कहँ गए नृप किसोर मनु चिन्ता॥
जहँ बिलोक मृग सावक नैनी। जनु तहँ बरिस कमल सित श्रेनी॥[5]

5. प्रकरण वक्रता–उत्साह से भरा कवि प्रारम्भ से कथा सूत्र को जिस इच्छा से प्रारम्भ करता है और उसमें जिस कौशल का सन्निवेश करता है अर्थात् उसे चमकाता है वही प्रकरण वक्रता है'। प्राचीन परम्परा को छोडकर नवीन सौन्दर्यवर्धक प्रकरणों के समावेश से नवीन प्रकरणों के साथ पुरातन प्रसंगों का चित्रण भी उक्ति की सुन्दरता को बढ़ा देता है। इसके निम्नलिखित भेद हैं:

(क) *भावपूर्ण स्थिति की उद्भावना*–जब किसी विशेष प्रकरण में स्थिति को अत्यन्त भावात्मक ढंग से प्रस्तुत किया जाता है तब उक्ति में चारुता एवं प्रभोत्पादकता आ जाती है। मानस के विशेष प्रकरण राम वनगमन,

---

1. मानस सु का 7-2
2. मानस बा का 324-4 छ
3. मानस अयो का 38-4
4. मानस बा का 198-4
5. मानस बा का 232-1

दशरथ मरण, सीता हरण आदि को कवि ने अत्यधिक भावात्मक ढंग से प्रस्तुत किया है जिससे काव्य में चारुता एवं प्रभावोत्पदकता आ गयी है। राम के वियोग में तड़पते दशरथ जी ने जब सुमन्त्र को अकेले ही वापस आया देखा व्याकुल हो कहने लगे

सखा रामु सिय लखन जहँ तहाँ मोहि पहुँचाउ।
नाहिं त चलत चलन अब प्रान कहउँ सति भाउ॥[1]

तुलसीदास जी ने भावों का ऐसा सुन्दर एवं सजीव चित्र खींचा है कि ऐसा लगता है जैसे उन्हीं के साथ यह सब घटना हो रही है।

(ख) *उत्पाद्य का लावण्य*—जब कवि किसी ऐतिहासिक कथा के किसी दोष के परिहार के लिए या फिर उसे अधिक मनोरम बनाने के लिए उसके कथानक में संशोधन कर देता है तो वह कथा अधिक मनोरम एवं हृदय ग्राहक बन जाती है। इसके दो भेद हैं:

(i) *अविद्यमान की कल्पना*—किसी ऐतिहासिक कथा को अधिक मनोरम बनाने के लिए नवीन प्रसंगों का समावेश किया जाता है जैसे मानस में पुष्पबाटिका प्रसंग की योजना से काव्य में सौन्दर्य आ गया है।

(ii) *विद्यमान में संशोधन*—ऐतिहासिक कथा या नायक नायिका के चरित्र को सुधारने के लिए कथानक में थोड़ा संशोधन कर देने से उसमें नवीनता तथा सुन्दरता आ जाती है। जैसे मानस में संशोधन कर देने से उसमें नवीनता एवं सुन्दरता आ गयी है।

(ग) *मुख्य कार्य से संबद्ध प्रकरणों का उपकार्य—उपकारक भाव*—प्रबन्ध में आए सभी प्रसंगों के एक-दूसरे से सम्बद्ध होने से काव्य में सुन्दरता आती है। सभी प्रकरण अन्त में मुख्य कार्य के सहायक होने चाहिए। मानस में आए सभी प्रसंग एक-दूसरे से जुड़े हैं तथा मुख्य कार्य में सहायक सिद्ध हुए हैं जैसे प्रतापभानु का शाप पाकर रावण बनना, नारद के शापवश भगवान का मानव रूप में जन्म लेना तथा रावण द्वारा अधर्म करने पर राम द्वारा उसका संहार। ये सभी प्रसंग एक-दूसरे से जुड़े हुए हैं तथा मुख्य कार्य के सहायक तत्व हैं।

(घ) *विशिष्ट प्रकरण की अतिरंजना*—प्रबन्ध में कुछ प्रसंग ऐसे होते हैं जिनका कवि बार-बार प्रयोग करता है लेकिन प्रत्येक स्थान पर उनका प्रयोग इस प्रकार से करता है कि उसमें नवीनता आ जाती है जिससे काव्य के सौन्दर्य में वृद्धि हो जाती है। जैसे मानस में श्रीरामचन्द्र जी की स्तुति बार-बार भक्ति भावना से की गयी है लेकिन हर अगली

1. मानस अयो का 149

स्तुति नवीनता लिए हुए है जिससे काव्य का सौन्दर्य बढ़ गया है।

(च) *मनोरम प्रसंगों का विस्तार से चित्रण*–काव्य को अधिक सुन्दर बनाने के लिए कवि बीच-बीच में मनोरम प्रसंगों का विस्तार से चित्रण करता है इससे काव्य में चारुत्व आ जाता है। जैसे मानस में रावण अंगद संवाद।

(छ) *प्रधान उद्‌देश्य की सिद्धि के लिए सुन्दर प्रसंगों की उद्‌भावना*–कभी-कभी कवि अपने काव्य को सुन्दर बनाने के लिए उसमें कुछ गौण किन्तु सुन्दर प्रसंगों की सृष्टि कर लेता है इससे काव्य में मनोहरता आ जाती है। जैसे मानस में कागभुशुण्डि प्रसंग की योजना।

(ज) *गर्भांक*–मूल नाटक के मध्य में छोटा-सा नाटक रख देने से उसमें चारुत्व आ जाता है। रामचरितमानस में कथा के मध्य में तो नहीं लेकिन आरम्भ में ही शिव पार्वती विवाह तथा नारद मोह के प्रसंगों की योजना से काव्य की मनोहरता बढ़ गयी है।

(झ) *प्रकरणों की पूर्वा पर अन्विति*–मानस इसका अत्यन्त सुन्दर उदाहरण प्रस्तुत करता है। तुलसी के मानस की हर प्रसंग योजना आने वाले प्रसंगों या घटनाओं की ओर इशारा करती है। उदाहरण के लिए राम के राज्याभिषेक को सुन देवताओं का विचलित हो सरस्वती के पास जाना आने वाले किसी अशुभ की ओर संकेत करता है।

6. प्रबन्ध बक्रता–इसके निम्नलिखित भेद हैं:

(क) *मूल रस में परिवर्तन*–किसी ऐतिहासिक कथा के मूल रस में परिवर्तन से भी कथा में वैचित्र्य आ जाता है। जैसे वाल्मीकि की रामायण करुण रस प्रधान है जब कि तुलसी का मानस शान्त रस प्रधान है क्योंकि राम कथा का अन्त 'राम राज बैठे त्रैलोका। हरषित भए गए सब सोका'[1] से हुआ है।

(ख) *नायक के चरित्र का उत्कर्ष करने वाली चरम घटना पर कथा का उपसंहार*–कथा के अन्त में यदि नायक का चरित्र नीरस है तो उत्तम कवि कथा का उपसंहार उसी स्थान पर कर देता है जहाँ पर नायक का चरित्र अत्यधिक उत्कर्ष पर रहता है। इससे प्रबन्ध में चारुत्व एवं प्रभावोत्पादकता आ जाती है जैसे मानस में राम राज्याभिषेक पर ही कथा की समाप्ति कर दी गयी है। सीता वनवास का उल्लेख नहीं किया गया है।

(ग) *कथा के मध्य में ही किसी अन्य कार्य द्वारा प्रधान कार्य की सिद्धि*–कभी-कभी कवि प्रधान कार्य को रोककर बीच में ही नए कार्य की उद्‌भावना कर देता है और बाद में इसी से प्रधान कार्य को पूरा कर

उपसंहार कर देता है। इससे काव्य में वक्रता एवं सुन्दरता आ जाती है जैसे मानस में वनवास की अवधि पूरी होने के एक वर्ष पहले ही सीता हरण का प्रसंग लाकर उसी के माध्यम से कथा का प्रधान कार्य (रावण वध) कराया गया है जिससे काव्य में विचित्रता एवं सुन्दरता आ गयी है।

(घ) *नायक द्वारा अनेक फलों की प्राप्ति*--जब नायक किसी फल की प्राप्ति के लिए अग्रसर होता है तो बीच में ही अपनी कुशलता के कारण उसे उस फल के साथ ही दूसरे फलों की प्राप्ति भी हो जाती है इससे काव्य में चमत्कार और सौन्दर्य आ जाता है जैसे मानस में रावण वध के पहले ही अनेक राक्षसों के वध से भी काव्य में चमत्कार आ गया है।

(च) *प्रधान कथा का द्योतक नाम*--जहाँ कवि अपने काव्य का नाम इस प्रकार रखता है जिसे पढ़ते ही काव्य का रहस्य समझ में आ जाए तो उससे भी काव्य की सुन्दरता बढ़ जाती है। तुलसीदास जी ने अपने काव्य का नाम श्रीरामचरितमानस रखा है। जिसे पढ़ते ही इसका रहस्य किसी भी साधारण से साधारण व्यक्ति की समझ में आ जाता है।

(छ) *एक ही मूलकथा पर आश्रित प्रबन्धों का वैचित्र एवं वैविध्य*--एक ही मूलकथा पर आश्रित काव्य को हर युग के लेखक विविध प्रकार से रचते हैं। मूलाधार समान होते हुए भी कवि अपने विलक्षण प्रतिभा के द्वारा अपनी-अपनी रुचि को रंग इस प्रकार उनमें संजोता है कि वे काव्य परस्पर भिन्न-भिन्न प्रतीत होने लगते हैं। इससे भी काव्य चमत्कृत हो उठता है। जैसे मानस में तुलसी ने नारायण राम के नरत्व का चित्रण किया है जबकि वाल्मीकि ने नर के नारायणत्व का।

इस तरह से हम देखते हैं कि आचार्य कुन्तक के द्वारा गिनाए गए वक्रोक्ति के सभी भेद मानस में मिलते हैं जो उसके चारुत्व की समृद्धि को बढ़ाने वाले होकर अंततोगत्वा रस निष्पत्ति में सहायक सिद्ध हुए हैं।

आचार्य कुन्तक के द्वारा गिनाए गए वक्रोक्ति के इन भेदों को लेकर विद्वानों में मतभेद है किन्तु हमारा उद्देश्य इस वादविवाद में न पड़ कर केवल यह देखने का था कि काव्य के अन्य तत्वों की ही भाँति वक्रोक्ति भी मानस में रस निष्पत्ति में सहायक सिद्ध हुई है या नहीं।

लोकतन्त्र और भारतीय भाषाओं में राम साहित्य की प्रासंगिकता

—ऋषभ देव शर्मा

रामकथा अपने उदात्त जीवन मूल्यों के कारण हजारों वर्षों से विश्व भर के अनेक भाषा समाजों में व्याप्त ऐसी गाथा है जिसने देशकाल की सीमाओं के पार मनुष्यता का मार्गदर्शन किया है। यह कथा इतनी लचीली है कि लौकिक और शिष्ट साहित्य—दोनों ही में इसके अनेक संस्करण उपलब्ध होते हैं। इसके बावजूद रामकथा का मूलभूत स्वरूप और संदेश एक जैसा है। इसीलिए समय-समय पर राम साहित्य की नई मान्यताओं और नई चुनौतियों के सन्दर्भ में पुनःपाठ होना स्वाभाविक है। लोकतन्त्र की दृष्टि से भारतीय भाषाओं के राम साहित्य की प्रासंगिकता खोजने का प्रयास भी इसी पुनःपाठ प्रक्रिया का एक अंग है।

स्मरणीय है कि भारत की प्रायः सभी प्रमुख भाषाओं के साथ-साथ राम साहित्य की एक सुदीर्घ परम्परा भारतीय बोलियों के अलिखित और लिखित साहित्य में उपलब्ध होती है। इस पर लोकतन्त्र के सन्दर्भ में विचार करना हो तो सबसे पहले हमें यह देखना होगा कि मुख्य भाषाओं और बोलियों में उपलब्ध राम साहित्य की प्रकृति किस प्रकार की है, उसमें क्या-क्या समानताएँ और भिन्नताएँ हैं। इस दृष्टि से विचार करने पर पता चलता है कि भाषाओं और बोलियों के राम साहित्य की प्रकृति में कुछ ऐसे अन्तर हैं जिन्हें नजर अन्दाज नहीं किया जा सकता क्योंकि ये अन्तर लोकतन्त्र की दृष्टि से बड़े महत्त्व के हैं। राम साहित्य के अध्येताओं का ध्यान इस तथ्य की ओर जाना चाहिए कि मुख्य भारतीय भाषाओं में स्वीकृत रामकथा में अभिजात वर्ग और सामान्य वर्ग—दोनों प्रकार के पात्र चित्रित हैं, परन्तु बोलियों में प्रचलित रामायणों में प्रायः सारे के सारे पात्र सामान्य वर्ग के हैं अर्थात वहाँ राम और सीता भी राज परिवार से नहीं, अपितु किसी सामान्य परिवार से आते हैं। यहाँ असम में प्रचलित रामकथा का उल्लेख प्रासंगिक होगा। असम में विभिन्न बोलियों में कुल तीस रामकथाएँ प्रचलित हैं। इनमें एक बोली है

करबी। मूलतः करबी एक जनजाति है जो खेती किसानी का काम करती है और पर्वतीय क्षेत्र में निवास करती है। वहाँ की भौगोलिक परिस्थितियाँ इस प्रकार की हैं कि इन लोगों के गाँव और खेतों के बीच बहुत दूरी होती है। खेतीबाड़ी के लिए गाँव से बहुत दूर जाना पड़ता है। पहाड़ी जमीन को ठीक-ठाक करके किसान उसमें फसल उगाता है और फसल कटने तक उसे वहीं रहना पड़ता है। ऐसे ही एक किसान को खेत में काम के दौरान मोर-मोरनी के अण्डे मिल जाते हैं जिन्हें वह उठाकर घर पर ले जाता है और फिर खेती पर चला जाता है। इन अण्डों से सीता का जन्म होता है जो इस किसान के घर में बड़ी होती है, उसकी पत्नी से विभिन्न प्रकार की हस्तकलाएँ सीखती है, बहुत अच्छा मछली भात बनाती है और फिर एक दिन किसान के लिए खेत पर भोजन लेकर जाती है। लम्बे समय से घर से दूर खेत पर रह रहा किसान उसे पहचान भी नहीं पाता। आगे चलकर वह कन्या पशुपालन और खेतीबाड़ी में भी प्रवीणता प्राप्त करती है और उसका विवाह भी एक जनजातीय युवक से होता हैं। इस तरह करबी रामायण में सीता और राम दोनों ही जनजाति से सम्बन्धित है तथा अन्य भी कोई पात्र अभिजात वर्ग का नहीं है। इस दृष्टि से लिखित-अलिखित परम्परा से उपलब्ध विभिन्न रामकथाओं को फिर से देखने की जरूरत है क्योंकि यह भारतीय लोक का एक सच है कि रामकथा में सदा से जन समाज से मिलने की प्रकृति विद्यमान रही है। जन से जुड़ाव की यह प्रकृति राम साहित्य को लोकतन्त्र के सन्दर्भ में खासतौर पर प्रासंगिक बनाती है। यहाँ यह कहना भी अप्रासंगिक न होगा कि कृष्णकथा में यह प्रकृति प्राप्त नहीं होती। कृष्ण लोक और जनजाति के बीच में पलने-बढ़ने के बावजूद अन्ततः देवता के रूप में परिणत हो जाते हैं। राम अभिजात से जन की ओर बढ़ते दीखते हैं जबकि कृष्ण जन से अभिजात की ओर। ध्यान रहे कि लोकतन्त्र की मूलभूत स्थापना है कि सत्ता को जनता की ओर बढ़ना चाहिए। राम साहित्य के जनाभिमुख होने की व्याख्या यहाँ राजतन्त्र के लोक की ओर उन्मुख होने के रूप में जा सकती है और इसी से आधुनिक समय में राम साहित्य की प्रासंगिकता उजागर होती है।

राम साहित्य की प्रकृति सम्बन्धी चर्चा को आगे बढ़ाते हुए हम यह देख सकते हैं कि रामकथा में भारतीय सामाजिक ढाँचे को बनाए रखने की कोशिश निहित है। वह ढाँचा पारिवारिक सम्बन्धों के रूप में हो सकता है और सामाजिक नैतिक मूल्यों के रूप में भी। इसीलिए राम साहित्य को मर्यादा के सन्दर्भ में व्याख्यायित किया जाता है। लोकतन्त्र की दृष्टि से इसकी यह व्याख्या की जा सकती है कि राम साहित्य में सामाजिक संरचना और मूल्यों की रक्षा के लिए अन्याय का प्रतिकार दर्शाया गया है। राम का पूरा जीवन अन्याय के प्रतिकार को समर्पित है परन्तु वे इस कार्य में सफल होने के लिए अयोध्या के राजमहल से

बाहर निकलते हैं तथा ऋषि मुनियों से लेकर निषाद और वानरों तक उन सब वर्गों से जुड़ते हैं जो रावण जैसी अलोकतान्त्रिक शक्ति के आतंक तले दलित मर्दित थे तथा अलग-अलग होने के कारण उसका प्रतिकार नहीं कर पाते थे, निर्वासित जीवन और अज्ञातवास भोगने के लिए मजबूर थे। भारतीय भाषाओं का राम साहित्य यह दर्शाता है कि अभिजात वर्ग या राजतन्त्र अकेले अपने भरोसे किसी भी अन्याय का सफलतापूर्वक प्रतिकार नहीं कर सकता। इसके लिए उसे व्यापक जनशक्ति अथवा लोक के पास जाना पड़ता है। राम लोकाभिराम ही नहीं लोकाभिमुख भी हैं। उनका जीवन व चरित्र यह सिद्ध करता है कि जनता की व्यापक भागीदारी के बल पर ही सामाजिक मूल्यों की रक्षा की जा सकती है। जब राम शास्त्रमर्यादा के लिए लोकसमर्थन से शस्त्र उठाते हैं तो वे सच्चे समन्वयकारी प्रतीत होते हैं। इसके लिए जन उन्हें नई नैतिकता की स्थापना करने की स्वीकृति भी देता है। आततायी का अन्त करने के लिए यदि छल भी अपनाना पड़े तो लोक के हित में ऐसा करना उचित है। जंगल-जंगल, पर्वत-पर्वत सुग्रीव अपनी प्रजा के साथ मारा मारा फिर रहा है। बालि का सामना करने का साहस किसी में भी नहीं। राम उसे छल से मारते हैं लेकिन इससे राम का अपयश नहीं होता बल्कि यही स्थापित होता है कि अन्यायी को मारने के लिए शस्त्र के रास्ते से भी हटाया जा सकता है। लेकिन यह तभी तक सम्भव है जब तक राम को जनशक्ति का समर्थन प्राप्त है। इसके विपरीत जब राम अभिजात वर्ग के यन्त्र बनकर शंबूक वध जैसे कृत्य में संलग्न होते हैं तो उनका यह कार्य अपयश का ही कारण बनता है। यही कारण है कि भवभूति जैसे कवियों ने अग्निपरीक्षा, सीता निर्वासन और शंबूक वध के प्रसंगों में राम को बड़ा बेबस दिखाया है—आत्मग्लानि में गलता हुआ एक विवश राजा। अभिप्राय यह है कि राम साहित्य जनशक्ति की अनिवार्यता का प्रतिपादन करने वाला साहित्य है और उसे जनविरोध तनिक सा स्वीकार नहीं है। यही कारण है कि तुलसी ने छाया सीता की कल्पना की और सीता निर्वासन तथा शंबूक वध जैसे प्रसंगों को छोड़ दिया। उन्हें जनविरोधी प्रसंगों को राम के चरित्र में शामिल करना अलोकतान्त्रिक लगा होगा। यहीं यह भी कहते चलें कि राम साहित्य की चिरंतनता का एक आधार यह भी है कि वह मूल्यों को जड़ नहीं मानता। उसके माध्यम से हर युग में मूल्य व्यवस्था को पुनर्परिभाषित करना सम्भव है जो किसी इतिवृत्त के लोकतान्त्रिक होने का एक सुदृढ़ आधार हो सकता है। उल्लेखनीय है कि राम जब अन्याय का प्रतिकार करने के लिए छल का सहारा लेते हैं तो विभिन्न भारतीय भाषाओं के रामायणकार अपने-अपने ढंग से उनका बचाव करते हैं। तुलसी ने जिस प्रकार पहले नीति की बात करके बाद में पूरे प्रसंग का पर्यवसान भक्ति और मुक्ति में किया है, उसी प्रकार मणिपुरिया रामायण में भी बालि वध प्रसंग की व्याख्या सामाजिक मर्यादा और नैतिकता के सन्दर्भ में की गई है। अभिप्राय यह है

कि भारतीय मूल्यों की रक्षा की मूल प्रवृत्ति विविध भारतीय भाषाओं के राम साहित्य में समान रूप से सुरक्षित है जो लोकतन्त्र के बड़े काम की चीज है।

यहाँ मैं पूर्वोत्तर भारत के एक वर्तमान रामायणविद का उल्लेख करना चाहूँगा। ये हैं मिस्टर लमारे। लमारेजी यों तो ईसाई हैं परन्तु रामसाहित्य के समर्पित अध्येता हैं। उनके लिए रामायण कोई धर्मग्रन्थ नहीं है बल्कि समग्र भारत को एक करनेवाला ऐसा तत्व है जिसकी उपेक्षा उन्हें कष्ट देती है। वे मेघालय में हैं और खासी जनजाति पर काम कर रहे हैं। उनके पास खासी रामायण की हस्तलिखित प्रति सुरक्षित है। इस रामायण में विस्तार से विभिन्न खासी परम्पराओं का उल्लेख मिलता है। स्मरणीय है कि खासी रामायण के राम का राजतन्त्र से कोई सम्बन्ध नहीं है। वे जनजातीय पृष्ठभूमि से आते हैं और उनकी प्रकृति पूरी तरह जनजातीय हैं। खासी जनजाति के तमाम युवकों की तरह उनके राम भी शिकारप्रिय हैं, खेती करते हैं, फल फूल उगाते हैं--पूरी तरह सामान्य जन हैं; और अपनी इस सामान्यता के सहारे ही वे सभ्यता के विकास में सहयोग करते हैं। प्रायः लोग इस तथ्य पर विस्मय जताते हैं कि पूर्वोत्तर भारत के अन्य सब राज्यों में उग्रवाद के फलने-फूलने के बावजूद मेघालय में उग्रवाद नहीं बढ़ सका। इसके कारणों का विवेचन करें तो पता चलेगा कि मेघालय में उग्रवाद के आसार दिखाई देते ही खासी जनजाति के बुद्धिजीवियों ने संगठित रूप में उसका खुलकर विरोध किया। इसमें राम साहित्य की जनाभिमुखता की भूमिका से इनकार नहीं किया जा सकता जिसके कारण वे स्वयं को मुख्यभूमि से सम्बद्ध मानते हैं। मिस्टर लमारे जैसे बुद्धिजीवियों को इस बात से मानसिक कष्ट है कि मुख्यभूमि भारत की ओर से राम साहित्य जैसे जनाभिमुख अभियान पूर्वोत्तर की जनता को सांस्कृतिक स्तर पर अपने साथ जोड़ने के लिए क्यों नहीं चलाए जा रहे हैं। वे बताते हैं कि अपनी चीन यात्रा के दौरान उन्हें यह देखकर आश्चर्य हुआ कि वहाँ हर शहर में तिब्बत के स्थानों और धर्मगुरुओं के नाम पर बड़े-बड़े होटल हैं, बल्कि कहें कि ऐसे होटलों की पूरी शृंखला चीन भर में है तथा एक स्थान से अन्य किसी भी स्थान के लिए बुकिंग आदि की सुविधा इन होटलों में प्राप्त है। इसका परिणाम यह होता है कि कोई तिब्बती यात्री चीन के किसी शहर में अपने आपको वैसा अलग-थलग महसूस नहीं करता जैसा पूर्वोत्तर भारत का यात्री मुख्यभूमि भारत में महसूस करता है। लमारे चाहते हैं कि चीन ने तिब्बत को अपनाने की यह जो रणनीति अपनाई है, भारत को इससे सबक लेना चाहिए। वे चाहते हैं कि मुख्य भारत मेघालय आदि को इसी प्रकार अपनाए। राम मेघालय के जनजातीय समाज के लिए कोई हिन्दू देवता नहीं हैं, बल्कि उनके अपने हैं। भले ही खासी लोग ईसाइ हो गए हों लेकिन राम और रामायण को उन्होंने नहीं छोड़ा हैं। रामकथा की इस लोक व्यापित का उपयोग लोकतन्त्र को मजबूत करने के लिए किया जा सकता है। जनजातियों की

रामकथा के प्रसंग उनके मानस में अंत्योदय की भावना के रूप में साकार होते दिखाई देते हैं जिन्हें सर्वस्वीकृति के साथ केन्द्र से जोड़े जाने की जरूरत है।

लोकतन्त्र की दृष्टि से यह तथ्य की ओर ध्यान खींचता है कि भारत में, और भारत के बाहर भी, रचित राम साहित्य के सभी रूपों में समान रूप से यह प्रकृति पाई जाती है कि इसमें समाज के सभी वर्ग स्वतन्त्र अभिव्यक्ति प्राप्त करते हैं। किसी पर किसी प्रकार का बन्धन नहीं, किसी में कोई कुण्ठा नहीं। राम का अपनी यात्रा के दौरान विभिन्न वर्गों से साबका पड़ता है—सहयोगी भी, विरोधी भी। ऐसे पात्र अपने व्यवहार और भाषा में, अपने आचरण और अभिव्यक्ति में अपने वर्गीय चरित्र को नहीं छिपाते बल्कि निषाद, शूर्पणखा, शबरी, सुग्रीव, समुद्र, विभीषण और रावण भी—सबका व्यवहार और भाषा अपने-अपने वर्ग के अनुरूप है। अपने वर्गीय चरित्र की निष्कपट अभिव्यक्ति इन्हें जनमानस के निकट लाने में सहायक बनती है। ये सभी प्रकारान्तर से जीवन के परम उद्देश्य तक पहुँचने के अलग-अलग मार्गों के प्रतीक हैं—प्रेम का मार्ग, ज्ञान का मार्ग, भक्ति का मार्ग, विरक्ति का मार्ग और द्वेष का मार्ग। यहाँ दशरथ और रावण दोनों ही अपने-अपने मार्ग से सद्गति प्राप्त करते हैं। सभी भाषाओं के कवियों ने इन मार्गों का सम्मान किया है। साधना के क्षेत्र में साधक के अपने व्यक्तित्व और परिवेश के अनुरूप अलग-अलग पद्धति की स्वीकृति को राम साहित्य की लोकतान्त्रिकता के रूप में भी देखा जा सकता है—अर्थात् सब वर्गों की समानता, सब मतों की समानता। स्मरणीय है कि समानता लोकतन्त्र के तीन आधारों में प्रमुखता के साथ शामिल है—स्वतन्त्रता, समानता और बन्धुता।

लोकतन्त्र में अभिव्यक्ति की स्वतन्त्रता का सर्वाधिक महत्त्व है क्योंकि उसी से अन्य सारी स्वतन्त्रताएँ विकसित होती हैं। राम साहित्य अभिव्यक्ति की इस स्वतन्त्रता का भी प्रतीक है। रामकथा के माध्यम से आत्माभिव्यक्ति करते समय कवि और कलाकार किसी प्रकार की धार्मिक रूढ़ियों की परवाह करते नहीं दिखाई देते। इंडोनेशिया और कोरिया जैसे देशों में धर्म की भिन्नता के बावजूद राम साहित्य की रचना और प्रस्तुति इसका प्रबल प्रमाण है। इस्लाम में मुखौटों या मूर्त साधनों का प्रयोग धर्मविरुद्ध समझा जाता है परन्तु इण्डोनेशिया में रामकथा की प्रस्तुतियों में इनका व्यापक प्रयोग धार्मिक रूढ़िवाद पर अभिव्यक्ति की स्वतन्त्रता को तरजीह देने का सूचक है। आज के समय में जब सत्ता द्वारा अभिव्यक्ति की स्वतन्त्रता को अलग अलग तरह के बहाने बनाकर स्थगित करने के षडयन्त्र करना आम बात है, अभिव्यक्ति की स्वतन्त्रता लोकतन्त्र की चुनौती बन गयी है। अपने विरोधियों को केवल इसलिए मार डालना या मरवा देना कि उनकी विचारधारा आपकी विचारधारा से मेल नहीं खाती, सर्वथा अलोकतान्त्रिक है। ऐसी परिस्थितियों में राम साहित्य हमें अभिव्यक्ति की स्वतन्त्रता का सम्मान सिखाता है।

इस बात की ओर भी ध्यान दिया जाना चाहिए कि राम कथा में आरम्भ से आज तक जो अनेक रूपान्तरण कथा संयोजन से लेकर चरित्रांकन तक के क्षेत्र में हुए हैं, वे भी इसमें निहित व्यक्ति स्वातन्त्र्य की प्रकृति के सूचक हैं। चाहे स्वयंभू कृत 'पउमचरिउ' की सीता के विद्रोही तेवर की बात करें अथवा नरेश मेहता कृत 'संशय की एक रात' के राम के अंतर्द्वंद्व की, चाहे भगवान सिंह कृत, 'अपने अपने राम' में निहित जनवादी सन्दर्भों को देखें अथवा प्रतिभा सक्सेना कृत 'उत्तरकथा' में रावण के औदात्य को—राम साहित्य के ये तमाम रूपान्तरण युगीन और सामाजिक सन्दर्भों से जुड़े प्रतीत होते हैं। इन परिवर्तनों में स्त्रीपक्षीय परिप्रेक्ष्य भी अत्यन्त मुखर है, यहाँ एक पल ठहरकर डॉ. अम्बेडकर की इस स्थापना पर पुनर्विचार करना समीचीन होगा कि उन्हें व्यक्ति स्वातन्त्र्य की दृष्टि से इस्लाम, ईसाइयत और बौद्धमत ने आकृष्ट किया—खास तौर पर बौद्धमत ने। कहना न होगा कि राम साहित्य इस दृष्टि से और भी लोकतान्त्रिक प्रकृति का साहित्य है। वह युगीन परिस्थिति के अनुसार नए रूपाकार में आसानी से ढल जाता है। अगर साम्प्रदायिक संकीर्णताओं से हटकर विचार करें तो भारतीय भाषाओं का राम साहित्य व्यक्ति स्वातंत्र्य का प्रबल पोषक दिखाई देगा। रचनाकारों और उनके समय के अंतर्विरोधों के बावजूद राम साहित्य अपनी लोकतान्त्रिक प्रकृति के कारण प्रत्येक युग में युगीन प्रश्नों से जुड़कर अपनी प्रासंगिकता सिद्ध करता रहा है।

मेरी दृष्टि में राम साहित्य लोकतान्त्रिक व्यवस्था के जनता, समाज और राज्य जैसे मानकों की मर्यादा की रक्षा का साहित्य है। कभी-कभी इस साहित्य को शोषक व्यवस्था के संरक्षक के रूप में भी देखने दिखाने की कोशिश की जाती है जो वास्तव में खण्डदृष्टि का परिणाम है। जैसा कि रवीन्द्रनाथ टैगोर ने अपने साहित्य में अनेक स्थलों पर प्रतिपादित किया है (उदाहरणार्थ 'गोरा को देखा जा सकता है), भारत के मनीषियों ने वर्ण, पुरुषार्थ और आश्रम पर आधारित जो समाज व्यवस्था बनाई थी, वह केवल भारत के लिए नहीं थी बल्कि विश्व मानवता के समक्ष प्रस्तुत इस यक्ष प्रश्न का उत्तर थी कि मनुष्य समाज बनाकर कैसे रहे। विभिन्न सभ्यताओं ने इस प्रश्न का उत्तर देने का प्रयास किया—व्यवस्थाएँ बनाईं पर वे या तो लागू नहीं हो सकीं या अधूरी लागू हुईं। यूनान और यूरोप के कुछ भागों में सामाजिक प्रश्नों की अपेक्षा आर्थिक प्रश्नों के महत्त्वपूर्ण बन जाने के कारण और कुछ में धार्मिक प्रश्नों के हावी हो जाने के कारण वे व्यवस्थाएँ पिछड़ गयीं और मारामारी में तब्दील हो गयीं। भारत ने भी समाज व्यवस्था का अपना मॉडल बनाया और लागू किया। उसकी दीर्घ उत्तरजीविता का श्रेय इस तथ्य को जाता है कि उसमें समाज ही महत्त्वपूर्ण बना रहा, सामाजिक मूल्यों पर आर्थिक और राजनैतिक मूल्य हावी नहीं हो सके। रामकथा की स्वीकृति प्रकारान्तर से

विश्व मानवता के लिए इस समाज व्यवस्था को प्रस्तावित करती है जो लोकतन्त्र युग में इस साहित्य की प्रासंगिकता का एक सुदृढ़ आधार है। यहाँ यह याद रखना जरूरी है कि रामायण काल तक जाति का उदय नहीं हुआ था, जाति की अवधारणा महाभारतकालीन है। वर्ण और आश्रम को समाज व्यवस्था के रूप में प्रस्तुत करने वाला राम साहित्य यह भी प्रस्तावित करता है कि हर प्रकार की व्यवस्था असफल हो सकती है यदि उसे पुरुषार्थ व्यवस्था से न जोड़ा जाए।

विभिन्न भारतीय भाषाओं का राम साहित्य यह दर्शाता है कि समाज व्यवस्था के लिए सभी वर्गों-वर्णों का ज्ञान और शिक्षा से जुड़ना जरूरी है तथा विवेक, ज्ञान और प्रयोगधर्मिता ही लोकसंग्रह, लोकमंगल और लोकरक्षण का आधार बन सकते हैं। इसके लिए जरूरी है कि रामसाहित्य को पूर्वग्रहमुक्त होकर देखा जाए। पुनःपाठ की इस प्रविधि में यह स्थापना हमारी सहायता कर सकती है कि इकाइयाँ महत्त्वपूर्ण नहीं होतीं, उनके अन्तर्सम्बन्ध महत्त्वपूर्ण होते हैं। राम साहित्य समाज की विभिन्न इकाइयों के सामंजस्यपूर्ण सम्बन्ध का समर्थन करता है जो सामाजिक न्याय और बन्धुता के लोकतान्त्रिक सिद्धान्तों के अनुरूप है। राम विभिन्न आदिवासियों, वनवासियों या जनजाति समाजों को गले लगाते हैं अर्थात् सामाजिक व्यवस्था के हाशिये पर मौजूद वर्गों को केन्द्र में लाते हैं और उनकी सहायता से अन्याय और अत्याचार के सबसे बड़े गढ़ को तोड़ने में सफलता प्राप्त करते हैं। यह तथ्य आधुनिक लोकतन्त्र के बड़े काम का है कि युद्ध के बाद सभी वर्गों के प्रतिनिधियों को उनके क्षेत्रों में स्वायत्तता प्रदान की जाती है। राजनैतिक परिवर्तन करने के लिए विभिन्न वर्गों का उपयोग करनेवाले राजनैतिक दल जनशक्ति को बाद में उपेक्षित छोड़ देते हैं जिससे वह अंततः राज्यविरोधी शक्ति के रूप में परिणत हो जाती है। जनसमर्थन और जनशक्ति का सम्मान न करने वाली व्यवस्थाएँ जनप्रवाह में बह जाने के लिए अभिशप्त हुआ करती हैं। ऐसी स्थिति में संगठित होकर जनशक्ति ऐसे व्याध का रूप ले लेती है जो सत्ता के तलुवों को तीर से बींध कर उसके पुनः उदय की सम्भावनाओं तक को नेस्तनाबूद कर डालती है। राम साहित्य में इस जनशक्ति की स्वीकृति लोकतन्त्र के सन्दर्भ में उसकी प्रासंगिकता को ही सिद्ध करती है।

मणिपुरी लोक-गीत

--देवराज

जनजातीय दृष्टि से मणिपुर में कबुई, ताङ्खुल, माओ, मरिङ्, कुकी, शादो, पाइते, मार, अनाथ, गाङते, कोम, पाओमै, हाओकिप, मोगोन आदि जन-जातियों के लोग निवास करते हैं। इस्लाम धर्म को मानने वाले (उन्हें यहाँ मणिपुरी मुस्लिम—'मीतै पाङ्गल'—कहा जाता है) और नेपाली लोग भी यहाँ दीर्घ-काल से रहते हैं। लोक-जीवन और लोक-साहित्य, दोनों ही दृष्टियों से इन सबका अप्रतिम महत्त्व है। विशेषकर, मणिपुर के लोक-साहित्य की कल्पना वहाँ रहने वाली जन-जातियों के कण्ठ में विद्यमान कथाओं और गीतों के बिना नहीं की जा सकती। जातीय और धार्मिक दृष्टि से वैविध्य भरे मणिपुरी समाज के पास लोकगीतों, लोक गाथाओं, लोक कथाओं, लोकधर्मी नाट्य शैलियों (लोकनाट्यों) और लोक सुभाषितों का अपार भण्डार है।

मणिपुरी भाषा में लोकगीत, 'खुन्नुङ् इशै' कहलाते हैं। विश्व के सभी लोक-समाजों की भाँति मणिपुरी लोकगीतों का प्राचीनतम रूप प्रेम-तत्व से ही निर्मित हुआ। लोक-जीवन में इन प्रेम गीतों को, 'नुङ्शी नुङोलगी इशै' कहा जाता है। लोक-साहित्य विज्ञानियों के लिए यह जानना उपयोगी हो सकता है कि सामान्य रूप से प्रचलित अभिव्यक्ति शैलियों के अतिरिक्त मणिपुरी लोकगीत प्रश्नोत्तर शैली में भी प्राप्त हैं और इस रचना-शैली का सम्बन्ध अति प्राचीन काल से हैं। प्रश्नोत्तर शैली में रचित प्रेमगीतों को 'खुल्लू' (या खुल्लङ्) इशै कहा जाता है। इनमें से अधिकांश का सम्बन्ध सृष्टि-निर्माण के विषय में प्रचलित पौराणिक व लोक विश्वासों से है। सृष्टि निर्माण के विषय में मीतै समाज में यह विश्वास प्रचलित है कि जब अतिया गुरु शिदबा (अशीबा) सृष्टि रचना में प्रवृत्त हुए, तो 'हराबा' नामक राक्षस उसे नष्ट करने में जुट गया। अशीबा जितनी रचना करते, हराबा उतनी ही बिगाड़ डालता। जब हराबा किसी भी उपाय से रोका न जा सका, तो 'मपू शीदबा' ने 'नोङ्थाङ्लैमा' नामक देवी का आह्वान करके उसे सृष्टि रचना में सहयोग करने को कहा। तडिताम्बर धारिणी नोङ्थाङ्लैमा के दिव्य रूप को देखते ही हराबा उस पर मोहित हो गया और उसके विषय में जानने को

व्याकुल हो उठा। फिर हराबा ने प्रेम का प्रस्ताव किया और देवी ने उसका उत्तर दिया। इस प्रकार प्रश्नोत्तर शैली में जो प्रेम-प्रसंग घटित हुआ, उसे भाव संवेदना के रूप में ग्रहण करके लोकगीत गाने की परम्परा चल निकली। धीरे-धीरे सामान्य मानवों की प्रेमाभिव्यक्ति से युक्त प्रश्नोत्तर शैली के गीत भी लोक-गायन का विषय बने। इन गीतों को खुल्लङ् (खुल्ल) इशै या पाओशा इशै कहा गया। नोङ्थाङ्लैमा और हराबा के जिस प्रसंग का उल्लेख किया जा चुका है, उस पर आधारित लोकगीत का एक उदाहरण यहाँ दिया जा रहा है।

हराबा–

"अतिङा तरङ् मयक्ता
डन्ना शन्ना लैरिबी
पायमा ऐगी नुङ्शिबी
तिलालाङ् ऐना खोयदाबी
पेम्मा नङ्बू कनानो?"

(भावार्थ : शून्य आकश में झिलमिलाने वाली हे मेरी प्रिया! तुम मन को भानी वाली हो! हे आकर्षक बाला! बताओ तुम कौन हो)

नोङथाङ्लैमा–

"हे नहाबा अपीखक
लयकू मरुप खोयचोप्पा
लयराई मरुम खोयहायबा
लयतुम हुन्न खोमशाबा
ईपल पुल्लाङ् कायरे दो
पुल्लाङ् लूरोई कामबबू
शिङ्बी रोइबू हायबरा?"

(भावार्थ : हे अबोध युवक! मछली का काँटा जल के बजाए थल पर ही डाल दिया, फिर किनारे पर ही उछाल कर उठा लिया, ढेला मार दिया, भँवरा बन गया, अब टोकरी तो टूट गयी, क्या बदले में कुछ देने का इरादा नहीं!)

नोङ्थाङ्लैमा और हराबा सम्बन्धी प्रेम-गीतों की भाषा प्राचीन मणिपुरी है। इनमें प्रयुक्त शब्दावली का अधिकांश व्यवहार में न होने के कारण गीत का पूरा-पूरा अर्थ समझ में नहीं आता; अतः भावार्थ ग्रहण करके ही काम चलाना पड़ता है। पौराणिक पात्रों से सम्बन्धित होने के कारण भी इनमें अनेक शब्द ऐसे हैं, जिन्हें ग्रहण करना सरल नहीं है। इस कठिनाई के बावजूद इन प्राचीन गीतों के माध्यम से लोक-गीतों में प्रेमाभिव्यक्ति की परम्परा का अनुमान किया जा सकता है तथा मणिपुरी समाज और लोकजीवन में व्याप्त पौराणिक आस्था को समझा जा सकता है।

प्रेम पर आधारित लोकगीत मुख्यतः साधारण मानवों के मन में जन्म लेने वाले प्रेमानुभव की अभिव्यक्ति करते हैं। ऐसे गीतों में दो प्रकार के गीत पाए जाते हैं। एक वे, जिन्होंने दीर्घ-काल में लोककण्ठ में आकार लिया है और विभिन्न लोक गायकों द्वारा प्रस्तुत किए जाते समय उनमें अधिक अन्तर दिखाई नहीं देता! दूसरे वे गीत हैं, जो अपने शैली-वैशिष्ट्य (प्रश्नोत्तर-शैली) के चलते प्रत्येक प्रस्तुति में काफी कुछ बदल जाते हैं। इनके गायक गीत के साथ नाट्य की प्रकृत प्रतिभा से सम्पन्न होते हैं और उनमें आशु-रचना की कला भी रहती है। अपने इन्हीं गुणों के कारण ये स्थान, समय, प्रसंग, आवश्यकता और प्रश्नकर्ता या उत्तरदाता पात्र के वाग्वैदग्ध्य को देखते हुए गीत में अपनी ओर से बहुत कुछ जोड़ देते हैं। कभी-कभी इतना अधिक कि समग्र गीत-प्रस्तुति ही तत्काल-रचित के समान हो जाती है। ऐसे त्वरित-रचित और सद्यः प्रस्तुत गीत संग्रहीत होने के अवसर से भी वंचित रह जाते हैं—गायक की स्मृति में उनकी कुछ भंगिमाएँ रह जाएँ तो रह जाएँ! साधारण मानव के हृदय को प्रकट करने वाले खुल्लङ् इशै का एक उदाहरण प्रकार है—

नुपा (युवक)—

“हा शिङेल लैराङ् चनूरा शकूहेनबी
लैराङ् नखोइबू ऊरूबदा
चिङ्जाओ खोइमू ऐहाकूकी
पायमा पीबुक हूरबी
हायनिङ्बा वादी फैयुमथा
लेमलै ङारू पनगुमूबी
करम्बा कोरौ नुमित्ता
हायनिङ्बा नाशी
फोङ्दोकचबा ङमूगदगे इनेमचा।”

(**भावार्थ :** अरी फूल-सी सुन्दर कोमल बाबा, तुमने फूलों को निहारा है। पर्वत का भँवरा हूँ मैं, मेरा मन हरण करने वाली, ढेर की ढेर बातें मेरे मन में। मछली के काँटे-सी फँसी हैं। कब, कौन से दिन अपने मन की कहूँ हे किशोरी!)

नुपी (युवती)—

“हा खोइमू अथोइबा
पाखण्ड् नपाओ ताबदा
नुजा ओइबी ऐहाकूसू
पायमा पीबुक हुजैदा
पामूबा फैगी पाङ्गलदी
अशोङ्बा नारकना पाङ्गलनी

चेकूला पौम्बीगी पाङ्गलदी
मालङ् नुङ्शितूना पाङ्गलनी
लेमलै ङागी पाङ्गलदी
लाइज ईशिङ्ना पाङ्गलनी
नुपीगी पाङ्गल निपानि
तमूबगी पाङ्गल नुपीनी
हायनिङ् बदा हायबीयू
तमूनिङ् बदा तमूबीयू
मतम ङाइबिगनू पामूमूबा... ।"

(भावार्थ : हे अच्छे भँवरे, तुम्हारी बातों ने मेरी जैसी बाला का हृदय भी हर लिया है। बाघ की शक्ति घनी झाड़ियाँ होती हैं, पंछियों की शक्ति वायु है, मछली की शक्ति जल है, स्त्री की शक्ति पुरुष है और पुरुष की शक्ति स्त्री है। जो कहना चाहते हो कह दो, जो सुनना चाहते हो सुना दो, हे प्रिय! समय की प्रतीक्षा मत करो।)

प्रेमगीतों में विरह सम्बन्धी गीतों का भी महत्त्वपूर्ण स्थान है। मणिपुरी मुस्लिम समाज में सलीम नामक गायक को विरह-गीत गाने में महारत प्राप्त थी। मैदिङु पाइखोम्बा नामक शासक के काल में उसने लोया तमलौ क्षेत्र के खेत में एक विरह-गीत गाया था, जो आज भी प्रचलित है। इस गीत में खलिहान में खड़ा नायक इङेन माह (मणिपुरी वर्ष का चौथा माह, जो जुलाई-अगस्त में पड़ता है) के आने से विरह-व्याकुल हो जाता है। वर्षा-काल है, वनस्पति ने आकर्षक वस्त्र धारण कर लिए हैं, स्पर्श-सुख की कामना जाग गयी है, लेकिन लम्बी प्रतीक्षा के बाद भी प्रिया के दर्शन दुर्लभ हैं, वह बिछुड़ गयी हैं, उस पर कोई अधिकार नहीं रहा। नायक इस व्यथा से बचने के लिए अपनी प्रिया को पुकारता है–

"हा इबेम्मा
इमानगी मचा दी पामूबी
लोया तमलौ काचिनूदा
पाखण्ड् नुङोल लौकोनूदा
इङेन था थुङ्लबबू ङाइबदी
होदङ् कुमओल कुमचओबू मराक् ई
इनेम मचाओ नङ्बूदी ऊदरे
अवाङ्गी लादी लेनद्रे मराल्लि
हाओबी तोङ्दमूबना
कुमगी उल्लेन फङ्बदा
चङ्बीना लाराक शेतूपगुम

पामूभू वायनरेदो नुङ्शिबी
नुङ्शि शेतनरेदो पामूभूबी
ङायरबसू लाङ्ओल मपोकसिमूबू
इनेम्मचा ओ नुङ्शिबी
ऊनरोइदो पामूमूखी।"

मणिपुरी लोक-जीवन में कृषि सम्बन्धी लोक-गीतों की एक सुदीर्घ और समृद्ध परम्परा विद्यमान है। इसका कारण है, मणिपुर समाज का मूलतः कृषि पर आधारित ढाँचा। इस राज्य का अधिकांश क्षेत्र पहाड़ी है, अतः यहाँ प्राचीन काल और मध्य काल में 'झूम खेती' का प्रचलन था। आधुनिक-काल में मैदानी क्षेत्र में हल-बैल के साथ-साथ मशीनों से भी खेती की जाने लगी है, जबकि पहाड़ी क्षेत्र में आज भी झूम खेती का प्रचलन है। इसके अन्तर्गत आग लगाकर जंगल जला दिया जाता है, फिर सफाई करके फावड़े-कुदाल-खुरपे आदि की सहायता से खेत तैयार किया जाता है। यह माना जा सकता है कि पहाड़ी और मैदानी खेती में कुदाल और हल-बैल अनिवार्य तत्त्व हैं। इसी के साथ खेती से जुड़े हैं—माइबा-माइबी (उत्तर भारत के झाड़-फूँक करने वाले ओझा, भाग्य बताने वाले ज्योतिषी, धार्मिक पूजापाठ कराने वाले भक्त-पुजारी का मिश्रित चरित्र)। वर्षा, धान की देवी (क्योंकि धान ही यहाँ की मुख्य फसल है), फसल चौपट करने वाले पक्षी और इन सभी से जुड़े लोकगीत।

धान की फसल के लिए सबसे पहले आग जलाकर फावड़े से झाड़-झंखाड़ हटाकर जमीन की सफाई की जाती है। इसके बाद लाङगोन (हल) द्वारा खेत तैयार किया जाता है। जहाँ लाङ्गोन का प्रयोग सम्भव नहीं, वहाँ कुदाल से मिट्टी खोदकर खेत बनाया जाता है। इसके बाद 'लौयान इशै' नामक लोकगीत गाए जाते हैं, जिनके बाद माइबा धान बोता है। इसके बाद माइबी 'लौका इशै' नामक गीत गाती है। बुवाई करते समय गाए जाने वाले लोकगीतों को 'लौता-इशै' कहते हैं। एक लौता-इशै का अंश इस प्रकार है—

"लमूलेनूमदा हेयि ओ
मदाइमदा हेयि ओ
कङ्लैयोनदा हेयि ओ
पुङमायोनूद हेयि ओ
योय मयायबु हेयि ओ
ताओरोई नायबु हेयि ओ...।"

फसल में दाने पड़ने लगते हैं, तो किसान के सामने उनकी रक्षा की समस्या आती है। धान के दोनों पर चिड़ियों की पैनी दृष्टि लगी रहती हैं। अवसर पाते ही झुण्ड-की-झुण्ड चिड़ियाँ फसल पर टूट पड़ती हैं। इस संकट से बचने के लिए

किसान धान के पौधों में दाने पड़ते ही खेत में रहना शुरू कर देते हैं। इसके लिए वे मचान बनाते हैं, ताकि बारिश और कीड़े-काँटे से भी बच सकें और चिड़ियों को भी उड़ा सकें। मणिपुरी लोकजीवन में इस अवसर के लिए भी लोकगीत प्रचलित हैं। इन्हें 'लौङाक इशै' अर्थात् फसल की रक्षा करते हुए गाए जाने वाले गीत कहा जाता है। एक लौङाक इशै में किसान चिड़िया उड़ाते हुए कहता है कि हे चिड़िया! तेरी माँ तुझे बुला रही है, क्यों नहीं सुनती, तेरे पिता तुझे आवाज लगा रहे हैं, 'तू सुनती नहीं, या हो हो या—

"हा उरित नापङ्बी
नमाना कौरे तादबी
नपाना कौरे तादबी
या हो हो या
या हो हो या...।"

धान की अच्छी फसल के लिए अच्छी वर्षा भी चाहिए, किन्तु कई बार बादल कृपा नहीं करते कृषक अपने खेत की मेंड़ पर खड़ा होकर बादलों को पानी बरसाने के लिए मनाता रहता है, लेकिन वे अनन्त आकाश के एक छोर से दूसरे छोर तक यों ही घूमते रहते हैं—बिना बरसे, मानो किसान की मनुहार का उपहास कर रहे हों। मणिपुर का किसान जब बादलों की उपेक्षा सहन नहीं कर पाता तो माइबा-माइबी (अमाइबा-अमाइबी) की शरण में आता है। तब ये लाङ्जिङ् नामक पहाड़ पर जाते हैं। वहाँ दक्षिण-पूर्वी दिशा में 'नोङ जूखोङ' नामक एक सोता (जलस्रोत) है। माइबा-माइबी वहाँ पूजा सम्पन्न करते हैं और 'नोङ्लाओ इशै' (वर्षा के आह्वान का गीत) गाते हैं—

"नोङ ओ चूरो
हनूबा हनूबी ताओथरो
लाङ्जिङ् मतोन थुमूहत्‌लो
पातशोय नुराबी ताओथरो
ऊनम पाखङ् खुन्जरो
कौबा कौनु नोङ् ओ
लाइजिङ् लोयरा नोङ् ओ
ईरङ् इथम नोङ् ओ
थाङ्जिङ् कोमरेन नोङ् ओ
वाङब्रेन खा ना चाओबा नोङ् ओ
शमबुम महाराबा नोङ् ओ
चिङ्खै नोङपोक नोङ् ओ
हाओकप चिङ्शाङ् नोङ् ओ

खुनूफम ङाडचेङ् नोङ् ओ
लैरी नोङ्ली हौरो
लैखोङ् नोङ्खोङ् नेमूमो
कौरो खोङ्दुम खोङलक्ओ
मालेम लैबु लुम्बी लुमूखत्लक्ओ
लाइज थियाबी नङ् थाबिरक्ओ
लाइ यिखाइबा नङ् खाइबिरक् ओ...।"

(**भावार्थ :** बरसो वर्षा बरसो, इतनी कि बूढ़ा-बुढ़ी वह जाएँ, लाङ्जिङ् के शिखर पूरी तरह डूब जाएँ, बह जाएँ वर्षा के जल में पातसोइ की युवतियाँ, उनम के युवको! उन्हें उठा लो, कौब्रु की पत्नी है कौनु, हे पश्चिम के पर्वत से आने वाली बारिश, थाङ्जिङ् पर विहार करने वाली वर्षा, अचानक मूसलाधार बरसने वाली वर्षा, चारों ओर बरसो, आकाश से धरा पर उतर आओ, क्षितिज से भूमि पर आ जाओ, गर्जन से आकाश भर दो, सारी पृथ्वी को जल से भिगो दो, बरसो वर्षा...)

बारिश अच्छी हो जाए और चिड़ियों-टिड्डियों से फसल बच जाए, तो किसान के आनन्द का पारावार नहीं रहता। हरी-भरी धान की फसल मन में धन-धान्य से परिपूर्ण होने की आशा जगा देती है। परिवार का सामूहिक उल्लास उसकी आँखों में नाचने लगता है। इस सम्पूर्ण आनन्द की प्राप्ति के लिए वह धान की देवी 'फौइबी' को प्रसन्न करने के लिए गाता है। फसल पकने के बाद धान एकत्र करते समय जो लोकगीत गाए जाते हैं, उन्हें मणिपुरी में 'फौगी इशै' कहा जाता है। इन गीतों में फौओइबी से प्रार्थना की जाती है कि हे धान की देवी, ढेर सारा धान प्रदान करो, ताकि भरपेट खाया जा सके। हे देवी, पहाड़ के बराबर धान का ढेर प्रदान करो—

"हो लाइरेम्मा फौओइबी
तोय तोय तोय।
थाङयी फौबु पैबीरो
तोय तोय तोय।
चाक्कू लनकू बिररो
तोय तोय ताये।
थाङयीना चिङदुम शाबीरो
तोय तोय तोय।
हो लाइरेम्मा फौओइबी
तोय तोय ताय।"

फौओइबी धान का पर्वताकार ढेर पाने की इच्छा पूरी करती है। इसके बाद ध्यान को सँभालकर घर में रखने की बारी आती है। इसके लिए बाँस से

भण्डारण–पात्र तैयार किया जाता है। फिर देवी से ही प्रार्थना की जाती है कि वह धान रखने में भी सहायता करें–

"होय होय हाय हे
लाइरेम्मा नङ्बू लेङ्खत्‌लसे
नते अकोङ्जाम्बा मशुमाङदा
नते फमदा तेरशि
नयौफमदा यौरशि
होय होय हाय हे...।"

मणिपुरी लोकजीवन में कृषि-गीतों का क्षेत्र इतना भर ही नहीं है, वह धान कूटने तक व्याप्त है। स्त्रियाँ जब धान कूटती हैं, तो श्रम-परिहार के साथ ही मनोरंजन के लिए गीत गाती जाती है। धान कूटने के अवसर पर गाए जाने वाले इन लोकगीतों में साहस और श्रम की महत्ता भी बखानी जाती है। पर्वतों, पेड़ों, मार्गों को भी शामिल किया जाता है और पर्वती संगीत को भी शामिल किया जाता है। ऐसे ही एक लोकगीत में धान कूटती स्त्रियाँ कहती हैं कि किसकी हिम्मत है, जो खिबु पहाड़ के पास तक पहुँचे, नोङ्चुप की ओर जाते हुए मार्ग की तलाश करो, आगे जाकर जनजाति के लोग बड़ा-सा ढोल बजाएँगे–

"चहा चफु चलोइबी
खिबू चिङ्खा यौरकपदा
कना मतिक लैबगे
हाओ याम्‌ना तुमखुन ताल्लिङै
नोङ्चुप हाओराम पाङ्बदा
अखूब लम्बी थीजहौ
चिङ्खै फिदुप हुनूखबदी
हाओयामन पुङ्जाओ थिनूखनि
हो पङ्गनू हो पङ्गनू दे...।"

लोकजीवन में विपुल संख्या में विद्यमान बालगीत भी मणिपुरी लोकगीत साहित्य को सम्पन्न बनाने वाले हैं। बाल लोकगीतों को सामान्यतः दो वर्गों में विभाजित किया जा सकता है। एक वर्ग में वे बाल लोकगीत आएँगे, जिनकी रचना दादी, नानी, माँ, मौसी या फिर बड़ी बहन आदि के द्वारा की गयी है। इन लोक-गीतों में कुछ तो बालकों को सुलाने के लिए लोरी के रूप में रचे गए हैं, जिन्हें 'नाओशुम इशै' कहा जाता है और कुछ की रचना बालकों को बहलाने के लिए की गयी है, जिन्हें 'नाओथेम इशै' कहा जाता है। एक न ओषुम इशै में माँ कहती है कि बेटा/बेटी! सो जाओ, सोओ ताकि मैं तुम्हारे ताऊ के आदेश का पालन कर सकूँ, सो जाओ, ताकि मैं खाना तैयार कर सकूँ–

"हुम् हुम् हुम् हुम्
नवा नङ्बू तुम्मो को
इयारी नङ्बू तुम्मो को
इमोम नङ्बू तुम्मो को
हुम हुम हुम हुम
नवा नङ्ना तुमूलिङै
नपनगी थौदा पाङहोगे
तरागी मयेल लोइहौगे
हुम् हुम् हुम् हुम..."

इसी प्रकार एक नाओथेम इशै में माँ अपने बालक को बहलाने का प्रयत्न करते हुए कहती है कि देखो पूर्णिमा का चाँद है, मैं अपने बालक को पीठ पर चढ़ा (बाँध) लूँगी, देखो चाँद पर हैबोङ् का पेड़ खड़ा है। हे चाँद! उस पेड़ की एक टहनी गिरा दो–

"था था थाबुङ् तोन
नचा मोराम्बी पोबीगे
पोबी शनम नम्बीगे
हैबोङ् चरोङ् अमतङ्
थादबिरकूओ थाबुङ् तोन...।"

बाल लोकगीतों का दूसरा वर्ग उन गीतों का है, जिनकी रचना खेल-खेल में बच्चे स्वयं कर लेते हैं। ये गीत प्रायः 'कहीं की ईंट, कहीं का रोडा/भानुमती ने, कुनबा जोड़ा' शैली में होते हैं। इन्हें बालक खेलते-कूदते यों ही बनाते चले जाते हैं, अतः इनसे किसी व्यवस्थित अर्थ अथवा संगति की आशा नहीं की जा सकती; किन्तु मनोरंजन तत्त्व इनमें भरपूर होता है। एक गीत में बच्चे पूँछ कटे चूहे, घड़े और चिड़िया को जोड़ते हैं–

"उची ची ची खाङ्मैतत्
खरुङ् मपाल खौशाबा
उची राबा मैतप्पा
शेन्दाङ् लाकूइ फ्रङ्...।"

एक अन्य गीत में वे सर्दी के समय धूप सेंकने की इच्छा से प्रेरित होकर, रुई को टोकरी में सुखाने और उसे कुत्ते-बिल्ली से बचाने की बात करते हैं। इसके लिए वे धूप-देवी को किसी के अहाते में यों बुलाते हैं।

"नुङ्शा लैमा थोरकूलो
उरुम लैमा चङ्रबरो
हाओरैबी गी इङ्खोलदा

लसिङ पोलाङ फौरिबनी
हुइना येनना शोकूकनी
कबौरैते फिरैते
कोनाराबा तिङ् तिङ्...।"

बालकों के इन गीतों में कुछ ऐसे गीत भी प्राप्त होते हैं, जिनसे उनके बुद्धि-कौशल का पता चलता है। इनकी रचना में 'बात में से बात निकालने' वाली शैली का प्रयोग देखने को मिलता है और बालकों की मनोरंजक स्थितियाँ उत्पन्न करने की प्रतिभा की जानकारी मिलती है। ऐसे गीतों में प्रकृति के विभिन्न उपदानों का मानवीकरण होता है, जो मानव-भाषा का सजग उपयोग करते हुए अपने हिस्से आए प्रश्न का ऐसा उत्तर देते हैं कि उसी में से अगले पात्र के लिए प्रश्न निकल आता है। इसी क्रम में गीत विकास को प्राप्त करते हुए मनोरंजन की सृष्टि करता रहता है। इस प्रकार के बाल लोकगीतों का समाहार अत्यन्त रोमांचकारी होता है। एक उदाहरण प्रस्तुत है—

"लाङ्थै नङ्गी नतोन करिगी शौदे?
सन ना चाय।
सन नङ् करिगी चाय?
सनसेन नहादा शेनूदे।
सनसेन नहा नङ् करिगी शेन्दे?
इमाना चाक पीजदे।
ममा नङ् करिगी चाक पीजदे?
शिङ् कङ्दे।
शिंङ् नङ् करिगी कङ्दे?
नोङ् चूई।
नोङ् नङ् करिगी चूई?
हङोई खोङ्ई।
हङोई नङ् करिगी खोङई।
इकुम तथा ओइबगी खोङ्बनी।
खोङ्खिनी गो गा गो गा।"

(भावार्थ : लाङ्थै तुझमें किसलय क्यों नहीं फूटा? गाय खा गयी। गाय तूने किसलय क्यों खा लिया? ग्वाले ने नियन्त्रण नहीं रखा। ग्वाले तूने गाय पर नियन्त्रण क्यों नहीं रखा? माँ ने खाना नहीं दिया। माँ तूने खाना क्यों नहीं दिया? लकड़ी नहीं सूखी। लकड़ी तू क्यों नहीं सूखी? बारिश हो गयी। बारिश तू क्यों पड़ी? मेंढक बोलने लगा। मेंढक तू क्यों बोला? बोलने का मौसम आ गया, इसलिए बोला, और बोलूँगा गो गा गो गा...)

लोकगीतों में हास्य-व्यंग्य का समावेश उनके रचनाकारों और गायकों के अतिरिक्त कौशल का प्रमाण है। यदि लोक में ऐसे गीतों का एक स्वतन्त्र वर्ग ही प्रचलित हो, तो यह और भी वैशिष्ट्यपूर्ण माना जाएगा। मणिपुरी लोकजीवन में हास्य-व्यंग्य के गीतों का एक स्वतन्त्र वर्ग विद्यमान है। इन गीतों की रचना सामाजिक और पारिवारिक सम्बन्धों के परिप्रेक्ष्य में भी की गयी है और सामान्य रूप में भी। अधिक आकर्षक वे गीत हैं, जो देवर-भाभी जैसे परिहास प्रधान सम्बन्ध के धरातल पर अस्तित्व में आए हैं, जैसे–

"लौरी चत्पी फिङाङ् शेत्पी
तादगी मतू इनम्मा
शम्बानदोङ ताहौरे हायदूना
शम्बानूदोङ खुनूगे चत्पदी
क्वाक न बू चेनखेदो
क्वाक पू फागे चत्पदी
लमथाङ्बूदी शेगामरे... ।"

(भावार्थ : लाल कपड़े पहने खेत में घूमने वाली, भाई की पत्नी, मेरी भाभी, शम्बानूदोङ गिर पड़ा, उठाने गयी, उसे कौवा ले उड़ा, कौवे को पकड़ने गयी, कपड़े फट गए।)

मणिपुरी लोकगीतों का पूरा परिचय देने के लिए कुछ ऐसे गीतों की चर्चा भी आवश्यक है, जो विशेष रूप से भिन्न-भिन्न जन-जातियों में प्रचलित हैं। मणिपुर की जन-जातियों में धार्मिक-सामाजिक उत्सवों और वृक्षारोपण जैसे विशेष अवसरों पर गीत गाने व नृत्य करने की परम्परा विद्यमान है। इन गीतों में लोक या ग्राम देवताओं और प्रकृति को प्रसन्न करने के साथ ही कार्य करने या सामूहिक उत्साह तथा सह-अस्तित्व की भावना भी रहती है।

कबुई मणिपुर की विशेष जनजाति है। इस जनजाति के लोग पौइनू, वाक्चिङ्, फाइरेन और लमता (दिसम्बर से मार्च तक का समय) महीनों की अवधि में दो उत्सव मनाते हैं--तराङ् काइशमै और ङानूङाई। पहला मूल रूप से ईश्वर या देवता को प्रसन्न करने के लिए मनाया जाता है। दूसरे का उद्देश्य जन्म से लेकर मृत्यु तक के संस्कारों के आधार पर देवताओं की उपासना करना और उत्सवप्रियता की पूर्ति करना है। इनमें से ङानूङाई अधिक बड़ा और महत्त्वपूर्ण माना जाता है। यह पाँच दिन चलता है, जिन्हें क्रमशः ङाइगङपूइनै, तमचनपूइनै, ङानूङाई, नपचनपूइनै तथा राङ्पत का दिन कहा जाता है। उत्सव के प्रारम्भ में बड़े-बुजुर्ग ग्राम-देवता को भेंट अर्पित करके उससे उत्सव की रक्षा की प्रार्थना करते हैं। उसके बाद शाम को कुँआरी लड़कियाँ 'लूचू' (लड़कियों के बैठने का तख्त) और कुँआरे लड़के 'खङ्चू' (लड़कों के बैठने का तख्त) पर आसीन होकर लोकगीत गाते हैं। ऐसे एक गीत

का उदाहरण निम्नांकित है–

"कूमै पूइकाई खौ
अहलाम भाई नाइमे
लाङ्दाई शभू लौ कनने
चपपन अनै अनजोन जाओ पूकी
लाङ्दाइशा कमैपू
कशिम शूपोङ् बम खोन्ने...।"

(**भावार्थ :** हे प्रभु! आपके घर में लगे विशेष फल के लिए लाङमैदोङ् नामक पक्षी चला आया, हम सब भी उसके पीछे-पीछे आए, यहाँ उसके स्थान पर हे गुणी स्वामी, आप विराजमान हैं...)

'पाइते' नामक जनजाति 'खौदो' उत्सव मनाती है, जिसके सम्पन्न होने के दूसरे दिन संध्या काल में 'ला-म पा-क ला' का गीत गाया जाता है। ये लोग किसी पशु को मारने या शत्रु का वध करने पर भी गाते हैं। इनमें मृत्यु के अवसर पर भी गीत गाने की परम्परा है। पाइते जनजाति के ला-म पा-कला लोकगीत का एक अंश इस प्रकार है–

"कलून ओ ए मा ङलो चिङ् ए
कूवाः सूवाङ् फू बाङ् पौ वे ओ
दाई लेङ् कूवाः सूवाङ् बमान बोम ए
चिन माङ् फूङ्चिङ् इन बोम ए...।"

(**भावार्थ :** मेरी माँ प्रसन्न रहे, कूवाः सूवाङ् पेड़ से शक्तिशाली, कूवाः सूवाङ् के पुष्पित-पल्लवित होते ही चिड़िया प्रसन्न हो जाती है, इसी प्रकार सभी माँ को चाहते हैं...)

'ताङ्खुल' जनजाति में यह रिवाज है कि स्मृति को स्थाई रूप देने के लिए स्मृति-चिह्न के रूप में 'तरुङ्' नामक वृक्ष लगाया जाता है। इसके लिए पहले से कहीं उगे तरुड़ की शाखाएँ काट कर अलग कर दी जाती हैं व पेड़ को घर के द्वार के पास लगा दिया जाता है। यह अनुष्ठान कोई अच्छा दिन देख कर सम्पन्न किया जाता है। इस अवसर पर गाए जाने वाले लोकगीत का एक अंश यहाँ दिया जा रहा है।

"ओ यारसो बखाङ्
थिङ्फाङ् ताक ओङर
यारो ननाओ थिङ्रैव ओङरैलू
सैचङ् खमे हाङ्मि फलूङरे
फनोर वाशकूत चाक्लेन्
मैकान् नाओने कचिक्

कचिक् लल् लूमलाओ शिद
वाखुइ फलूङ्रे...।"

(भावार्थ : ओ गबरू जवान! पेड़ उठा ला, युवाओ, शाखाएँ तो टूट गयी, बड़ा पेड़ शीघ्र ले आओ। शन्दङ् पूजा के लिए रख लिया है, रस्सी के लिए बेलें मिलेंगी, भोज होगा, निर्दिष्ट स्थान पर उस पेड़ को लाने के लिए हम आनन्दपूर्वक आगे बढ़ें...)

इसी जन-जाति में युवाओं के लिए 'मर' नामक उत्सव मनाया जाता है। इस अवसर पर 'मर ला' नामक लोकगीत गाया जाता है—

"ओ कोङ्रालि थेत्त थेत्त
ओ इलाङ् नाओव खिंथिङ् कपालो?
ओ इलाङ् नाओव खिथिङ् कफाना
ओ मैशूम कपाम नाओ
ओ चङ्यो पामेखोङ् भलैया
ओ अलूङ्लि हेनिओ रचङ्लू...।"

(भावार्थ : अरे, नदी से कैसी आवाज आ रही है! अरे, क्या काम कर रहे हो? अरे, यह हमारे एकत्र होने का समय है। अरे, आओ तुम भी बैठ जाओ। अरे, आओ बैठो, अगर जगह नहीं, तो हम सब गलबहियाँ डाल कर बैठें...)

'माओ' जन-जाति के युवक-युवतियाँ खेत में दिन भर काम करके घर लौटते समय 'इवेमः अहाँअ फिजीरलो' गीत गाते हैं। इस लोकगीत में एक-दूसरे की प्रशंसा का भाव छिपा होता है, जिसकी प्रभावपूर्ण प्रस्तुति के लिए प्रकृति-प्रतीकों का सहारा लिया जाता है:

"राची इबेभः अहाँअ फीजे रीक्रअ
रिजृअ जीरहँ
जेहोअ अची बखा अनो
रे अदा अजीह बखोअ चक्रीअ
कलीनो अराजिए कलीनो
आराशब कचउ
कबुए पिको नीचि इलोमइ
करे जिअ अरिखेउ
करे—स्वि कच्च-उ...।"

(भावार्थ : घने जंगल से उड़ कर आए दो बुलबुल प्रेम के गीत गा रहे हैं। वे मेरे आँगन के खम्भे पर बैठे आराम कर रहे हैं, उनमें से एक बुलबुल का स्वर बहुत मधुर है, युवक-युवतियों का स्वर उससे भी मधुर है...)

'थादौ' जन-जाति के युवक-युवतियाँ, 'लकोइला' नामक एक लोकगीत गाते

हैं। लकड़ियाँ काट कर जंगल से लौटते हुए, खेत की तैयारी करते हुए, खेत से काम करके लौटते हुए या खेत पर जाते हुए वे कहते हैं–

"अची मसा इउमले
तूओङ्लन बासोत किसेते
लुङ् लहङाइ गिएनु
लुङ् ल्हङाइ गिएनु खुतोः
तुओङ्लन दम चा-न जाओ तेलङ्
लेलुजोङ् लेलुपुओडै... ।"

(**भावार्थ :** हम दोनों में से, जो पहले खेत की तरफ जाएगा, वह अपने पहले जाने की सूचना देगा, इसके लिए संकेत के रूप में वह रास्ते पर पत्तों वाली एक शाखा रख देगा...)

मणिपुर में निवास करने वाली अन्य जन-जातियों में भी धार्मिक-अनुष्ठान, प्रेम, कृषि-कर्म, उत्सवप्रियता, प्रकृति के साथ गहन सम्बन्ध आदि पर आधारित लोकगीतों का प्रचलन है।

समग्र-दृष्टि से मणिपुरी लोकगीतों को धर्म, पर्व-त्योहार, प्रेम, श्रम, प्रकृति, हास-परिहास-व्यंग्य व मनोरंजन, बाल-जीवन आदि वर्गों में बाँटा जाता है। अध्ययन को सरल और सुविधापूर्ण बनाने के स्वभाव के चलते लोक-साहित्य-विज्ञानी गीतों के वर्ग-निर्माण के प्रति आग्रही होते हैं। जो गीत उनके बनाए वर्गों में नहीं आते, उन्हें 'अन्य वर्ग में डाल कर अध्ययन की इतिश्री मान ली जाती है। वास्तविकता यह है कि लोक-स्वभाव के अनन्त रंग देखने को मिलते हैं; अतः लोकगीतों का अध्ययन उन्हीं को ध्यान में रख कर किया जाना उचित है।

धूप की छाँव में : पण्डित विद्यानिवास मिश्र

–रवीन्द्रनाथ श्रीवास्तव

जब कभी अपनी रचनाओं के झुरमुट के बीच बैठता हूँ, कुछ नाम क्षितिज पर उभर आते हैं। फुरसत के समय इन छोटे-छोटे सूरज के आलोक में स्वयं अपने को पढ़ा करता हूँ। पढ़ने की प्रक्रिया भी अजीब-सी होती है। धूप का गोला अगर पीछे होता है, तो अपनी छाया को नापने लगता हूँ, और जब वह आगे लुढ़क जाता है, तो पीछे मुड़कर अपनी परछाईं बनाने लगता हूँ। सर पर सीधे चढ़ने का उसे मैंने कभी मौका दिया ही नहीं, इसलिए अपने से काटकर सूरज को कभी पाया ही नहीं। ऐसे धूप लिपटे नामों में एक नाम है पण्डित विद्यानिवास मिश्र का। मेरे विचारों के क्षितिज पर यह नाम धूप-छाँव के रंगों से कई आकृतियाँ बनाता रहा है। भाषाशास्त्रीय चिन्तन का एक छोटा-सा पौधा मैंने भी रोपा है। उससे छनकर आनेवाली जो धूप जमीन पर मेरा नाम लिख जाती है, उसकी कुछ किरणें मिश्र जी के नाम से भी लिपटी हैं।

धूप ने कभी भी मेरा पीछा नहीं छोड़ा। वह हमेशा ही मेरी सोच के मूल्यांकन की कसौटी पर रही है। मुझे याद है–सन् '70 से '75 के बीच राष्ट्रीय शिक्षा संस्थान के ग्रीष्मकालीन शिविरों और केन्द्रीय हिन्दी संस्थान के विभिन्न संगोष्ठी-सत्रों में मिश्रजी के साथ हुई कुछ भेंट-मुलाकात। मैं उस समय सोवियत संघ और अमरीका दोनों ही देशों से भाषाविज्ञान में प्रशिक्षित होकर आया था। मन का उत्साह बाढ़ का पानी बना हुआ था। समुद्र बनने के उछाह में अपने कगार की सत्ता स्वीकारने के पक्ष में न था। मन की ऐसी स्थिति में मिश्रजी से एक शिविर में साक्षात्कार हुआ। 'शैलीविज्ञान' पर दो समानान्तर कक्षाएँ चल रही थीं। समय-सारिणी के अनुसार एक कक्षा मैं ले रहा था, दूसरी मिश्रजी। उस समय तक अपने गुरु नामवर सिंह की प्रेरणा और आग्रह पर 'आलोचना' में इस विषय पर मेरे कुछ लेख प्रकाशित हो चुके थे। केन्द्रीय हिन्दी संस्थान के उस समय के निदेशक आदरणीय व्रजेश्वर वर्मा ने 'प्रसार व्याख्यान माला' के अन्तर्गत जो मेरे भाषण कराए थे वे 'शैलीविज्ञान और आलोचना की 'नई भूमिका' के रूप में प्रकाशित भी हो चुके थे।

मेरे लेख और यह पुस्तक घने बादल की तरह आकाश में उमड़-घुमड़ रहे थे। धरती पर सूरज की रोशनी के छनकर आने के बदले पानी की झड़ी लगी हुई थी। मैं अपने ही बादल और उसी बादल के आँगन में गिरते पानी को उलीचने में लगा था। मिश्रजी के पहले 'व्याख्यान' में जाने की मैंने शायद जरूरत महसूस न की। पर शाम एक घटना घट गयी।

घटनाओं के छोटी-बड़ी होने का सम्बन्ध उस घटना के भीतर के समय के साथ उतना नहीं होता, जितना कि उसके स्वयं को समय बन जाने में रहता है। कुछ 'बड़ी' लगनेवाली घटनाएँ समय के झरने के साथ बह जाती हैं। वे या तो हथौड़े के घन की तरह मारकर 'झन्न' हो जाती हैं या फूल की पंखुड़ी की तरफ ऊपर-ऊपर सहलाकर सूख जाती है। पर 'छोटी' दीखनेवाली कुछ घटनाएँ ठूँठ बने जीवन पर हरे पत्ते-सा चिपक जाती हैं या फिर कील-सा मन में धँसकर अटक जाती हैं। इनको समय नहीं बाँधता, बल्कि समय को ये बाँधती हैं। ऐसा न होता तो लगभग बीस-साल पहले की वह मासूम सी दिखनेवाली घटना आज भी अपने जीवन से चिपकी मैं क्यों महसूस करता।

शाम ढलने के साथ अगली कक्षा की तैयारी में लगा था जब मेरी पत्नी बीना के साथ मेरे शिष्य दम्पत्ति अशोक और सुधा कालरा ने कमरे में प्रवेश किया। ये तीनों उस शिविर में प्रतिभागी-छात्र के रूप में भाग ले रहे थे। उनकी बातचीत में कुछ उत्तेजना और कुछ उद्वेलन था। पूछने पर बीना ने कहा : मिश्रजी की क्लास में मजा आ गया। शैलीविज्ञान के रूप में सर्जनात्मक समीक्षा का एक नया आयाम दिखा। पता ही न चला कि एक घंटे का समय कैसे बीत गया। 'मैं चौंका। पहले थोड़ी उत्सुकता बढ़ी पर साथ में मन कसमसाया। शायद इस बात की आँच कालरा-दम्पत्ति ने महसूस की, या फिर भाषाविज्ञान की वैज्ञानिकता के प्रति उनके सजग-मन में शंका का बीज फूट पड़ा था। मेरी एक निगाह जब उनकी तरफ उठी, उनके मुँह से एक साथ निकला : क्लास बहुत अच्छा रहा, पर वह 'शैलीविज्ञान' न था।

मैं दूसरे दिन मिश्रजी की कक्षा में बैठा। वे सहज भाव से भाषिक प्रक्रिया पर अपना भाषण दे रहे थे। आज वे सभी बातें तो याद नहीं, पर उनके तर्क के कुछ पहलू अभी भी मन पर चिपके हुए हैं।

- भाषा केवल कुछ पुनरावर्तमान साँचों को ज्यों का त्यों उतारने की प्रक्रिया नहीं है क्योंकि निरन्तर नए-नए सन्दर्भों में उपयोजित होने के कारण वह विकसित होती है।
- प्रयोजन, ढाँचे से बड़ी वस्तु होती है। इसी प्रयोजन से प्रेरित होकर भाषा, ढाँचे में जकड़ी जाने पर भी उसका अतिक्रमण कर सकती है।
- अभिधेय सन्देशों की परिधि के बाहर जाकर वाच्येतर नवसर्जित सन्दर्भ के उन्मीलन के प्रश्न से हर आलोचक को जूझना पड़ता है।

- सर्जनात्मक सोद्देश्यता की खोज को इस दिशा को एक प्रायोजित शास्त्र के रूप में प्रतिपादित करने की जरूरत है। इस शास्त्र को श्रीवास्तव 'शैलीविज्ञान' कहते हैं, और मैं 'रीति-विज्ञान।'
- शैलीविज्ञान का विन्यास पाश्चात्य विचारधारा से सम्बद्ध रखता है। 'शैली' शब्द का प्रयोग साहित्येतर विधाओं के सन्दर्भ में हुआ है। उसे हम या तो प्रादेशिक क्षेत्रीय विशेषताओं के लिए प्रयुक्त पाते हैं या कला-सम्प्रदाय की विशिष्टता को जतलाने के लिए।
- साहित्य की सर्जनात्मक वैशिष्ट्य को बोधित करने के लिए 'रीति' शब्द का प्रयोग उपयुक्त है। एक तरफ भाषागत 'स्टाइल' के लिए और दूसरी तरफ काव्यात्मा के भाषिक अभिलक्षण-समुच्चय के लिए 'रीति' शब्द अधिक सार्थक है।
- शैली के विषय में हमारी धारणा रूढ़ हो चुकी है। उसका आयाम आत्मनिष्ठ है। शैली व्यक्ति की अदा, भंगिमा, रुझान तथा रुचि से जुड़ी संकल्पना है जबकि रीति, समष्टिगत व्यवहार के वैशिष्ट्य की परिचायिका है। 'रीति' से काव्यशास्त्रीय परम्परा का बोध होता है, उससे जुड़ने का मौका मिलता है।

हर किरण प्रकाश की धार होती है। वह अँधेरे में लिपटी कुछ चीजों से हमें काटती है तो दूसरी तरफ उस रज्जु का काम भी करती है, जिससे दो व्यक्तियों का मन बँधता है। किरणों से बँधने का रास्ता अजीब होता है। मिश्रजी के नजदीक मैं इस रास्ते पर चलकर आया। मैं उनके इन भाषणों में बैठकर यही सोचता रहा कि यह किरण मुझे आड़े-तिरछे कहाँ काट रही है और कहाँ दर्पण पर बैठे धूल की परतों को साफ कर रही है। हम दोनों ही तो साहित्य को शाब्दिक कला के रूप में ग्रहण करते हैं, दोनों ही भाषा पर झेले गए सौन्दर्य की बात करते हैं, दोनों ही भाषा की सर्जनात्मक शक्ति की बात उठाते हुए 'काव्यमर्म' तक पहुँचना चाहते हैं। शैलीविज्ञान की मूल स्थापनाओं के साथ उनकी पूर्ण सहमति थी। डॉ. नगेन्द्र की भाँति न तो उनके मन में इसके प्रति निषेधात्मक भाव था और न ही डॉ. बच्चन सिंह की तरह भयाकुल शंकाभाव। शैलीविज्ञान जिस कला मीमांसा और भाषाशास्त्र के संधिस्थल पर खड़ा होकर संकेत विज्ञान (सिमिआटिक्स) की अपेक्षा रखता है, ज्ञान की उन सभी अर्हताओं से वे परिचित थे।

शैलीविज्ञान और रीतिविज्ञान की कक्षाएँ समानान्तर चलती रहीं। आलोचना की भाषावादी दृष्टि और वस्तुपरक चिन्तन की मनोभूमि साकार रूप ग्रहण कर रही थी। मिश्रजी के भाषणों का जादू मायावी जल-सा मेरे मन को भी कसता रहा। जब तक सैद्धान्तिक पहलू तक उनका व्याख्यान चला, आसमान गुलाबी रंग से भरता रहा। मैं इस रंग के बदलने की प्रतीक्षा में उनकी दो-तीन और कक्षाओं में बैठा, पर वह रंग अपने ही रंग में रँगता रहा। सिद्धान्त को शास्त्र में बदलने के लिए यह

जरूरी था कि वह अपने अनुकूल अध्ययन के लिए प्रणाली (मेथड) और विश्लेषण के लिए तकनीक (टेकनीक) को भी विकसित करे। शास्त्रीय पद्धति से मिश्रजी अपरिचित हों, ऐसी बात दिखती नहीं। भाषाशास्त्र, काव्यशास्त्र, तर्कशास्त्र आदि अनेक शास्त्रों के वे मर्मज्ञ विद्वान हैं। शास्त्र की मर्यादा वे जानते हैं। पर 'रीतिविज्ञान' के 'विज्ञान' पक्ष से उनका साहित्यिक संस्कार और कवि हृदय का भावुक संसार टकराता रहा है।

'टकराना' शायद सही शब्द नहीं है। सवाल साध्य-साधन के अन्तर के साथ रीतिविज्ञान को शास्त्र के रूप में विकसित और प्रतिपादित करने का था। भाषाशास्त्र के भीतर भी एक दुविधा बनी रही। उस दुविधा का आधार रहा है 'भाषा'। भाषावैज्ञानिक के लिए 'भाषा' एक साथ 'साध्य-वस्तु' (आब्जेक्ट लैंगुएल) है जिसका उसे अध्ययन करना होता है और 'साधन-वस्तु (मेटा-लैंगुएज) भी है, जिसके सहारे उसे साध्य-वस्तु का अध्ययन-विश्लेषण करना पड़ता है। भाषा के इन दोनों प्रयोजनों और उस प्रयोजन से बँधे दो प्रकार्यों का अन्तर रखना जरूरी होता है। मैं यह मानता रहा हूँ कि जिस तरह भाषा-विज्ञान के क्षेत्र में 'साध्य-भाषा' और 'साधन-भाषा' का भेद आवश्यक है, उसी प्रकार साहित्य के सन्दर्भ में भी।

मिश्रजी की सजर्नात्मक-प्रतिभा न तो दुराव चाहती है और न ही विभेद, भले ही वह विभेद साध्य-साधन का ही क्यों न हो। वे साधन में भी प्राण फूँककर साध्य का रूप दे देते हैं। साहित्यिक आलोचना न केवल सर्जनात्मक व्यापार है बल्कि उनके लिए साध्यगत संसार भी है। अपनी सर्जनात्मक समीक्षा के आयाम पर खड़े होकर 'काव्य वस्तु' की आन्तरिक प्रकृति को उद्‌भाषित करने के लिए वे 'काव्य-वस्तु' को ही अपना उपादान बनाने की ओर प्रवृत्त होते हैं। उनके भीतर का दुर्दम संस्कार 'साधन' को भी साध्य के रूप में रचनान्तरित कर देता है। यह वही पारस-गुण है जो लोहा को हर हालत में सोना बना देता है–सुकोमल, सुनहरा, चमकदार, मूल्यवान। मिश्रजी की अपराजेय सर्जनात्मक शक्ति के पारस-स्पर्श से आलोचना का विश्लेषण तकनीक घुलकर सोने का पानी बन जाता है और अध्ययन-प्रणाली का औजार अध्येयवस्तु का अपना एक विशिष्ट अंग। मैं इस चमत्कारी प्रभाव पर मुग्ध हूँ। उनकी रीतिवैज्ञानिक व्याख्या मुझे रस-सिक्त कर जाती है। पर इस सारी प्रक्रिया से गुजरकर जब धूप की छाँव में बैठकर सोचता हूँ, तो यह निश्चय नहीं कर पाता कि रस के निचोड़ का स्रोत क्या था–साध्य एवं विश्लेष्य 'काव्य-वस्तु' अथवा साधन और विश्लेषण उपकरण। रंगों में दोनों सुनहरे और रस से दोनों सिक्त।

मैंने अपनी इस दुविधा की चर्चा मिश्रजी से भी की। एक ही गेस्ट-हाउस में हम दोनों सपत्नीक ठहरे थे। शाम देर तक समय साथ-साथ बीतता। बातचीत में एक दिन मैंने मन में उठनेवाले भाव को उनके सामने रखा। उनका एक छोटा-सा

उत्तर था—रीतिविज्ञान के जरिए तुम्हारे शैलीविज्ञान को प्राणवान बना रहा हूँ। जल्दी ही मेरी इस विषय पर एक पुस्तक आनेवाली है। उसमें एक खण्ड 'काव्य-व्याख्या' का भी है—देखना।

मैं आतुरता से उस पुस्तक की प्रतीक्षा करता रहा। पाँच-छह मास के अन्तराल में ही उनकी पुस्तक मेरे हाथ में आ गयी। 'आभार' में लिख था :

> शास्त्रीय स्थापना के रूप में 'शैलीविज्ञान' नाम की
> पुस्तक मेरे स्नेहभाजन मित्र डॉ. रवीन्द्रनाथ श्रीवास्तव
> ने अभी हाल ही में प्रकाशित की है, वे मेरी पद्धति को
> संकोचवश संस्कृतभावित कहकर उपचारित आदर देते हैं,
> मेरी पद्धति से सहमत नहीं, यह भलीभाँति जानता हूँ,
> पर उनकी शास्त्रीय स्थापना की प्ररोरचना के रूप में
> ही मैंने इन निबन्धों को ग्रन्थित किया है।

इतना स्नेह और मान तो अपनों से भी नहीं मिला। जहाँ भी मिश्रा जी रहे वाराणसेय संस्कृत विश्वविद्यालय के प्रोफेसर पद पर, आगरा के क.मु. हिन्दी संस्थान के निदेशक पद पर या फिर काशी विद्यापीठ के उपकुलपति के पद पर, उनका स्नेहिल सम्बन्ध मुझे खींचता-बुलाता रहा। मिलने पर उनकी यही उत्सुकता जानने की रही कि शोध की किस दिशा की ओर मैं जा रहा हूँ। मैं जो भी कुछ बताता उसका एक सन्दर्भ वे संस्कृत के व्याकरण-दर्शन से अवश्य जोड़ते। परम्परा की पकड़ तो उनकी जबर्दस्त है ही, उसको व्याख्यायित करने की क्षमता भी अद्‌भुत है। आधुनिक से आधुनिकतम भाषाशास्त्रीय चिन्तन के मूलबिन्दुओं के समानान्तर के भारतीय भाषाशास्त्रीय चिन्तन परम्परा की एक उपधारा खड़ी कर देते। ब्लूमफील्ड के 'संरचनात्मक भाषाविज्ञान' की चर्चा चली तो पाणिनि का भाषासिद्धान्त वे सामने कर देते, और चोम्स्की के सिद्धान्तों पर बात चलती तो भर्तृहरि के व्याकरण-दर्शन की बारीकियों की बात उठाते। यह प्रक्रिया उलट भी जाती। विचारों की प्राचीन सम्पदा को वे आधुनिक बिन्दु के आलोक-पर्व में उजागर करने में नहीं झिझकते। उन्होंने वाक् से सम्बद्ध ऋषियों की मन्त्रभूत सरस्वती में डुबकी लगाई और पाया कि ऋग्वेद के अनुसार, बौद्धिक प्रकाश का देवता जब 'नाम' पाकर मुक्त होता है, तब अपनी वास्तविकता के साथ मुक्त होता है। उनके अनुसार जो ऋग्वेद में कहा गया है, उसी को पश्चिमी विचारक माइकेल डुफ़ान आज कहना चाहता है—'भाषा ही मनुष्य को विश्व से जोड़नेवाला पोषक नालसूत्र है और यही उसकी मुक्ति का और उसके संकल्प की प्रतिष्ठा का साधन भी है।

रोशनी के स्रोत का हर गोला, विशिष्ट होता है। प्रकाश तो हर स्रोत से झरता है, पर उनके ताप में अन्तर होता है, उनके तरंगों की प्रकृति में भेद होता है, उनके

प्रभावी स्वाद में फर्क होता है। सूरज और चाँद की रोशनी के इस अन्तर को दिन और रात जानते हैं, कमल और कुमुदनी इससे परिचित हैं। इसी प्रकार बल्ब की रोशनी दिए की टिमटिमाहट तो नहीं बन सकती। हम सभी इस अन्तर को महसूस करते हैं, पर चिन्तन का चश्मा लगाकर इन सबको सपाट कर देते हैं। शायद भाव का अतिरेक हमारे चिन्तन की प्रखरता को भी कुण्ठित कर देता है या फिर उसे खण्डित कर अनेक रंगों में बाँट देता है। मैंने सूरज की सफेद और प्रखर रोशनी को प्रिज्म से देखा है—सतरंगे और इन्द्रधनुषी रंगों में बिखरते और टूटते पाया है। भाषा और वाक् सम्बन्धी अपनी परम्परागत चिन्तन की प्रखर और धवल रश्मि को आधुनिक भाषाविज्ञान के प्रिज्म से गुजरते पाया है। पाणिनि का 'अष्टाध्यायी' भाषा-चिन्तन के प्रकाश-पुंज का अद्भुत गोला है, जिसे ब्लूमफ़ील्ड ने 'मानव-बुद्धि के उत्कर्ष का प्रखरतम विजयस्तम्भ' कहा है। पर उन पर लिखे गए भाषाविदों के लेखों और पुस्तकों के पढ़ने से उसे 'प्रिज्म' के गुणों या प्रकृति का तो पता चलता है जो पाणिनि दर्शन को सतरंगा बना देता है, पर अष्टाध्यायी के दीप-स्तम्भ और उससे निःसृत रोशनी को न तो छूने देता है और न ही उसको देखने देता है। पाणिनि आज ब्लूमफ़ील्ड, फ़िल्मोर, चोम्स्की आदि सभी रूपों में उभरे पर भारतीय क्षितिज पर आज न उदित हो पाए तो पाणिनि के रूप में।

सन् 1966 में लिखी मिश्रजी की पाणिनि पर पुस्तक (*द डिस्क्रिप्टिव टेकनीक ऑव पाणिनि : एन इंट्रोडक्शन*) पढ़ी, तो मुझे कुछ ऐसा ही प्रतीत हुआ था। परम्परा के प्रकाश-पुंज और उसकी रोशनी की पहचान के लिए मिश्रजी भाषा-विज्ञान की तत्कालीन पद्धति का सहारा ले रहे थे। वे पॉल थीमे की प्रसिद्ध पुस्तक (*पाणिनि एंड द वेद*) से परिचित थे, पर उनके इस विचार को झुठला रहे थे कि पाणिनि के मूल्यांकन और आधुनिक भाषाशास्त्र के सिद्धान्तों से उनके सिद्धान्तों की तुलना के पहले यह जरूरी है कि हम जानें कि पाणिनि-व्याकरण है क्या? कार्डोना के इस आग्रह पर ध्यान देने की आवश्यकता है कि पाणिनि को पहले पाणिनि की आँख से देखो।

सूरज अपनी जगह पर ठहरने की नियति लेकर उदित नहीं होता। धीरे-धीरे वह क्षितिज के ऊपर उठता है। उसकी लालिमा अपना लालित्य छोड़ नीलाकाश के मोह का भंग करने के लिए शुभ्र वस्त्र धारण करती है। मिश्रजी की चिन्तन-प्रक्रिया के विकास की यात्रा भाषा-चिन्तन की पाणिनीय पीठिका से ही शुरू हुई, और उसी के सहारे आगे बढ़ी। आगे के पड़ाव का एक प्रमाण बिहार-राष्ट्रभाषा-परिषद् पटना द्वारा प्रकाशित उनकी पुस्तक : *भारतीय भाषाशास्त्रीय चिन्तन की पीठिका* (1978) है। इस पुस्तक में मिश्रजी ने वाक्केन्द्रित भारतीय चिन्तन की प्रकृति को पाणिनि-पूर्ववर्ती व्याकरण सिद्धान्त से लेकर पाणिनि और उनकी परवर्ती परम्परा तक देखा है। इस पुस्तक के प्राक्कथन में वे स्वीकार करते हैं...'मैंने पाणिनि की

अष्टाध्यायी को अष्टाध्यायी के द्वारा ही फिर से पढ़ने की कोशिश की।' पर अष्टाध्यायी ही क्यों? इसका मिश्रजी के शब्दों में उत्तर है—अष्टाध्यायी ही समस्त भाषाचिन्तकों का मुख्य रूप से उपजीव्य है और उसी की मान्यताओं को तत्त्व-चिन्तन की दृष्टि से, प्रक्रिया साधन की दृष्टि से और तर्कोत्पति की दृष्टि से विगत ढाई हजार वर्षों से भाषा-चिन्तन का एक अविच्छिन्न प्रवाह भारत में चलता आ रहा है।

सूरज की रोशनी कई रंगों में अपने होने का पता देती है। मिश्रजी का कहना है कि धूप की कोई एक पहचान नहीं होती। एक धूप होती है पूस की, बड़ी नरम, बड़ी मुलायम, पर पता नहीं कब चली जाती है। एक धूप होती है, फागुन-चैत की, बड़ी रूखी, बड़ी अनमनी, बड़ी उत्तप्त, और उस धूप में लगता है पोर-पोर पिघल जाएगी। एक धूप होती है जेठ की चिलचिलाती हुई, हहराती हुई, हुलसाती हुई और पसीने से तरकर जुड़ाती हुई। एक धुप सावन की साँझ की, यकायक भूली हुई, बादलों के पेड़ पर फूली हुई, और एक धूप है क्वार की, मृगों की खाल, झुलसानेवाली, नदी की पांक दरकानेवाली और ओस के मोती बिछानेवाली। ये सभी धूप हैं। और साथ ही मेरे लिए ये सभी धूप मिश्रजी के व्यक्तित्व में प्रतिबिम्बित हैं। मुझे नहीं मालूम कि मिश्रजी को यह मालूम भी है कि वे धूप बनने की नियति से शापित हो चुके हैं, पर मुझे अब यह मालूम हो चुका है कि धूप की कोई एक पहचान नहीं होती।

अनुभव की घरिया में जीवन का सजाव

--दिलीप सिंह

1

हमारे यहाँ मिट्टी के बर्तन में दही तैयार की जाती है। मिट्टी की मोटी परत वाले पात्र में। जिसे 'कहथरी' या 'घरिया' कहते हैं। दही जमाने की यह प्रक्रिया जिन्दगी सँवारने की प्रक्रिया से कुछ अलग नहीं है। दूध का 'असल' होना अनिवार्य है। जैसे भाव या संवेदना का होना। ये खालिस न हों तो जीवन दो टके का हो जाए और खटास लिए-लिए बीते। और कहीं ये खालिस हों तो सज जाए, सवाद बस जाए उसमें। इस दही का 'सजाव दही' नामकरण लोक ने अनजाने में तो नहीं किया होगा। पण्डित जी सजाव दही के जितने रसिया थे उससे कम सजे जीवन के भी नहीं थे। उनके लिए जीवन का अर्थ था--ऐसा सोंधापन जो अपने ही भीतर के ताप से गमकता और फैलता है। समाज उनकी निगाह में ऐसे लोगों का समूह था जो दूसरों को स्नेह देने के लिए ललकता हो। वे मनुष्य उसे ही मानते हैं--जिसके भीतर 'मनुष्य भाव' अहर्निश सीझता रहे।

अगर दूध बासी-तिबासी है या आग अनियन्त्रित है या 'जामन' जैसा-तैसा है तो सजाव दही तैयार होने से रही। दूध की शुद्धता, ताप के अनुपात और दूध के उफान पर कड़ी नज़र रखने पर ही उसे पाया जा सकता है। दूध शुद्ध न हो तो उसके फटने की सम्भावना रहेगी। समय के साथ ताप की तपन पर नियन्त्रण या कहें उसकी आँच को लकड़ी की चैली को कभी आँवे के भीतर ठेल कर तो कभी बाहर खींचकर पकाव के अनुकूल बनाये रखने का कौशल एक खास तरह की वत्सलता की माँग करता है। यही वत्सलता उफान को भी स्वतः ही साध लेती है। नहीं तो और कुछ चाहे तैयार हो जाए--उसे सजाव दही तो कहा नहीं जा सकेगा।

2

विद्यानिवास मिश्र ने जीवन, समाज और मनुष्य के लिए ही नहीं, इन तीनों की सहचरी भाषा के लिए भी सामाजिक अनुकूलता और व्यावहारिक नियन्त्रण की

बात बार-बार कही है। वे भाषा को सामाजिक आचरण की आँच में तपा विन्यास कहते थे। भाषा को समीकरण उन्होंने कभी नहीं माना क्योंकि वे यह जानते थे कि भाषा एक ऐसा विन्यास है जिसकी संरचना समाज-सांस्कृतिक स्पंदन में पक-पककर ही सोंधी (समाजोपयोगी) बनती है। सोधी हुई भाषा ही सम्प्रेषण की हमारी विवशता को व्यावहारिक वाक् (स्पीच) में ढाल सकने का दम रखती है। अपने इसी दम के बूते पर वह साझेदारी की भाषा बनती है। बात 'सजाव दही' से शुरू हुई तो एक सच यह भी है कि आँच पर तप-तपकर दुग्ध का पानी निथरता जाता है, उसका अनावश्यक जर-बर कर नया रूप धारण करने लगता है, उसकी एकरूप सफेदी गुलाबी, ललछहूँ रूप लेने लगती है। समाज में भाषा के साथ बिल्कुल ऐसा ही होता है। सामाजिक परिवेश और समाजी जरूरत के मुताबिक वह निथर-निथर कर सँवरती है। उसकी व्याकरणिक जटिलता पिघल-पिघल कर अनेकरूप हो जाती है।

पण्डित जी व्याकरण और पाणिनि के अध्येता होकर भी अपने परिवार से मिली लोकभाषा (भोजपुरी) और हिन्दी भाषा की उस तद्भवता के हामी थे जो भोजपुरी, ब्रज, अवधी अथवा अन्य बोलियों के परिपाक से रची गयी है। 'सजाव दही' का दृष्टान्त फिर से लेकर कहूँ हिन्दी के सजाव में ये बोलियाँ 'जामन' की तरह निथर चुकी हिन्दी को व्यवहार्य बनाने में अहम् भूमिका निभाती हैं। इसी 'सजाव हिन्दी' को मिश्र जी ने अपने भावक्षेत्र की भाषा कहा था। और भोजपुरी के लिए उनकी स्वीकारोक्ति है कि 'यह भाषा नहीं है, यह मेरे रिश्तों की एक बुनावट है।' भाषा रिश्ते बनाती है। वही रिश्ते निभाती भी है। इसी 'निभाव' को समाजभाषाविज्ञान 'सामाजिक सम्प्रेषण' कहता है, पण्डित जी 'सामाजिक साझेदारी' कहते थे।

3

साझेदारी की भाषा की ताकत उसमें निहित विकल्प होते हैं। आप चुनते हैं इन विकल्पों में से उपयुक्ततम। इसका ध्यान रखते हुए कि जो समाज-स्वीकृत हो। जिस पर समाज व्यावहारिक मानकता की मुहर लगा चुका हो। भाषा के सन्दर्भ में उसका प्रयोग विकल्पों की एक पूरी दुनिया रच देता है। विद्यानिवास जी को हिन्दी साहित्य में वही रुचा और भाया जो भाषा के स्तर पर लोक रंगत से परिपुष्ट और 'हिन्दीपन' लिए हुए हो। एक रूपक और भी है जिसे पण्डित जी अलग-अलग स्तर पर उपयोग में लाए हैं--कुम्हार का चाक। एक स्तर तो उनका 'विधाता का चाक' वाला है कि उस कुम्हार ने कैसी विविधता भर दी है इस संसार में। एक ही चाक (सृष्टि-चक्र) को घुमा-नचा कर। फिर वह स्तर की कारीगरी कुम्हार के हाथ की मानी जाए या चाक की गतिशीलता की। एक स्तर बर्तन के अनुरूप

मिट्टी-पानी की सनाई, सनी मिट्टी की सिंझाई और आकृति बनने के बाद उन्हें सुखाने-पकाने की तय अवधि और आँच का। भाषा के स्तर पर कुम्हार उसका प्रयोक्ता है जो समाज के चाक पर भिन्न-भिन्न व्यवहारों को गढ़ने वाली अनुकूल मिट्टी को तदनुकूल लचीला बनाकर रखता है। फिर पात्रानुसार इन व्यावहारिक ढाँचों को अभिव्यंजना की आँच दे-देकर ठोस किया जाता है। व्यावहारिक ढाँचों का टटकापन बना रहे सो कभी-कभार रंग-रोगन भी करना होता है। वैसे रंग-रोगन की जरूरत होती नहीं। ढाँचे की आकृति में ही थोड़ा वेरिएशन कर दिया जाए तो अभिव्यंजना के भाँति-भाँति के पदार्थ उनमें अँटाए जा सकते हैं कि वे फिट भी बैठ जाएँ और बाहर भी न छलकें।

4

सम्भवतः इसीलिए पण्डित जी को हिन्दी का वही गद्य प्रभावित करता रहा है जिसमें सजाव दही का सलोनापन और कुम्हारी ढाँचे का लचीलापन मौजूद हो। उन्होंने जिक्र किया है कि उन्हें भारतेन्दु, माधव प्रसाद मिश्र, बालमुकुन्द गुप्त, राय कृष्णदास, महादेवी वर्मा और हजारी प्रसाद द्विवेदी का गद्य मोहता है। भारतेन्दु युग का समस्त गद्य उन्हें इसलिए रुचता है कि 'वह एकदम टटका था'। टटका इसलिए कि उसमें लचीलापन और देसीपन था। भाषा के इन गुणों की ताब न रख पाने की वजह से ही पण्डित जी महावीर प्रसाद द्विवेदी और पूरे द्विवेदी युग के गद्य-गठन से सन्तुष्ट न थे क्योंकि द्विवेदी युग में गद्य के 'लचीलेपन और देसीपन पर तुषारापात हुआ।' ऐसा इसलिए हुआ कि द्विवेदी युग ने व्यावहारिक मानकता पर व्याकरणिक मानकता को तरजीह दी। उसने न तो ज़ामन का ध्यान रखा न ही आँच का। न तो मिट्टी का ध्यान रखा, न ही उसकी सीझ या ताप का। नतीजतन मानकता तो सिद्ध हुई पर हिन्दी भाषा के प्राणतत्व की बलि देकर। प्राणतत्व की ऐसी अवहेलना और भाषा-परम्परा के अकारण नकार को पण्डित जी सहन न कर सके, बिफर पड़े।

पण्डित जी की यह प्रतक्रिया स्वाभाविक थी। वे भाषा (हिन्दी) को रिश्तों के निर्वाह का साधन और परिवेश के उद्घाटन का साक्षी मान कर देखने वाले भाषा-चिन्तक थे। अतः भाषा के जीवन्त तत्त्वों को सड़-गले (अमानक) अंग की तरह काट फेंकने की द्विवेदी युगीन प्रवृत्ति की उन्होंने खुले शब्दों में घोर निन्दा की।

5

विद्यानिवास मिश्र रचनात्मक पाठ में भी विकल्पों की खोज करने वाले आलोचक थे। खेद का विषय है कि उनके इन आलोचकीय स्फुरणों पर कम ही चर्चा हुई है। हिन्दी के तथाकथित आलोचकों तथा उनके वाद्य-वृन्द ने पण्डित जी को अपने

खेमों में झाँकने तक नहीं दिया और न ही उनके आलोचना-कर्म में खुद झाँकने का यत्न किया। प्रगतिशील, सामयिक, विमर्शवादी साहित्य की पक्षधरता में हिन्दी आलोचना ने परम्परा की ओर ताकने और उसे निरखने वालों को अतीतजीवी घोषित करने में भी संकोच नहीं किया। मानो आधुनिक युग की प्रारम्भिक रचनाओं में सामाजिक सरोकार एक सिरे से अनुपस्थित हों। ऐसे प्रबुद्धों के लिए के लिए ही पण्डित जी ने हम सबसे एक प्रश्न किया था कि--परम्परा का नकार उसे जाने बिना कैसे करते हैं लोग?'

पण्डित जी का आलोचक साहित्य के माध्यम से हिन्दी भाषा के विकासगत पड़ावों पर भी बात करना चाहता था। वह भारतेन्दु और द्विवेदी युगीन साहित्यिक भाषा की प्रयोजनपरक उपश्रेणियाँ बनाना चाहता था। उसकी रुचि इसमें भी थी कि हिन्दी की अभिवव्यंजनात्मक शैलियों के कौन-से रूप, किन-किन रचनाओं में कब और किनके द्वारा रचे-गढ़े गए कि हिन्दी भाषा की वाचिक परम्परा ने लिखित भाषा में घुलमिल कर साहित्यिक हिन्दी की शैलियों का उद्यान निर्मित कर दिया। पश्चिम विद्यानिवास मिश्र ने हिन्दी गद्य की शैलियों के आधार पर गद्यकारों की कोटियाँ हीं नहीं बनाईं बल्कि उनकी शैली-निर्माण-दक्षता के सामने नतमस्तक भी हुए।

6

'अच्छी भाषा अच्छी मनुष्यता है'--यह पण्डित जी का सूत्र-वाक्य है। हमारी भाषा हमारे मनुष्य होने का प्रमाण है। भाषा ही मनुष्य को बातचीत करने वाला प्राणी बनाती है। भाषा के भीतर से समाज बोलता है। भाषा-व्यवहार से यह भी पता चल पाता है कि फलां व्यक्ति कैसा है और यह भी कि किसी समाज की संरचना कैसी है। जो संस्कारित, सोधी हुई भाषा का प्रयोग कर पाता है या जिसकी भाषा आचरण-पगी होती है, वही और सिर्फ वही अपनी वाणी अथवा लेखनी से दूसरे के हृदय को छू पाता है। हिन्दी गद्य को मनुष्य और मनुष्यता के आलोक से प्रकाशित करने तथा हिन्दी भाषा को जीवन के रंगों से सराबोर कर देने वाले पण्डित जी की श्रद्धा के पात्र इसलिए बन सके कि वे सब सजाव दही की तरह, कुम्हार के चाक की तरह हिन्दी भाषा के भीतर मिट्टी की सोंधी गन्ध रचा सके और उसे ढेरों-ढेर आकृतियों (शैलियों) में ढाल सके।

विद्यानिवास जी ने हिन्दी भाषा पर ये बातें कभी यहाँ, कभी वहाँ कही हैं। अपने ललित निबन्धों में वे भाषा-बोली, बोली-संस्कृति, भाषा-संस्कृति-मनुष्य को ले आते हैं। उनके साक्षात्कार भी हिन्दी भाषा से उनके आत्मीय लगाव का पता देते हैं। कहना यह है कि पण्डित जी पूरी तरह हिन्दी भाषा और हिन्दी लोक में रमे हुए थे। वे हिन्दी साहित्य के ऐसे अध्येता थे जो रचना के भीतर से

भाषा-शैलीगत विशेषताओं पर पैनी दृष्टि रखता है। वियोगी हरि, रायकृष्ण दास और चंडी प्रसाद हृदयेश की शैली को पण्डित जी ने 'उच्छ्वास भाषा' कह कर व्याख्या की है। बालमुकुन्द गुप्त, गुलेरी जी, माधव प्रसाद मिश्र की शैली को वे 'व्यंग्य की सूक्ष्म भाषा' का उत्कृष्ट मॉडल मानते हैं। 'आत्मचिन्तन की भाषा' के अन्तर्गत उन्होंने महामना पण्डित मदन मोहन मालवीय, आचार्य रामचन्द्र शुक्ल और पण्डित बालकृष्ण भट्ट की गद्य-शैली को स्थान दिया है। मिश्र जी ने हिन्दी की रचनाओं से घनघोर ममता की। उनकी व्याख्याएँ और टिप्पणियाँ यह दशाती हैं कि उन्होंने रचनाकार को नहीं, रचना को अपनी ममता दी। इसीलिए उनके पास हिन्दी रचनाकारों के लिए न तो कोई घेरा है, न कोई ख़ाना और न ही कोई पूर्वग्रह। उनका अपना घेरा है जो किसी भी तरफ से घिरा नहीं है। उनकी आलोचना के घेरे में अज्ञेय, शमशेर, केदार नाथ अग्रवाल, नागार्जुन, मुक्तिबोध, केदार नाथ सिंह और धूमिल शामिल हैं। इन सब पर उन्होंने लिखा है, इनकी रचनाओं पर विचार किया है। ख़ासकर इन सबके भाषा-कौशल पर, शिल्प-रचना पर टिप्पणी की है। अपनी पुस्तक 'रीतविज्ञान' में पण्डित जी ने 'राम की शक्तिपूजा' (निराला), 'असाध्य वीणा' (अज्ञेय) 'प्रलय की छाया' (पन्त) की जैसी व्याख्या की है वह उनके जैसा हिन्दी भाषा की आत्मा में रमा-बसा और हिन्दी के प्रति आत्मीय भाव रखने वाला व्यक्ति ही कर सकता था। पण्डित जी ने अपने प्रिय रचनाकारों का भी जिक्र किया है। गौरतलब है कि ये सभी हिन्दी भाषा की अलग-अलग छटाएँ बिखेरने वाले हैं। उनके प्रिय कवि है--अज्ञेय, केदार नाथ अग्रवाल, निराला और जयशंकर प्रसाद। निबन्धकार उन्हें प्रिय हैं--शिवपूजन सहाय, हजारी प्रसाद द्विवेदी और कुबेरनाथ राय। अपने प्रिय उपन्यासकारों में उन्होंने प्रेमचन्द, रुद्र काशिकेय, रेणु और शिव प्रसाद सिंह को जगह दी है। कहना न होगा कि कवियों में केदार नाथ अग्रवाल, निबन्धकारों में कुबेर नाथ राय और उपन्यासकारों में शिव प्रसाद सिंह हिन्दी के अधिकांश आलोचकों के लिए 'ब्राह्मण समाज में ज्यों अछूत' ही बने रहे हैं।

7

सृजनात्मक गद्य और कविता की भाषा पर पण्डित जी ने गहरे जाकर लिखा है। वे इस बहाने हिन्दी भाषा के सर्जनात्मक विकास और अर्थ की विकसनशीलता (सीमेंटिक चेंज) की परख करना चाहते थे। उन्होंने यह पूरे विश्वास के साथ कहा था कि साहित्यिक हिन्दी के पाठों को पढ़ने से (खासकर पुराने) यह समझ पाने का आनन्द मिलता है कि इनमें समूचे अर्थ की प्रतीति बदलती हुई दीखती है, न कि मात्र शब्दों की अर्थ छाया। वे यह देख-दिखा पाने के लिए आतुर रहते थे कि साहित्य में भाषा को बरता कैसे गया है। यह जताने के लिए भी कविता तक सही

मायनों में पहुँचने की कुंजी कविता के भीतर ही होती है, अन्यत्र कहीं नहीं। इसीलिए वे रचना के भीतर पैठे। हर तरह के, नये-पुराने रचनाकारों की खोज-खबर ली। उनको सराहा जिनका अर्थ-विवेक असामान्य था या जो शब्द की 'आइडेंटिटी' की परख करना जानते हैं। साहित्य-भाषा पर विचार करते समय वे हिन्दी भाषा के विकास में साहित्यकार के योगदान की भी समीक्षा करने वाले साहित्यवेत्ता हैं। अर्थात् जिस भी रचनाकार ने; उन्हें लगा कि हिन्दी को समृद्ध करने में योगदान दिया है, उनकी श्रद्धा और स्नेह का पात्र बना। भाषा की व्यंजकता में नवीनता लाने तथा अभिव्यंजना की रुढ़ियों को तोड़ने वाले रचनाकार उन्हें लुभाते रहे। इन्हीं आधारों पर पण्डित जी ने मध्यकालीन हिन्दी काव्य की भी परख की—अनेक ग्रन्थवलियों का सम्पादन किया। तुलसी और सूर की भाषा पर अलग से लिखा। शब्द की सत्ता के तरफदार थे वे। वे मानते थे कि शब्द स्वयं एक संकेत प्रणाली है तभी तो भाषा हमारे संवेदों का नियमन कर पाती है।

8

विद्यानिवास मिश्र भाषा के पकने, सींझने, सौंधी बनने की पूरी प्रक्रिया को भीतर तक देखने वाले भाषाविद् थे। बोलचाल की सामान्य भाषा से लेकर सर्जनात्मक भाषा के अभिव्यंजक स्तरों को वे इसी प्रक्रिया के आलोक में देख सके। यही वजह है कि वे हिन्दी-उर्दू की साझेदारी और बिलगाव पर अपनी अलग ही पद्धति से कह सके। कम लोग यह कह पाने का साहस कर पाए हैं कि हिन्दी-उर्दू की अभिव्यंजनात्मक क्षमता का भेद उन दो सांस्कृतिक पद्धतियों का भेद है जिनमें वे सिक्त हैं। पण्डित जी अपने चारों ओर भाषा की किरणें पोसे हुए थे। भाषा और राष्ट्रीयता तथा राजभाषा हिन्दी के साथ आबद्ध गहरी टिप्पणियों के लिए उनकी पुस्तक 'हिन्दी और हम' देखी जा सकती है। हिन्दी केन्द्रित अधिकांश आलेखों में भी अन्तर्निहित भावना यही है कि 'राजभाषा हिन्दी' ठीक तरह से रची नहीं गयी है। यह 'सजाव दही' न बनाई जाकर 'सेपरेटा दही' बना दी गयी है जिसका नवनीत निकाल लिया गया हो। जब मिट्टी को ठीक से सानने, सही आँच पर पकाने का धैर्य ही न हो तो भांडा सही आकार ले भी तो कैसे? भाषा का कोई भी रूप हो, उसके प्रयोग का कोई भी सन्दर्भ हो अथवा उसकी कोई भी शैली हो इनसे 'मिट्टी की पहचान' विलग नहीं होनी चाहिए।

9

भाषा, साहित्य और संस्कृति 'मिट्टी की पहचान' के ही आधार हैं। ये तीनों अपनी मिट्टी में ही उगते-पनपते हैं। इनके फल-फूल इसी मिट्टी के स्वाद और गन्ध का पता देते हैं। पण्डित जी ने देश के लोगों को भी शामिल करते हुए 'भारतीय मन'

की बात प्रमुखता के साथ की है। भारतीय मन को उन्होंने जब भारतीय मनीषा और भारतीय अस्मिता के परिप्रेक्ष्य में व्याख्यायित किया तो भारतीय भाषा और भारतीय साहित्य की अवधारणाएँ भी उनके लेखन में अजाने ही अंतर्भुक्त होती चली गयी। सूर की मार्मिकता और तुलसी के शैली-वैविध्य की बात करते-करते वे आलवार काव्य की धारा में भी प्रवेश करना नहीं भूलते। वे 'मानस' के साथ भारतीय भाषाओं में रचित राम कथाओं के भी संकेत करते हैं। उन्होंने एक ही पदबन्ध में आदिकालीन और मध्यकालीन भारतीय काव्य का मर्म समझा दिया है कि निर्भीक रचना विधान इनकी विशेषता है। कहीं यह भी इंगित कर दिया है कि इनमें लोक और इतिहास का अद्भुत समन्वय है।

10

पण्डित जी का निजी जीवन सात्विक था। और उनका लेखन संस्कार युक्त। ये दोनों विशेषण सतही नहीं, बड़े ही गहरे अर्थ में उनकी संज्ञा (व्यक्तित्व) के साथ लगे थे। सात्विकता और संस्कार में मूलभाव उनका स्नेह, प्रेम और धैर्य था। ये भाव अलग-अलग डेंसिटी या ताप से ही जनमते हैं। 'मेरा गाँव-घर' में पण्डित जी ने अपने माँ-पिता, गाँव के साथी-संगी, शिवधानी बहू के निराडम्बर प्रेम को जिस उछाह से याद किया है उसे 'स्नेहसिक्त शैली' का उत्कृष्ट मानक कहा जा सकता है। 'हरसिंगार', शिरीष का आग्रह', 'छितवन की छाँह', अग्निरथ' प्रकृति को इसी प्रेम-पगे रूप में देखते हैं। 'सात्विक प्रेम की असली पहचान है हरसिंगार' इसलिए कि वह 'मनुष्यभाव' को सहेजता और सहलाता है। हरसिंगार की 'ढुरन पाकर' पण्डित जी की 'उत्कण्ठा और तीव्र हो जाती है, मान बलवान और दर्द और नशीला।' महादानी है हरसिंगार क्योंकि वह 'अपने दान में तनिक भी उतावली नहीं दिखाता। अधीर नहीं होता।' पलाश के प्रेम और धैर्य ने पण्डित जी को विह्वल बनाकर छोड़ दिया है। वह खुद उत्ताप झेल कर शीतल छाया जो देता है तो इसी के चलते कि 'कितना पानी है उसकी जड़ों में, सच, जिसकी जड़ें ही सूखी हों वह भला क्या तो खुद उत्तप्त होगा और क्या तो दूसरों को छाया देगा। पलाश के इसी प्रेम और धैर्य की सराहना में 'अग्निपथ' का पूरा एक अनुच्छेद देखें--

'वह आग धधकाकर सब कुछ जला डालता है जो पुराना है। धीरे-धीरे पत्र छत्र बन जाते हैं। जेठ-बैसाख आते-आते कहीं एक भी रन्ध्र रह जाता कि सूर्य की किरणें प्रवेश कर सकें। कालिदास ने प्यार की यही तो परिभाषा दी है--जो स्वयं तपाए और स्वयं जुड़वाये वही प्यार है।'

पण्डित जी काशी के नहीं थे पर वे काशी में रचे-बसे--उनके 'पाण्डित्य के कारण नहीं' उसके काशी-भाव के कारण 'सिर्फ काशी के कारण'। काशी जो 'न्यारी' तो है पर सरोकार सबसे रखती है। जिसका फक्कड़पन आज भी कबीरी

है। जहाँ के रहवासियों का प्रिय सम्बोधन है—'कह गुरु कइसन रंग हौ? (कहो कैसा रंग है) और उत्तर मिलता है—'गहिरे में हुई' (एकदम मजे में हूँ)। जब आपने 'रंग' पूछा तो 'गहरा' से कम हो भी क्यों किसी काशीवासी का रंग? पण्डित जी को यहीं 'बाणभट्ट की आत्मकथा' की तमोलिन निउनिया याद आ जाती है और इसी क्रम में काशी की पान-संस्कृति। सर्वत्र रंग की बौछार है काशी में। इसी ने रंग दिया पण्डित जी को। काशी, जो पूछती है—कितना रंग पाया, कितना रंग दिया। पण्डित जी को काशी ने रंग-रंग दिया, इतना कि उनसे 'यह रंग छुड़ाए नहीं छूटता'। काशी को उन्होंने भी कुछ कम नहीं दिया है। वे काशी में रहे नहीं, रमे। कैलाशपति के मनभावन अड्डे काशी को मिश्र जी ने बूझा भी और बुझवाया भी। उन्होंने काशी का मर्म भेदा—'मरना भी यहाँ मंगल है। चिता-भस्म ही अंगराग है।' काशी कभी नहीं सोती। जाग्रत क्षेत्र है वह। पर कोई तनाव नहीं। जागना-जगाना इसकी प्रकृति है। फिर भी ताजा। जहाँ प्रकाश स्थायी भाव है। काशी प्रकाश की नगरी है। 'सुबहे-बनारस' का अर्थ घाटों पर सूर्योदय की नयनाभिराम चित्रावली भर नहीं है, काशी-दर्शन का बीज शब्द है ये। काशी के लोक-जीवन में भी पण्डितजी ने 'सजाव दही' का सोंधापन महसूस किया। अनूठी सोंधाहट जिसका काशी ने अपने भीतरी ताप से सृजन किया है। पण्डित जी ने आर्द्र होकर काशी की उस सीख को सर माथे लगाया है कि न मिट्टी अपनी है, न चाक अपना है, न रस अपना-अपना सिर्फ वह भीतर का ताप है।'

11

पण्डित विद्यानिवास मिश्र के अनुभव की घरिया उनके भीतरी ताप की तायी हुई थी। यह ताप ही उनके भीतर की विवशता भी है। वे चाहे भाषा हो, साहित्य या फिर संस्कृति सभी को तप्त देखना चाहते थे। इस तपन को कभी वे भाषा-वैविध्य में, भाषा की साझेदारी में महसूस करते हैं, कभी साहित्य की बहुरंगी धारा में। कभी लोक-जीवन के देशीपन में तो कभी प्रकृति के परिवर्तनीय और लचीले स्वभाव में। तभी तो उन्हें 'एकरूपता' एकदम नहीं भाती। समूह संचार की रूढ़िबद्ध भाषा का गठन उन्हें 'बहकाव' लगता है क्योंकि समूह संचार के सभी माध्यम कृत्रिम संरचनाओं की बनावटी मेटा लैंग्वेज तैयार और प्रचारित करने में जुटे हुए हैं। पण्डित जी ने साफ शब्दों में कह दिया है कि 'सामूहिक अपसंस्कृति एकरूपी बनाती है, निजता को खण्डित करती है। यह अपरिपक्व होती है, इसमें रस नहीं होता।' जो तपा नहीं, वह परिपक्व भी न होगा, यह तय है। पण्डित जी के 'तपन' और 'सजाव' का अर्थ है—सर्वांग पूर्णता। ऐसी पूर्णता उन्होंने लोक-भाषा में देखी, लोक-रस पगे पुराने साहित्य में ढूँढ कर दिखाई। नये साहित्य में इसकी खोज की। और प्रकृति, रीति-रिवाजों, रंग और मिट्टी के माध्यम से भी सर्वांग पूर्णता का

बखान किया। वे स्वयं में भी पूर्ण थे। इसलिए नहीं कि वे संस्कृतवेत्ता, वैयाकरण, भाषाविद, ललित निबन्धकार, सम्पादक आदि एक साथ थे। बल्कि इसलिए कि एक घरेलू और पारिवारिक मनुष्य थे। पक्के गृहस्थ। अपने इस रंग में सलोने। वे घर में जीते थे, घर को, रिश्तों को जीते थे। उनका यह सलोना रूप उन्हें बहुरंगी बनाए हुए था। उनके निबन्धों में देखिए कभी अपनी बिटिया, कभी अपनी पत्नी, कभी गाँव के दोस्त-अहबाबों को वे किस तरह याद करते हैं। आँगन की चिड़िया, बगीचे का अनार-वृक्ष, तुलसी का पौधा, चौके का पीढ़ा तक उनके आत्मीय हैं। परिवार हैं। भाषा भी उनकी पारिवारिकता का हिस्सा थी। तभी तो भोजपुरी को उन्होंने भाषा नहीं, अपने 'रिश्तों की बुनावट' कहा था। उनके समय के थोड़े ही साहित्यकार भाषा के साथ गए। पण्डित जी गए और पूरी सजधज के साथ गए। भाषा को अपने चिन्तन में उन्होंने केन्द्रीय महत्त्व दिया। इतना ही नहीं अपने जीवन तथा लेखन से उन्होंने यह भी जता दिया कि अपनी पहचान की पहली शर्त है अपनी भाषा।

12

और क्या कहूँ! अब बस यही कहना चाहूँगा कि पण्डित जी की अनुभव की घरिया से सजाव दही का सोंधा स्वाद मेरे जैसे अगढ़ शिष्यों को भरपूर मिला। वे इस घरिया पर से आवरण हमेशा हटाए रखते थे। उलीच लो जितना चाहे। मुझे तो उनकी घरिया भी मिली, उसे निर्मित करने वाले कुम्हार का स्नेह भी और उसमें सजी दही का रस भी। ठीक घरिया की तरह ही उन्होंने हमें भी रचा अपनी कुशल कारीगरी और ताप से—

सतगुरु मिले तो पाइये, भक्ति मुक्ति भंडार।
दादू सहजे देखिए, साहिब का दरबार॥

अपनी इस घरिया में सजाव दही तैयार कर सकने वाले ताप का पता गुरु जी ने दे रखा है। पर तपना तो हमें ही होगा। अक्सर मुझे लगता है कि पता साथ है गुरु जी के आशीर्वाद के रूप में, इसीलिए तप्त होते रहने से बढ़कर कोई और सुख अब जँचता भी नहीं। मानो सहज में ही देख पा रहा होऊँ साहब का दरबार।

पं विद्यानिवास मिश्र के साहित्य में लोक तत्व की व्याप्ति

–एम. वेंकटेश्वर

संसार में बहुत कम लोगों का नाम इतना सार्थक होता है जितना सार्थक नाम पं विद्यानिवास मिश्र जी का था। विद्या सचमुच उनमें निवास करती थी। आश्चर्य चकित रह जाना पड़ता था उनके ज्ञान को देखकर। वह जितना विस्तृत था उतना ही गहरा भी था। वेदों से प्रारम्भ कर आधुनिक कविता तक, पाणिनीय व्याकरण से लेकर पश्चिमी भाषा विज्ञान तक, लोक जीवन की मार्मिक अन्तर्दृष्टि सम्पन्नता से लेकर गहन शास्त्र विचारणा तक उनकी सहज गति थी। जिस त्वरित गति से उनकी लेखनी चलती थी, उसी वेग से उनकी वाणी भी अमृत बरसाती रहती थी। राहुल सांकृत्यायन के बाद घुमक्कड़ी में शायद उन्हीं का स्थान था। वे गृहस्थ तो थे लेकिन गृह - सीमित नहीं थे; केवल शब्दों से ही नहीं, व्यवहार से भी वे प्रमाणित करते थे कि सारी वसुधा उनका परिवार है। वैयक्तिक जीवन में वे अपने आचार-विचार पर बहुत दृढ थे और उसके लिए वे अपूर्व संयम के साथ कष्ट भी झेल लेते थे किन्तु वैचारिक स्वतंत्रता के पक्के समर्थक थे और इसीलिए विरोधी विचार वालों के साथ भी उनकी पट जाती थी। विद्वत्ता ने उनके हृदय को झुलसाया नहीं था, वह गाँव के आम्र कुंज के सदृश ही सरस और हरा भरा हो। उनके वैदुष्यपूर्ण विवेचन यदि पण्डितों को भी कायल कर देने में समर्थ थे तो आत्मीयता से ओत-प्रोत उनके ललित निबन्ध पाठकों का मन मोह लेते थे। कैसा दुर्भाग्य है कि इस चिरयात्री की लोकयात्रा का पूर्ण विराम एक यात्रा के अन्तर्गत हुई दुर्घटना ने ही लगा दिया।

पण्डित जी भारतीय सांस्कृतिक व्यक्तित्व के परिभाषा पुरुष थे। हमारी जातीयता की अभिव्यक्ति और हमारे संस्कारों के उद्घोष थे। आचार्य हज़ारी प्रसाद द्विवेदी के बाद उन्होंने अपनी प्रतिभा के द्वारा हमारी अस्मिता की पहचान को अपने उज्ज्वल रूप में प्रतिष्ठित किया। इतना बहु आयामी सृजन हिन्दी में आधुनिक युग में किसी का नहीं है। लोक, साहित्य, भाषा, धर्म, सौन्दर्य शास्त्र, कला और दर्शन पर उन्होंने साधिकार लिखा और शीषस्थ के रूप में उन्हें प्रतिष्ठा मिली। बारह-तेरह

भाषाओं के मर्मज्ञ विद्वान, पद्मभूषण, भारत भारती और साहित्य अकादमी की महत्तर सदस्यता जैसे अनेक अलंकरणों से सम्मानित, जाने कितने देश और विदेश के विश्वविद्यालयों के अतिथि प्राध्यापक पं विद्यानिवास मिश्र अपने सर्जनात्मक अवदान से रचनात्मकता को नए आयाम दिए। उनकी एक सौ दस से ज्यादा प्रकाशित पुस्तकें हैं, लेकिन साहित्य, कला, सौन्दर्य शास्त्र और लोक पर केन्द्रित बहुत सा लिखा अभी भी प्रकाशित होना है। वे वास्तव में सरस्वती पुत्र थे, अपने नाम के सार्थक पर्याय।

ललित निबन्धकार के रूप में उन्हें विशेष प्रतिष्ठा मिली। ललित निबन्ध के सम्बन्ध में जब उनसे एक बार पूछा गया कि ललित क्या होता है? इसलिए कि ललित को लेकर यह भ्रान्त धारणा पनप गयी है कि इसका मतलब कोमलता होता है और इस लोक से कोई सम्बन्ध होता है। उन्होंने बड़े स्पष्ट रूप में कहा था कि लालित्य का अर्थ कोमलता ही नहीं है।

कभी-कभी सुन्दर से अधिक असुन्दर छूता है, अनतराशा हीरा तराशे हीरे से अधिक अर्थवान लगता है। व्यक्ति की दृष्टि में सुन्दर या ललित, लोक का सुन्दर या ललित हो जाए, यही मेरा उद्देश्य है। (नर्मदा प्रसाद उपाध्याय से बातचीत के अंश से)।

उनका एक प्रसिद्ध निबन्ध संग्रह है - 'छितवन की छाँह'। उसकी भूमिका में उन्होंने अपने चिन्तन की दिशा के बारे में बड़ी स्पष्ट स्वीकारोक्तियाँ की हैं। उन्होंने कहा कि वाग्दिक सूक्तों के गरिमामय उद्गम से लेकर लोकगीतों के महासागर तक जिसे अविछिन्न प्रवाह की उपलब्धि होती है, उस भारतीय भावधारा का मैं स्नातक हूँ। मेरी मान्यताओं का वही शाश्वत आधार है, मैं रुँधे तालाब में छपकोरी खेलना चाहता हूँ। इसलिए प्रचलित शब्दावली में अगर प्रगतिशील नही हूँ तो कम से कम प्रतिगामी भी नहीं ही हूँ।

उनका लोक देश का ही एक आनुभाविक रूप है। वे लोक को अवधारणा नहीं, कर्म क्षेत्र मानते हैं। लोक मनुष्यों का समूह ही नहीं है, सृष्टि के चर-अचर सभी इसमें सम्मिलित हैं। पशु पक्षी वृक्ष - नदी, पर्वत सब लोक हैं, और सबके साथ साझेदारी की भावना, लोकद्दिष्टि है। सबको साथ लेकर चलना लोक संग्रह है और इन सबके जीना लोक-यात्रा है। लोक की दृष्टि कभी व्यक्तिगत नहीं रहती वह समष्टिगत है, समग्र है। लोक 'फ़ोक' नहीं है। वह पश्चिम के उस फ़ोक का पर्यय नहीं है, जो अनपढ लोगों की वाचिक परम्परा के रूप में स्वीकृत है। भारतीय दृष्टि में लोक व्यतीत नहीं है, प्रतिक्षण उपस्थित है, वर्तमान है। लोक निर्जीव नहीं, सजीव है। लोक-दृष्टि पूर्णता की आकांक्षा है।

अपनी इस लोक की व्यापक अवधारणा को वे अपनी कृतियों में सैकड़ों निबन्धों और प्रायः हर व्याख्यान और आख्यान में अभिव्यक्त करते रहे। लोक के रीति-रिवाज़ों,

लोकगीत की पंक्तियों, कहावतों, मुहावरों, सामान्य आदमी के दुःख दर्दों के माध्यम से यह अभिव्यक्ति हुई। उन्होंने भोजपुरी में जो कुछ भी लिखा, वह लोकपुरुष के द्वारा लिखा लोकसाहित्य ही है। उन्होंने लोक के इस स्वर को साहित्य में खोजा, कला में खोजा। भोजपुरी के लोकगीत, जिसमें देवी - देवताओं तथा सज्जनों और दुष्टों की वन्दना है, उसकी प्रतिध्वनि उन्होंने 'रामचरितमानस' के वन्दना प्रसंग में सुनी। उनका मानना है कि लोक परम्परा पुरानी या आदिम नहीं है, यह निरंतर चल रही है, यह जीवन का अंग है। यह मनुष्य और प्रकृति के बीच सम्बन्ध स्थापित करती है। इसकी परिधि में केवल मनुष्य समाज ही नहीं रहता, प्रकृति, व्यवहार और भाषा भी आती है। लोकपरम्परा इतनी समर्थ है कि वह शास्त्रों को भी समृद्ध करती है। शास्त्र लोक के प्रमाण को सबसे प्रबल प्रमाण मानते हैं। पंडित जी लोक को कला से, धर्म से, नीति से, और साहित्य के मर्म से जोड़कर देखते हैं और इसीलिए उनका लोक सर्वस्वीकृत लोक है। वे मानते हैं कि लोक समग्र होता है, एक छोटा से उपादान छूट जाए तो लोक दृष्टि अधूरी रह जाती है। अपने एक निबन्ध 'लोक और शास्त्र' में एक सटीक उदाहरण दिया हैः-

आधे तलवा में हंस चुगै आधे में हंसनि
तबहूँ न तलवा सुहावन एक रे कमल बिनु।
आधे बगिया में आम बौरे आधे में इमली बौर हो
तबहूँ न बगिया सोहावनि एक रे कोइल बिनु।
आधी फ़ुलवरिया गुल्बवा आधी में केवड़ा गमकई
तबहूं न फ़ूलवन सुहावन एक रे भँवर बिनु।
आधे माँड़ों में गोत बैठे आधे में गोतिन बैठें हों
तबहूँ न मड़वा सोहावन एक रे ननद बिनु।

अर्थात् यदि आधे तालाब में हंस चुग रहे हों और आधे में हंसनी तब भी तालाब एक कमल के बिन अधूरा है। यदि आधी बगिया में आम बौरें और आधी में इमली तब भी बगिया की शोभा एक कोयल के बिना अधूरी है। यदि आधी फ़ुलवारी गुलाब से और आधी केवड़ा से गमक रही हो तब भी एक भँवरे के बिना उसका फ़ूलना अधूरा है। यदि आधे मंडप में गोत बैठे हों और आधे में गोत की पूरक गोतिनी तब भी वह मंडप बिना ननद के पूर्णता नहीं पाता।

लोक का अर्थ उन्होंने वाचिक परम्परा में खोजा है। 'ऋग्वेद' के मन्त्रों में उन्होंने उस लोक तत्व की खोज की, जो आज भी हमारे लोक जीवन में बसा है। भारतीय लोकजीवन में जितने वे गहरे उतरे, उसका दूसरा उदाहरण मिलना मुश्किल है। उन्होंने लोक की मर्यादा का गहरा अध्ययन किया, लोकविज्ञान को समझा और उदाहरणों से उसे समझाया।

लोकगीतों में समाए लोकजीवन पर आजीवन वे रीझते रहे। अपने एक निबन्ध

में उन्होंने विंध्य के अंचल में गाय चराते उस भोजपुरी नवयुवक की कहानी लिखी है, जो अपने देश से दूर जंगल में अपने लोक का स्मरण करता है। वे अपनी यात्राओं में ऐसे सन्दर्भों की खोज में रहते जहाँ से उन्हें लोक जीवन की अनुभूति प्राप्त हो।

विद्यानिवास जी ने परम्परा, संस्कृति, मूल्य, आस्था, लोक आदि शब्दों की गम्भीर व्याख्या की है और उनकी मूल आत्मा को उद्‌घाटित किया है। उनके सम्पूर्ण लेखन को एक वाक्य में कहना हो तो उन्हें लोकोन्मुखी चेतना का भारतीय लेखक कहा जा सकता है। विद्यानिवास जी के लेखन के बारे में देखने और विचार करने की बात यह है कि भारतीय दृष्टि की व्याख्या वे किस प्रकार करते हैं? वे परम्परा और रूढि में, शास्त्र और लोक में किसके साथ हैं? उल्लेखनीय है कि सन् 1994 में आकाशवाणी के राजेन्द्र प्रसाद स्मारक व्याख्यान माला के अन्तर्गत विद्यानिवास जी ने 'साधुमत' आव्र 'लोकमत' शीर्षक से दो व्याख्यान दिए थे। इनमें उन्होंने साधुमत और लोकमत की तार्किक व्याख्या की है। उनके अनुसार साधु में साधु व्यवहार, साधु संकल्प, साधु वाणी और साधु आचरन की साधु बनाने के लिए पर्याप्त है, और कोई उपाधि नहीं चाहिए। न कुल, न जाति, न पद प्रतिष्ठा, न धन-सम्पदा और न किसी देश विशेष का होना। साधुमत लोकमत का परिष्कारक है, पर अकेले वह जीवन पद्धति का निर्माता नहीं है। साधु मत वही हो सकता है जो लोक के लिए शुभ हो, लोक विरुद्ध न हो, तभी शास्त्र भी करणीय होता है। इस प्रकार विद्यानिवास जी साधुमत और लोकमत, शास्त्र और लोक दोनों को एक-दूसरे का पूरक बनाकर प्रस्तुत करते हैं। दोनों ही सत्य और शिव के रक्षक हैं। उनके अनुसार कुछ लोग, जो लोक-परम्परा को शास्त्रीय परम्परा से अलग और परस्पर विरोधी देखते हैं वे यह नहीं देख पाते कि शास्त्र लोकाचार की उपेक्षा कर प्रतिष्ठित नहीं होता और लोक, शास्त्र की मर्यादा खोकर प्रतिष्ठित नहीं होता। शास्त्र लोक में छनकर आता है और लोकर शास्त्र द्वारा स्वीकृत होकर शास्त्रीय पद्धति का अंग बन जाता है। विद्यानिवास जी के व्यक्त्वि में लोक इतने गहरे रचा बसा है कि उसके बिना न उनके सर्जनात्मक लेखन की कल्पना हो सकती है, न वैचारिक। उनका शायद ही कोई रचना हो जिसमें लोक-चिन्ता न मिले। लोकगीत लोक-वेदना की मर्मस्पर्शी अभिव्यक्ति होते हैं। विद्यानिवास जी की रचनाओं में यह लोक वेदना बार-बार उभरती है। उनके चिन्तन कि गहराई में भी यह धड़कती है। लोकगीतों की करुणा अक्सर उनमें झाँकती है। सीता के निर्वासन को वे भूल नहीं पाते। बेटी की विदाई के गीतों को वे बार-बार स्मरण करते हैं। ऐसा लगता है कि सब कुछ के ऊपर करुणा ही उनके सृजन और चिंतन के केन्द्र में है। अन्तः स्रोतस्विनी की तरह वह उनके लेखकीय व्यक्तित्व में सदा प्रवाहित रहती है।

विद्यानिवास जी के निबन्ध संग्रह - गाँव का मन, लागो रंग हरि, छितवन की छाँह, कदम की फ़ूली डाल, आँगन क पंछी और बंजारा मन, कौल तू फ़ुलवा बीनन

हारी-आदि गाँव के सहज महक से भरे वातावरण को वैसी ही सहज सरल भाषा में प्रस्तुत करते हैं। उन्होंने गाँव का चित्रण उसी वातावरण में डूबकर किया है। होली का वर्णन करते हुए वे अपने दर्द को नहीं छिपा पाते। वे लिखते हैं– "अभी पिछले साल मैंने गाँव की होली देखी थी। हुलास जैसे कली की तरह चिटकने को आतुर, पर दक्षिण पवन के अनुकूल संस्पर्श के बिना उसका सौरभ बन्दी है, पुराने तौर-तरीके कोई कायम नहीं हुए। कभी यह होली राजनीतिक चेतना जगाने का कारण बनी, समता का सन्देश पहुँचाने के लिए फ़ाग का राग पवनदूत बना और राजनीतिक चेतना तो जग गयी और समता भी कानून तो बन गयी, परन्तु होली के आनंद को काठ मार गया; क्योंकि पुराने देवता न स्वर्ग गए (विसर्जित), न पूजे गए, त्रिशंकु बने लटके रहे और नए देवता आकार नहीं ग्रहण कर पाए। मिट्टी सानी गयी, उसमें दूध डाला गया, पर मूर्ति खड़ी न हुई, गणेश क्या रुद्र तक नहीं बन पाए। "(गाँव का मन)"।

वास्तव में वे लोक जीवन में ही इस स्थापनाओं की सार्थकता को खोजते हैं। 'पान पान और नीली लपट' - निबन्ध में पान और नवपरिणीता के सम्बन्धों की खोज करते हुए वे लिखते हैं -- "नई बहू पान के पत्र की तरह रखी जाती है। धूप न लगे, पानी न लगे, बार बार फ़ेर कर पान के पत्ते सहेजे जाते हैं। उसी तरह नई की परिचर्या होती है। उसका रंग निखारा जाता है। हलकी-हलकी उबटन से उसका मन पखारा जाता है। नए-नए मांगलिक गीतों और अनुष्ठानों से 'पनता के नाई बहू पातरि सुपरिए के नाई त ढुरहरि' -बहू पान की तरह छरहरी और सुपारी की तरह ढुराहर हो, इसी के लिए पान - सुपारी सबको बाँटी जाती है।

कहीं-कहीं ग्राम्य वातावरण का चित्रण करते हुए वे चुनौती दे डालते हैं कि मृत्यु जीवन का सायंकाल नहीं प्रभात है– "हमारी भाषा में काल और कला एक ही धातु से बने हैं। न कला जीवन से परे है, न काल; दोनों जीवन में समाहित भी हैं, जीवन को आलोकित भी किए हुए हैं। "मिश्र जी का - नारियल - निबन्ध जीवन की सार्थकता का प्रतीक है। ऊपर से कठोर, पर भीतर से सरस। नव वधू को आशीष दी जाती है–

"खाउ पियउ घना नरियर विलसउ धना सेनुर।

हे धन्या, हे अपने प्रिय की प्रिया, तुम नारियल खाओ पिओ। नारियल के रस सरीखे ऊपर से कठोर और भीतर से सरस जीवन का उपभोग करो, तुम सिन्दूर का सौभाग्य, अनुराग के रंगों का सौभाग्य बिलसो।

"नारियल उष्ण कटिबन्ध का एकदम अपना वृक्ष है। इसका सिर आग में रहता है और पैर जल में। जड़ें रस में निरन्तर सिक्त रहती हैं। शरीर, विशेष रूप से सिर, निरन्तर सीधी कड़ी धूम में उत्तप्त होता रहता है। यह सिंचन, यह तपन दोनों मिलकर ही तो जीवन है। ताप और रस का एकक संयोग ही तो जीवन का वास्तविक योग है।"

"तमिलनाडु में नारियल की पंक्ति से मण्डित भारत की तटरेखा देखने को मिली। कच्चे नारियल का दूध पीने को मिला। तपती दोपहरी में उस दूध का स्वाद विलक्षण लगा और मर्म खुला कि मंगल या मांगलिक होने का अभिप्राय मधुर होना तो है ही, पर यह नहीं कि इसमें वह कठोरता न हो जो ताप सह सके, जो इसमें अनेक प्रकार की कुत्सित दृष्टियों को झेलने के लिए अभेद्य कवच न हो, साथ में इसमें तीसरी आँख न हो जिसके नाते इसे त्र्यंबक भी कहा जाता है। कठोरता के बिना मधुरता सुरक्षित नहीं रहती। ताप के बिना द्रव्य नहीं बनता।"

हमारे लोकगीतों में पिता के प्यार की तुलना नारियल के वृक्ष से की जाती है, ऊपर से संयत और कठोर, भीतर से आर्द्र। विद्यानिवास जी लिखते हैं – "नारियल को पिता के प्यार से जोड़ने के पीछे लोक चेतना की गहरी जीवन दृष्टि है, जो अनुशासन को महत्त्व देती है।" अन्त में वे लिखते हैं – "सम्मानित व्यक्ति को, अतिथि को, अपने जामाता को जो नारियल की भेंट दी जाती है तो उसके पीछे भी यही अभिप्राय है कि तुम हमारे जीवन में अन्तर्निहित समूची श्रद्धा भावना ले जाओ। यह नारियल भाव बन्धन है केवल।"

तो दक्षिण की संस्कृति में क्या यही भाव व्यक्त नहीं होता। उसका समुद्र, उसकी प्रकृति, उसकी जनता, क्या ये सब मिलकर ही दक्षिण की संस्कृति को रूपायित नहीं करते।

जैसा कि ऊपर कहा जा चुका है, विद्यानिवास जी अपने ललित निबन्धों के लिए सुविख्यात थे। उनके निबन्ध संग्रहों में -हल्दी-दूब, कदम्ब की फ़ूली डाली, तुम चन्दन हम पानी, आँगन का पंछी और बंजारा मन, मैंने सिल पहुँचाई, वसन्त आ गया पर कोई उत्कंठा नहीं, मेरे राम का मुकुट भीग रहा है परम्परा बन्धन नहीं, तमाल के झरोखे से, लागो रंग हरी, गाँव का मन, तथा नदी नारी और संस्कृति-महत्त्वपूर्ण हैं।

पं विद्यानिवास मिश्र जी भारतीयता को प्रदूषित और विकृत करने वाली विचारधाराओं से टकराते हैं। एक तरह से उनके निबन्धों का सजृन इन्हीं टकराहटों मका प्रतिफ़लन है। वे किससे नहीं टकराते हैं – लोक से, शास्त्र से, देश से परदेश से और सबसे। शास्त्रीय सिद्धान्तों की एकरसता उनके निबन्धों में नहीं है। भारतीय संस्कृति की गरिमा और उसमें निहित मूल्यों की सही व्याख्या ही उनके निबन्ध साहित्य का केन्द्र बिन्दु रही। "भारतीयता की पहचान" संग्रह के निबन्ध प्रायः संस्कृति के नए सन्दर्भ तलाशते हैं। यही उनके मन की साध भी थी।

उनका रससिक्त मन ठेठ गाँव का है। ठेठपन का यह ठाट उनके निबन्धों का प्रतिपाद्य है, जो बराबर वाग्दिक सूक्तों की बोलियों - विशेषतः भोजपुरी - में ढालता हुआ दोनों अनन्त छोरों को जोड़ देता है। उनके निबन्ध इसके साक्षी हैं।

"आँगन का पंछी और बनजारा मन" - निबन्ध संग्रह तो मिश्र जी के अन्तर्मन का उजास है। आँगन का पंछी असुन्दर डीलडौल में छोटी-सी गौरेया है। उसका साथ

देने को आतुर आँगन में खिले तुलसी के फ़ूल हैं – वह भी को मनोहर नहीं। बनजारा मन का क्या कहना, वह तो संचारी भाव जो ठहरा। वह मस्त है, लौकिकता की भीनी गन्ध में डूबा है। लोकरस, लोकगीत, लोक-परम्पराएँ बनजारा मन के पाथेय हैं। इन्हीं से वह रस लेता, प्रफ़ुल्लित होता इतस्ततः परिभ्रमण करता हुआ भ्रमरों की रतह नवसुगन्धों की खोज करता है, वह कहीं भी भटकता पहुँच जाए पर आँगन के पंछी की तरह घर-अपने घोंसले में - देर सबेर अवश्य लौट आता है। गाँव देहात में गौरेया का घोसला बनाना भरे पूरे परिवार तथा आगत वंश, परम्परा का प्रतीक है। जहाँ जिस घर में घोंसला नहीं वहाँ निवेश होने का खतरा है। जहाँ तुलसी का फ़ूल नहीं, उसका चौरा नहीं, वह आँगन सूना है– भले ही वह स्फ़टिक निर्मित हो। आँगन का दुःख-दर्द गौरेया और तुलसी के फ़ूल दोनों मिलकर बाँट लेते हैं।' आँगन का पँछी और बनजारा मन "--ये दोनों विद्यानिवास जी को कितना आह्लादित करते हैं – उन्हीं के शब्द गवाह हैं – "वह सौन्दर्य नहीं, हमारे घरों के लिए आत्मीयता का प्रतीक है। और पक्षी तो देखने की चीज होते हैं, उन्हें देखने के लिए हम तालाबों में वन-उपवनों में या चिड़िया घरों में जाते हैं और देखकर चले आते हैं; किन्तु गौरेया तो हमारे घर-आँगन की बच्ची है। वह अपने आप सदा हमारे साथ रहती है, अपने सौन्दर्य से हमारे घर के आँगन को प्राणवान बनाए रहती है। एक तरह से घर के आँगन में गौरेया का ढीठ होकर चहकना, दाने चुगकर मुँड़ेरी पर बैठना; हर सायँ, हर सुबह, हर समय कहीं तिनके बिखेरना और घूम-फ़िरकर फ़िर रात में घर में बस जाना, अपनी बढती चाहने वाले गृहस्थ के लिए बच्चों की किलकारी, मीठी शरारत और निर्भय उच्छलता का प्रतीक है।" उसी प्रकार "फ़ूल तो बहुत होते हैं – एक से एक चटकीले, एक से एक खुशबू वाले, एक से एक कँटीले पर बेला, जुही, चमेली, गुलाब, कुमुद, कमल बहुत कम आँगन में मिलते हैं और अकिंचन आँगन में तुलसी की वेदी जरूर मिलती है। उस वेदी पर तुलसी की मंजरी जरूर खिलती है। जिस तरह गौरेया में किसी रूप रंग की विशेषता नहीं, कंठ में कोई विशेष प्रकार की विह्वलता नहीं, उड़ान भरने में कोई विशेष क्षमता नहीं, महज आँगन में फ़ुदकने का उछाह है, उसी प्रकार तुलसी के पौधे में न तो सघन छांह की शीतलता है, में न गन्ध का जादू, न रूप का शृंगार, केवल आँगन का दुःख-दर्द बाँटने की मन में बड़ी उत्कंठा है।"

मिश्र जी ने अपने निबन्धों का वितान बहुत लम्बा-चौड़ा नहीं बनाया था। पर उसमें अनुभव की सघनता, आनन्द का उल्लास, उत्सव की उत्कण्ठा, निश्छल प्यार का पारावार, सौन्दर्य की स्नेहिल दृष्टि, लोक की रसभीनी गन्ध, सौख्य का विस्तार, गाँव का निर्मल व्यवहार, भारतीयता का स्वाभिमान, प्रकृति की अनन्त सुषमा, उस पर अनन्त का चटकीला रंग तथा अध्यात्म की दमकती स्वर्ण-रेखा अवश्य देखी जा सकती है।

विद्यानिवास जी ने विश्व के अनेक देशों का कई बार भ्रमण किया था, पर उनके आँगन का पँछी अपना आँगन नहीं भूल सका था। बनजारा मन बहुत भटका था, पर रात्रि में अपने ही ठौर पर आकर ही स्थिर होता था। उन्हें पाश्चात्य संस्कृति में मनुष्य विश्व का उपभोक्ता लगता है और भारतीय संस्कृति में वह संसार का सहयात्री प्रतीत होता है।

निष्कर्षतः कहा जा सकता है कि पं विद्यानिवास मिश्र लोक संवाद के पक्षधर और लोक-मंगल के ज़बरदस्त साधक थे। उनकी यह साधना उनके निबन्धों में स्पष्टता से मुखरित हुई है। लोकपक्ष, लोकरीति, लोकशैली, लोकभाषा तथा लोकगीत तक उनकी संवेदना फ़ैली है। उनके इस लोकपक्ष में प्रेम, आत्मीयता, अकुंठ प्यार, सहयात्रा तथा सहजीवन का भाव सन्निहित है। उनकी दृष्टि में साहित्य का आदि रस स्रोत लोक ही है। लोक की जिजीविषा ही साहित्य में फ़ैली है। उनके इस लोकपक्ष में प्रेम, आत्मीयता, अंकुठ प्यार, सहयात्रा तथा सहजीवन का भाव सन्निहत है। उनकी दृष्टि में साहित्य का आदि रस स्रोत लोक ही है। लोक की जिजीविषा ही साहित्य की अमूल्य धरोहर है। इस धरोहर को बचना ही साहित्यकार का कर्तव्य है।

लेखक परिचय

1. पं. विद्यानिवास मिश्र : ख्यातनाम भाषाविद्, वैय्याकरण, लौकचेता निबंधकार जिनकी स्मृति को यह पुस्तक समर्पित है।
2. प्रो. रवीन्द्रनाथ श्रीवास्तव : विश्वविख्यात भाषाविद् आधुनिक भाषा विज्ञान के पुरोधा, शैलीवैज्ञानिक चिंतक/पंडितजी के अति निकट रहे। स्वर्गीय।
3. प्रो. सुरेश कुमार : शैलीविज्ञान, पाठविश्लेषण, अन्य भाषा विक्षण, अनुवाद शास्त्र पर काम। केन्द्रीय हिन्दी संस्थान आगरा से संबद्ध रहे। पताः ए-45, वेल्कम एपार्टमेंट्स, सेक्टर-9, रोहिणी, दिल्ली-110085।
4. डॉ. हीरालाल बाछोतिया : स्कूली स्तर पर द्वितीय भाषा हिन्दी की पाठ्यपुस्तकों के निर्माण का लम्बा अनुभव। एन.सी.ई.आर.टी. से सेवानिवृत्त। कवि, लेखक। पताः के-40/एफ़, सांकेत, नई दिल्ली-110017।
5. प्रो. कैलाश चंद्र भाटिया : वरिष्ठ हिन्दी भाषा वैज्ञानिक/कोशकार/लोक चिंतक। पताः भारती नगर, मैरिस रोड, अलीगढ़ (उ.प्र.)
6. प्रो. गोपाल शर्मा : शिक्षक। विदेश में शिक्षण का अनुभव/भाषा और संप्रेषण पर लेखन।
   ई-मेलः prof.gopalsharma@gmail.com
7. प्रो. सूरजभान सिंह : हिन्दी वैय्याकरण। विदेश में हिन्दी शिक्षण। केन्द्रीय हिन्दी संस्थान में कार्यानुभव। वैज्ञानिक और तकनीकी शब्दावली आयोग, नई दिल्ली के

अध्यक्ष रहे। पताः आई-127, नारायणा विहार, नारायणा, नई दिल्ली-110028।

8. डॉ. गुर्रमकोंडा नीरजा : अध्यापिका। अनुवादक। आंध्र सभा (दक्षिण भारत हिन्दी प्रचार सभा) की पत्रिका 'स्रवंती' की संपादिका।

9. डॉ. ऋषभ देव शर्मा : प्रोफेसर। कवि और आलोचक। तेवरी काव्यधारा के प्रवर्तकों में से एक। पताः प्रो. एवं अध्यक्ष, उच्च शिक्षा और शोध संस्थान, द.भा. हिन्दी प्रचार सभा, खैरताबाद, हैदराबाद-500004।

10. डॉ. पियूष कुमार श्रीवास्तव : अध्यापक, संस्कृति-विश्लेषक। मानस-मर्मज्ञ। साई विश्वविद्यालय, पुटपर्ती से संबद्ध।

11. डॉ. कविता वाचक्नवी : संस्कृतिकर्मी। विदेश में भारत की पहचान स्थापित करने को प्रयासरत। भाषा के सांस्कृतिक पक्ष पर काम।
ई-मेलः kavita.vachaknavee@gmail.com

12. प्रो. चतुर्भुज सहाय : हिन्दी वैय्याकरण। केन्द्रीय हिन्दी संस्थान, आगरा से अवकाश प्राप्त। पताः 25 आई, वसंत विहार (कमला नगर) आगरा-5।

13. प्रो. जगदीश प्रसाद डिमरी : रूसी भाषा के अध्यापक रहे। सीफेल, हैदराबाद से अवकाश प्राप्त। भारतीय काव्यशास्त्र में प्रवीण। पताः 403, शालीमार रेसिडेंसी, विजयपुरी कॉलोनी, तारनाका, केनरा बैंक लेन, सिकंदराबाद-500017।

14. प्रो. भरत सिंह : समाजभाषा वैज्ञानिक। केन्द्रीय हिन्दी संस्थान, आगरा से संबद्ध। विदेशी भाषा के रूप में हिन्दी शिक्षण का सुदीर्घ अनुभव। पताः केन्द्रीय हिन्दी संस्थान, हिन्दी संस्थान मार्ग, आगरा (उ.प्र.)

15. डॉ. बलविंदर कौर : अध्यापिका। समसामयिक हिन्दी साहित्य की उभरती आलोचिका। हिन्दी कविता में विशेष रुचि। अनुवाद विज्ञान पढ़ती-पढ़ाती हैं। पताः प्रवक्ता, उच्च शिक्षा और शोध संस्थान, द.भा. हिन्दी प्रचार सभा, खैरताबाद, हैदराबाद-500004।

16. डॉ. देव शंकर नवीन	:	प्रयोजनमूलक भाषा पर चिंतन करते हैं। हिन्दी भाषा के आधुनिकीकरण में अनुवाद की भूमिका रेखांकित करने वालों में एक उभरता नाम। पताः अनुवाद अध्ययन केन्द्र, इंदिरागांधी राष्ट्रीय मुक्त विश्वविद्यालय मैदानगढ़ी, नई दिल्ली।
17. डॉ. अंजू श्रीवास्तव	:	अध्यापिका। मध्यकालीन हिन्दी भाषा में रुचि। हिन्दी भाषा के उपरूपों पर लेखादि प्रकाशित। साई विश्वविधालय, पुटपर्ती से संबद्ध।
18. प्रो. देवराज	:	तुलनात्मक साहित्य पर स्तरीय काम। मणिपुरी साहित्य के विश्लेषक। आलोचक। कवि। अनुवादक। पताः पालिका विहार, खतौली-251201 (उ.प्र.) ई-मेलः dr.devraj@yahoo.co.in, dr4devraj@gmail.com
19. प्रो. एम. वेंकटेश्वर	:	अध्यापक रहे। उस्मानिया विश्व विद्यालय से सेवा निवृत्त। हिन्दी गद्य साहित्य के आलोचक। पताः 310, कंचर्ला टावर्स, गोलकोंडा, क्रास रोड, मुशिराबाद, हैदराबाद-500020।
20. प्रो. दिलीप सिंह	:	अनुप्रयुक्त भाषाविज्ञान की सभी शाखाओं में काम। विदेश में हिन्दी शिक्षण का अनुभव। तीस वर्ष से ज्यादा अर्से से दक्षिण भारत में हिन्दी सेवा कर रहे हैं। पंडित जी के प्रिय शिष्यों में से एक। इस पुस्तक के संपादक। पताः कुलसचिव, उच्च शिक्षा और शोध संस्थान, द. भा. हिन्दी प्रचार सभा, मद्रास-600017।

□□